改訂版 サウンドバイブル
The Theatrical Sound Engineer's Bible
劇場音響技術者教書

八板賢二郎　著

兼六館出版

口　上

　私が劇場の仕事に就いたのは1966年です。それまでテレビマンをめざしていましたので、音のことは全く分らず、そこで演じられる演劇も舞踊も初めて見るものでした。それでも劇場の柿落(こけらおと)しで、調整卓の操作をさせられ、終演したときは全身が汗でびしょ濡れでした。

　このような新米(しんまい)を部下に持った先輩の口癖は、俺たちは創造者だ！　媚びては芸術家ではない！　で、その言葉は今でも私の脳裏に焼き付いています。

　演出家に怒鳴られ、恥をかき、毎日が緊張の連続で、早くこの世界から逃げ出そうとしたのですが、観客の喝采に喜びを感じ、誰もいなくなった観客席のぬくもりで達成感を味わい、この仕事に生きがいを覚えました。

　稽古場は、私にとって学び舎でありました。そこで多くの俳優、ミュージシャンと出会って教えられ、偉大な演出家の一言は私にとって宝物になりました。

　よく、芸能は総合芸術と言われますが、それは様々なジャンルの専門家の知恵と力を結集して作り上げ、総合して評価されるものであるからです。その場でそれぞれが役目を果たすには、それぞれが高度な能力を蓄えておいて、それを発揮することです。

　技能を高めるには、基礎理論をしっかり身に付け、それで裏打ちしながら実践するのが早道です。

　本書は、芸能を支える音響技術者の目線でまとめたものです。

　劇場の音響創造に役立てていただければ嬉しく思います。

著者　八板賢二郎

◎凡例
- 読みやすくするため、新聞記事の書き方を参考にして、平易な表現にしました。
- 音響専門用語以外は、できるだけカタカナ語を使用しないことにしました。
- 音響用語は日本音響学会編の音響用語辞典をならって、つづりの終わりが-er、-or、-arなどの原語をカナ書きする場合、その言葉が2音節以下の場合のみ語尾に長音符号を付しています。（power＝パワー、monitor＝モニタ）
また、-gy、-py などで終わる原語をカナ書きする場合は、長音符号を付しています。（energy＝エネルギー）

口上	歌舞伎などの公演で、劇場代表者や出演者が舞台上から観客に述べる挨拶のこと。俳優が先代の芸名を継いで襲名披露をするときに行う。
柿落とし	新築の劇場やホールの最初の公演。柿は、材木を削った木片のこと。
媚び	気に入られるように振る舞う。相手の機嫌をとること。

目　次

口　上 ……………………………………………………………………………… iii

第1幕　芸能と劇場 ……………………………………………………………… 1
 第 1 場　観客と劇場スタッフ ………………………………………………… 2
 第 2 場　芸能のはじまり ……………………………………………………… 3
 第 3 場　劇場の形 ……………………………………………………………… 5
 第 4 場　日本の劇場の移り変わり …………………………………………… 6
 第 5 場　ヨーロッパの劇場の移り変わり …………………………………… 11
 第 6 場　劇場の在り方 ………………………………………………………… 14
 第 7 場　劇場の基本的な構造と名称 ………………………………………… 15
 第 8 場　劇場の使われ方 ……………………………………………………… 16
 第 9 場　劇場を支えるスタッフ ……………………………………………… 25
 第10場　劇場の安全作業の基本 ……………………………………………… 37
 第11場　仕事をするときのルール …………………………………………… 38

第2幕　音響の仕事 ……………………………………………………………… 41
 第 1 場　音響の仕事 …………………………………………………………… 42
 第 2 場　仕込み図の描き方と読み方 ………………………………………… 45
 第 3 場　サウンド・リインフォースメント（SR） ………………………… 52
 第 4 場　SR の基本 …………………………………………………………… 54
 第 5 場　音響効果と再生技術 ………………………………………………… 56
 第 6 場　再生の音響装置 ……………………………………………………… 65

第3幕　聴力と音響心理 ………………………………………………………… 69
 第 1 場　デシベル ……………………………………………………………… 70
 第 2 場　日本人の聴覚 ………………………………………………………… 73
 第 3 場　マスキング効果 ……………………………………………………… 74
 第 4 場　カクテルパーティ効果 ……………………………………………… 75
 第 5 場　聴力の変化と聴力障害 ……………………………………………… 75
 第 6 場　可聴域と聞こえ方 …………………………………………………… 76
 第 7 場　両耳効果と音の方向認識 …………………………………………… 77
 第 8 場　ごみ静めと観客心理 ………………………………………………… 79

第4幕　音の性質 ………………………………………………………………… 81
 第 1 場　音の発生と伝搬 ……………………………………………………… 82
 第 2 場　音の反射、透過、吸収 ……………………………………………… 85
 第 3 場　音の減衰 ……………………………………………………………… 86
 第 4 場　音の伝搬速度 ………………………………………………………… 90
 第 5 場　直接音と反射音 ……………………………………………………… 90
 第 6 場　位相 …………………………………………………………………… 91
 第 7 場　音の回折 ……………………………………………………………… 94
 第 8 場　音の屈折 ……………………………………………………………… 96

第 9 場　暗騒音……………………………………………………… 97
　　第 10 場　残響時間……………………………………………………… 98
　　第 11 場　最適残響時間………………………………………………… 100
　　第 12 場　フラッタ・エコーとロングパス・エコー………………… 101
　　第 13 場　ドップラー効果……………………………………………… 102

第 5 幕　電子回路の基礎……………………………………………… 103
　　第 1 場　電子回路……………………………………………………… 104
　　第 2 場　電源…………………………………………………………… 104
　　第 3 場　直流と交流…………………………………………………… 105
　　第 4 場　導体と絶縁体、半導体……………………………………… 106
　　第 5 場　電流…………………………………………………………… 106
　　第 6 場　電圧と電位差………………………………………………… 107
　　第 7 場　抵抗…………………………………………………………… 108
　　第 8 場　オームの法則………………………………………………… 109
　　第 9 場　部品の働き…………………………………………………… 110
　　第 10 場　電磁誘導……………………………………………………… 117
　　第 11 場　デジタルの基礎知識………………………………………… 118

第 6 幕　マイクロホン………………………………………………… 123
　　第 1 場　マイクロホンの構造………………………………………… 124
　　第 2 場　マイクの性能………………………………………………… 127
　　第 3 場　近接効果……………………………………………………… 133
　　第 4 場　風雑音と振動雑音…………………………………………… 134
　　第 5 場　特殊なマイク等……………………………………………… 135
　　第 6 場　セッティングの要点………………………………………… 137
　　第 7 場　マイク・チェック…………………………………………… 148
　　第 8 場　反射音の影響による音質の変化…………………………… 152
　　第 9 場　マイクの周囲の影響による音質の変化…………………… 155
　　第 10 場　被り込みによる音質の変化………………………………… 155
　　第 11 場　ワイヤレスマイク…………………………………………… 157
　　第 12 場　マイキング…………………………………………………… 165

第 7 幕　音響調整卓…………………………………………………… 173
　　第 1 場　音響調整卓の役目…………………………………………… 174
　　第 2 場　調整卓の機能………………………………………………… 175
　　第 3 場　出力回路……………………………………………………… 182
　　第 4 場　モニタ装置…………………………………………………… 186
　　第 5 場　簡単な設定と操作…………………………………………… 189
　　第 6 場　モニタ調整卓………………………………………………… 192
　　第 7 場　デジタル調整卓……………………………………………… 192

第 8 幕　パワーアンプ………………………………………………… 195
　　第 1 場　パワーアンプの性能表示…………………………………… 196

第2場	保護回路（プロテクタ）	199
第3場	クリッピングの影響	200
第4場	ブリッジ接続	201
第5場	パワーアンプとスピーカの接続ケーブル	202
第6場	デジタルパワーアンプ	204

第9幕　スピーカシステム … 207

第1場	スピーカの構造と種類	208
第2場	エンクロージャ	209
第3場	スピーカシステムの基本特性	211
第4場	スピーカシステムの構造と種類	217
第5場	スピーカから出た音の周波数特性の変化	222
第6場	複数のスピーカを使用したときの周波数特性の変化	225
第7場	時間差の補正	229
第8場	ハウリング（フィードバック）	232
第9場	イコライザによる音場補正（システムチューニング）	233
第10場	スピーカの接続と合成インピーダンス	236
第11場	音響システムの電源の入り切り	238
第12場	仕込み後のチェック	238
第13場	劇場のスピーカ設備と使われ方	239
第14場	ジャンルごとのスピーカ設置プラン	243

第10幕　周辺機器 … 251

第1場	エフェクタ	252
第2場	無停電電源装置	257
第3場	録音再生機器	258

第11幕　アース … 265

第1場	アースの役目	266
第2場	機器の接続	267
第3場	ノイズの要因	270
第4場	アース配線の注意	274
第5場	アース線の配線例	276
第6場	電源の極性	277
第7場	電源ケーブルに関する注意	279
第8場	ノイズ発生時の対処	279

巻末付録 … 281

平面図（配置図）用記号、結線図用記号	282
音響操作の台本記入記号	283
楽器の略記号	284
音楽著作物使用方法	286
用語集	290
索　引	302

第1幕

芸能と劇場

第1場　観客と劇場スタッフ

　私たちの仕事は、観客を楽しませ、感動させ、私たちのメッセージを伝えることである。

　民衆はなぜ劇場に足を運び、芸能を楽しむのだろうか。

　人間には、5段階の欲望があるといわれている。

　1段階は、生存の欲望であり、生きるために食べることが最優先である。

　2段階は、種族保存、子孫繁栄であり、ここまではすべての生物が持っている本能でもある。

　3段階は、財産保有欲である。この欲望は人間だけのものであり、だれもが持っているものであろう。

　4段階は、社交欲である。みんなと交流する喜びを持つことである。カラオケ、居酒屋、そして劇場も社交の場である。

　楽しいこと、嬉しいこと、美しいこと、感動すること、おいしいこと、心地よいことなどは、だれかと一緒に体験したい、だれかに教えてあげたいと思うものである。みんなで共有することで、喜びが大きくなるのである。この欲望は1～3段階の欲望を超越したもので、空腹でも、貧しくても欲しくなるものである。食費を削ってでも高額のチケットを買う人もいれば、倹約して海外へオペラ鑑賞に出掛ける人もいる。

　ヨーロッパでは戦後、最初に建てられるのは教会と劇場であるといわれている。ニューヨークの同時多発テロ（2001年9月11日）の直後も、ブロードウェイではミュージカルを上演していたという。荒廃した心、傷ついた心を癒すためにである。人間は希望を失ってしまったらおしまいである。その希望を与える力を持っているのが、演劇、コンサート、映画など、さまざまな芸能である。

　最終の5段階目の欲望は「ひとを喜ばせたい、感動させたい、幸せにしたい」ことである。料理人も、芸人も、そして舞台のスタッフも、この欲望を満たすために仕事をしている。観客の喜ぶ姿を見てスタッフは喜ぶのであって、この喜びが分からなければスタッフとして通用しない。

　舞台で演じられる芸能は「祭り」であり、出演者は「みこし」で、それを担ぐのはスタッフである。スタッフは全員、足並みをそろえて俳優やミュージシャンを担ぎ、自分たちも楽しみ、そして民衆を楽しませる。

　演劇も音楽も、観客に向けてメッセージを送ることは大事であるが、同時に

娯楽でなければならない。芸能は、観客をリードし、観客を教育する面もあるが、それに傾きすぎてはならない。また、観客の厳しい眼は芸能を育てる大きな力になっている。

第2場　芸能のはじまり

　芸能は、信仰が起源であるという説が一般的である。
　オペラも歌舞伎も、さかのぼってみると、それは神事であり祭事であった。
　昔、日本では「すべての生物の生命は神の力によって与えられている」という考えで儀式を行っていた。行われたのは旧暦の11月（現在の12月頃）で、冬は植物が枯れ、動物が衰えるように、すべてが力を失うと考えられていた。これは「1年間、魂が活動して力が衰えるからだ」と人々は信じ、神の魂を復活させるための神事を行ったのである。
　一つの例として、北陸の農家に次のような田の神への感謝の行事「アエノコト（ユネスコ無形文化遺産）」が伝わっている。
　家の床の間に米俵を飾り、風呂を沸かして、神を迎える準備をする。準備が整うと、主人は紋付と袴で正装して田の神を迎えに行き、『田の神様お迎えに参りました。お出で下さい』と声をかけて、目の前に神が実在するかのように振る舞う。家に到着すると、主人は『田の神様がござった、みんなお迎えに出ろや』と告げて、いろり端へ案内する。次に『まずお風呂へどうぞ』と言って風呂にお供をして、神の手足や背中を洗うしぐさをする。今度は風呂から上がった神を床の間に座らせ、土の中に長く居たので目が見えないという想定で、主人は用意した膳のご馳走を『これはお汁で、実は豆腐と菜でございます。

《アエノコト（田の神をもてなすご馳走）石川県・能登町提供》

これは小豆飯、こちらはナマスでございます』と説明しながら、召し上がっていただく。そして、そのまま家で越冬していただき、春に田までお送りする。

このように終始、主人は神が実在するものと想定して、応接の真似をしているわけで、神と人との芝居を演じているのである。

日本人は米が主食であり、この重要な米（稲）にまつわる多くの芸能が生まれた。日照りが続いたときに鐘や太鼓を打ち鳴らして踊る「雨乞の踊り」や、正月に1年間の農作業をまねて見せる「田遊び」、「田植え踊り」などがある。これらは、今でも民俗芸能として残っている。

「踊り」は小躍りするように、上下の跳躍動作を主とした形で、神を送るときのものである。「盆踊り」は精霊を送る祭りで、先祖の霊に楽しんでもらってから、あの世へお帰りいただくというものである。

「舞」は、元々は「回る」ということで、旋回動作のことである。旋回は神を迎えるときの舞で、神と交流するための行為である。「神楽舞」や「能の舞」がこの類である。

日本演劇の源流は「能」である。能を演じるための能舞台の正面壁には、大きな松が描かれている。昔から、松は神が降りてくる依代として大切にされていた。神社などに大きな松の木があるのはそのためで、新年の門松も同じことである。かつて、この依代の松の前で神を楽しませる神楽を舞った名残で、能の舞台に松の絵が描かれているのである。また、右の側壁には竹が描かれているが、これも神の依代であって、竹は邪気を祓い舞台を清める役目である。

西洋演劇の源流は、ギリシャ悲劇である。これも神事であって、舞台中央にある祭壇の前で劇の競演をして、神に奉納したのが始まりである。

このように神仏との交流のために生まれたのが演劇や舞踊、音楽などであり、信仰の行事が芸能の原点である。そして、次第に宗教色が薄れ、さまざまな芸能に発展したのである。

また音楽は、信仰や祭りだけでなく、遠距離通信に用いた太鼓のリズムなどから発展したもの、川の流れや小鳥の囀りなどの美しい自然音を模写したもの、空想を表現したもの、恋人に愛を打ち明けるためのもの、大衆にメッセージを送るものなど、さまざまな次元で「自分の思い」を音で表現したものであ

神楽舞　神の前で歌ったり舞ったりすることを神楽という。神を楽しませる芸能であり、舞手に神が乗り移る芸能でもある。宮中（宮殿、皇室）で行われるものを御神楽、民間で行われるものを里神楽と呼ぶ。岩戸の前で天宇受売命が舞ったのが、神楽の起源とされている（第4場参照）。舞を主とした神楽を神楽舞という。獅子舞も神楽が起源である。

る。

第3場　劇場の形

　舞台は、芸能を演じる場所で芸能を見やすく、聞きやすくした場所である。観客を集め、芸能を演じて見せる施設を劇場という。

　古い時代には、広場の小高いところや窪んだ土地を舞台にして、きわめて原始的に芸能を楽しんでいたが、時代とともに新しい上演形態が生まれ、舞台の機構や設備も発展した。

　舞台の形は大きく分けて、観客席から見て額縁のように縁どられているプロセニアム形式と、額縁のないオープン形式がある。

　14世紀になって西洋でプロセニアムアーチが考案されるまで、劇場のすべてはオープン形式であった。能舞台やコンサートホールは、現在でもオープン形式である。オープン形式は、ステージと観客席の境界がなく、全方向から見ることができる。舞台と観客席の間に音の障害となる額縁がないので、観客席への音の伝わりは良好である。ところが、観客席と舞台を仕切るものがないの

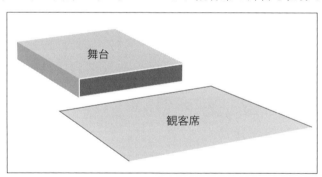

図1-1　オープン形式

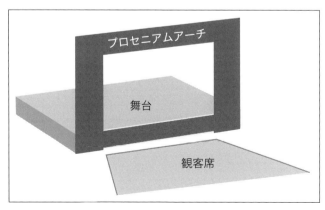

図1-2　プロセニアム形式

で、場面ごとに舞台装置を入れ替えるのは難しい。

　プロセニアム形式は、額縁を境界として、舞台と観客席を区別し、観客が額縁の枠内をのぞく形で芸能を見せる様式である。この様式の場合、幕で舞台と観客席を仕切ることができるので、大掛かりな舞台装置を幾つも使用して多くの場面を上演できる。

　現在のオペラやバレエの劇場は、プロセニアム形式である。歌舞伎も、初期はオープン形式であったが、後に西洋の影響を受けてプロセニアム形式になった。

第4場　日本の劇場の移り変わり

　「古事記」、「日本書記」に描かれている天の岩戸の神話に「舞台」が出てくる。太陽の神である天照大御神(あまてらすおおみかみ)の弟の素盞鳴尊(すさのおのみこと)が暴れ者で、それに怒った天照大御神は洞穴に隠れてしまった。すると、世の中が暗闇になってしまった。そこで、天宇受売命(あめのうずめ)という女神が洞穴の前で、「伏せた桶」の上に乗って舞を舞った。この騒ぎを聞いて天照大御神は、戸を少し開けた瞬間、力持ちの神が戸を開き、再び世の中に光が戻ってきたという話である。神話では、この「伏せた桶」が日本最古の舞台ということになる。

図1-3　桶の上で舞う天宇受売命のイメージ

　郷土芸能の大漁踊りや豊年踊りなどで用いられる櫓や神楽殿は、少し発展した舞台である。

　特定の様式を備えた最初の舞台は、雅楽(ががく)のものである。雅楽には、日本古来

のものと、朝鮮半島や中国などを経て伝来し、それを日本化したものである。そして朝鮮半島から伝わったものを右方(高麗楽)、中国から伝わったものを左方(唐楽)と区別し、舞を伴わないものを管弦、舞のあるものを舞楽と呼び、宮廷音楽として平安時代に栄え、寺社などでも演じられていた。高麗楽による舞楽は右舞、唐楽による舞楽は左舞と呼ぶ。

　雅楽舞台は日本化されて、一辺が約788cm（26尺）の正方形で、高さが約90cmの台の上に勾欄(欄干)をめぐらし、これを標準として高舞台という。その高舞台の上に約591cm（19尺5寸）四方で、高さが13cm程度の台を敷く。これを敷舞台という。高舞台の正面と背後には階段を設置している。

　その後、室町時代になり「能舞台」が創設され、初めて日本独自の様式の舞

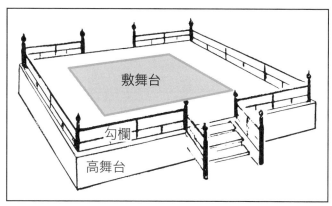

図1-4　雅楽の舞台

《舞楽の様子》

台ができた。舞台は一辺（柱と柱の間）が約591cm（19尺5寸）の正方形で、橋掛りという通路が楽屋につながっていて、揚幕という幕で遮られている。橋掛りは、演出技術の進展にしたがって、非常に重要な役割を果たす場所となる。

江戸期になって能舞台に屋根が設けられ、舞台の奥の壁が羽目板になった。観客席は正面と左右の**土間席**に、そして特設の**桟敷席**があった。

図1-5　江戸期の能舞台（国立能楽堂所蔵画）

江戸時代初期になって、能楽にならって庶民的な「歌舞伎」が生まれた。初期のものは阿国歌舞伎に代表される芸能で、粗末ではあるが能舞台の様式を取り入れていた。進化するにしたがって屋根の**破風**と4本の柱が順に除去された。観客席を通る花道が設けられ、ここでの演技があみ出されたり、**迫り**、**回り舞台**などの諸設備も考案されたりして、さまざまな演出がされた。

明治時代は西洋文化偏重の時期で、ヨーロッパの劇場様式の影響を受けて、西洋風の劇場が建てられた。

昭和時代になると、急速に近代的舞台機構の歴史が展開された。1929年（昭和4年）には、東京・新宿に新歌舞伎座が開場し、京都の南座が改築落成した。

土間席	地面に敷物を敷いた観客席。
桟敷席	土間席の周囲に、一段高く設けた観客席。
破風	屋根の山の形の装飾部。
迫り	舞台床の一部を四角に切り抜いて、その部分を上昇、下降させる舞台設備。歌舞伎などで使用される「花道」にも小さな「迫り」があり、これは「スッポン」と呼ばれている。
回り舞台	舞台床を円形に切り抜いて回転できるようにした舞台設備。

図 1-6　明治期の歌舞伎座（国立劇場所蔵画）

1932年に大阪新歌舞伎座、1933年に日本劇場の建築と築地小劇場の改築、1934年には東京宝塚劇場が建築された。しかし、太平洋戦争により次々と空襲で焼失し、残った劇場も閉鎖されてしまった。

戦後の劇場史は大別して4期に分けられる。

第1期は、1940年代中頃で、六代目尾上菊五郎や中村吉右衛門などを中心に歌舞伎再興が計画され、東京劇場が再開し、続いて新橋演舞場、明治座、東京歌舞伎座が開場した。これら劇場の舞台形式は、伝統的な歌舞伎舞台を基準としていた。

第2期は、1950年代中頃で、新しい形式の劇場が建築された時期である。戦前より宝塚を中心に、レビューを手掛けていた阪急資本の東宝系が、占領軍に接収されていた東京宝塚劇場の返還を機に、旧帝国劇場と共に現代劇の興行を再開した。また、1956年には、三重の回り舞台を持つコマ劇場が東京と大阪に建築され、劇場の概念を変えた。

一方、築地小劇場が戦災で焼失し、新劇は帝国劇場、有楽座、三越劇場などを利用して上演されていたが、1954年に新劇専用の劇場として、六本木に俳優座劇場が開場した。

さらに新しい傾向として、朝日、読売、毎日、日経、産経、中日などの各新聞社は文化事業の一環として、社屋内にホールを作った。

また、生命保険会社など一般企業もホール経営を始めた。日生劇場、東横ホール、名鉄ホールなどがこの時期に建築されている。

　これらの劇場は、従来の伝統的な劇場の形式にとらわれず、独自の舞台形式をとっていたが、ビルの中に内蔵されているという制限から、劇場としての機能が十分には備わっていなかった。しかし、1964年に開場した日生劇場は、日本生命の全面的なバックアップで演劇の創造を目的として、幾多の新しい舞台機構が設備された。

　大阪では、1958年に大阪フェスティバルホールと新歌舞伎座が開場した。両劇場とも従来の回り舞台を廃止して、床の一部が移動するスライディングステージを採用した。この後、名古屋では御園座、東京では帝国劇場が改築された。

　第3期は1966年の国立劇場の開場を中心とした、公立の文化ホールの急増である。

　国立劇場の建設は、明治以来の日本演劇界の悲願であり、「歌舞伎」を主とした大劇場と「文楽」を主とした小劇場が、日本の伝統芸能の上演を目的として作られた。舞台は、従来の歌舞伎劇場の形式の上に、大型の舞台装置を車輪の付いた台に乗せ、舞台袖に収納して、場面を替えるときに持ち出すという「ワゴンシステム」の手法を採用した。このシステムの導入により、大型の舞台装置を少人数で素早く入れ替えできるようになった。

　第4期は多目的ホールに対する不満から、舞台関係者や建築関係者から「多目的は無目的、専門劇場こそ本当の劇場である」という大合唱が起こり、オペラ劇場、コンサートホールの建築の兆しが見えてきた。

　1972年、国立のオペラ劇場を建てるための第二国立劇場設立準備協議会が発足。この頃から多目的ホールに替って専門劇場建築の計画が急増した。一方、600年の伝統を持つ能の専門劇場として国立能楽堂が1982年に開場してから、全国各地に能楽堂の建設ブームが続いた。

　また、1970年代にはパルコ劇場、博品館劇場のような企業系の演劇のための劇場が開場し、1980年代になると銀座セゾン劇場、シアターコクーン、東京グローブ座、近鉄劇場、新神戸オリエンタル劇場が、1990年代に入ってアートスフィアが開場した。これらの劇場は、自主制作を主としていて、海外の話題作を多く上演している。

舞台袖	舞台の両側のスペース。舞台装置を収納したり、出演者が出番を待っていたりする場所。

1980年から1990年代後半までは、コンサートホールの建築ラッシュの時代である。1981年に開場した宮城県の中新田バッハホールは、建築音響の評判が良く全国の音楽関係者から絶賛された。1982年に大阪の朝日放送が、クラシック音楽専用の本格的なコンサートホール、ザ・シンフォニーホールを建設した。同ホールが開場した効果で、演奏家だけでなく観客もコンサートホールの音響に対する意識を高めた。

　これまでの演奏者は響きの少ない多目的ホールで力いっぱい演奏していたが、建築音響効果の良いコンサートホールの出現で演奏方法まで変化した。東京には1986年にサントリーホールが開場して後、東京芸術劇場・コンサートホールやオペラシティコンサートホール、埼玉県に彩の国さいたま芸術劇場・コンサートホール、九州に宮崎県立芸術劇場・コンサートホール、京都に京都コンサートホール、北海道に札幌市コンサートホールが次々に建築された。小規模なコンサートホールとしては津田ホールとカザルスホール、紀尾井ホールが開場した。

　1990年代に入るとオペラ劇場の時代である。本格的なオペラ劇場として愛知県立芸術劇場が1992年に開場した。その後、1996年9月に富山市のオーバードホール、1997年10月に新国立劇場（第二国立劇場の新名称）が開場した。続いて、1998年に滋賀県のびわ湖ホールが開場した。

第5場　ヨーロッパの劇場の移り変わり

　ヨーロッパでも、古代は自然な傾斜や高台、神殿の階段などが舞台として使用されていた。

　人工的な建物としての劇場の起源は、古代ギリシャの劇場形式であるといわれている。観客席は傾斜地を利用して階段状に作られ、傾斜地に囲まれた窪地を舞台としていた。

　ギリシャ悲劇は、簡単な背景幕の前に砂利を敷きつめた円形の土間（地面）を設け（図1-7❶）、ここをオルケストラと呼び合唱や舞踊に使用していた。❷はプロスケニオンと呼ばれる舞台である。凝った舞台装置や衣裳は使用せず、むき出しの舞台に神の祭壇と場面設定のための小道具だけが用意され、俳優の言葉と音楽を重要としていた。俳優たちはそれぞれの役に応じた仮面をかぶって演技をしていたので、生身の人間を思わせない不気味な効果を醸し出していた。

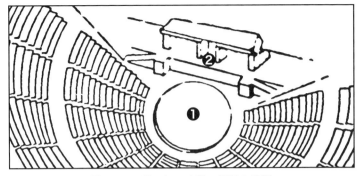

図1-7　ギリシャ時代の劇場の模様

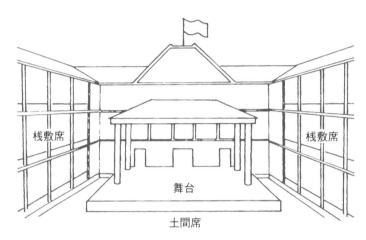

図1-8　中世イギリスの舞台

　ローマ時代には、舞台に屋根と囲いができ、観客席には天幕を張り、天候を心配しないで上演が可能になった。この結果、屋根や壁によって音響の具合もコントロールできるようになったのである。

　一方、中世末のイギリスでは、宗教劇が盛んで庭園劇場の様相であったが、やがて日本の能舞台のような舞台が生まれた。屋根は舞台と桟敷席に付けられたが、土間席にはなかった。

　17世紀のイタリアでも、観客席は摺鉢型から馬蹄型に変わり、豪華な客席となった。この時代、イタリアの設計家は、目の錯覚を応用した遠近法による「書割」の手法で、奥行きのある舞台装置を造った。舞台に複雑な仕掛けを導

馬蹄型観客席	1階の土間席の周囲を馬蹄の形のように、3階程度の桟敷席を巡らしたものである。
書割	背景に壁、戸、柱、家具などを描いたもので、直線部分の輪郭をはっきり描き、色彩で濃淡を付けて立体的に見せる手法のこと。

入して、舞台装置の転換をするようになると、転換作業が観客から見えないようにするため、舞台最前部に**プロセニアムアーチ**と呼ばれる装飾アーチが設置され、そのすぐ後ろに幕が掛けられた。

17世紀後半から18世紀始めにかけては、演出効果に贅を凝らすようになり、波の音を起こす機械や、俳優が突然現れたり消えたりする「落とし戸」を舞台の床に備えるなど手の込んだ装置が使われた。

また、同時期に劇場にとって重要である電灯が発明された。

1849年、パリのオペラ座で太陽を描写するために炭素アーク灯を使用したが、これがオペラ劇場で初めて電気を使用した例である。光量を調整できる電気照明は、舞台では安全の点だけでなく演出効果を上げるために非常に重要な道具であり、その後さまざまな手法が考えられた。

革命的な作曲家の一人であるワーグナーが最初に実践したのは、上演中は観客席の照明を暗くすることであった。これは、それまで上演中に雑談を交わしたり、動き回ったりしていた観客を舞台に集中させるための方法として用いたのである。彼は、観客が居眠りをできないように、座席を硬い椅子にした。また、オペラ劇場が貴族階級のためにではなく、一般大衆のくつろぎの場になるように望んで、ひな壇のようなボックス席を排除して扇型の広いフロアの観客席を作ったのである。オーケストラを舞台の下に潜らせて配置したのもワーグナーである。このようにすると観客席からは指揮者もオーケストラも見えないので、観客を舞台に集中させ、オーケストラの音は程好く客席全体を包み込み、歌手の歌声は場内に充満させることができたのである。

20世紀の始め、舞台装置の設計者アルフレッド・ローラーは、一対の巨大な筒状の装置を舞台の両脇に配置し、中央に向かって移動させることで舞台の大きさを変化できるようにした。この装置は、作品に適した舞台間口に変えるのに使用され、側面に何種類かの絵が描かれていて、回転させて情景を変えた。

同時代に、ミュンヘンの劇場で「回り舞台」が初めて使用された。巨大な回転台を回すことで、回転台の上にセットした舞台装置を素早く交換できるようにした。後に強力なモーターが開発され、電気仕掛けで回り舞台を回転させるようになる。この時代、ドイツでは舞台装置だけでなく照明技術も大きな変革をしている。ミュンヘンでは、それまでのフットライトに替わって、観客席の上から舞台を照らすスポットライトが出現した。このスポットライトは、色つ

| プロセニアムアーチ | 舞台と客席を区切る額縁。 |

きのゼラチン板を使用すれば色つきの光にすることができた。

この後の電気照明技術の発展は、舞台装置のデザインから背景の描き方にいたるまで、劇場機構の全体に影響を与えることになる。それまでは薄暗い光の中で効果を上げていた書割の背景画は、電気照明を使用することで効果が薄れてしまうのである。

そして、舞台装置と照明のデザインがますます高度になり、舞台機構と調光装置の操作が一層複雑になると、複雑な操作の内容を記憶させて再現できるコンピュータが取り入れられ、さらに発展していくのである。

第6場　劇場の在り方

観客を収容して芸能を上演して見せる場所を劇場と呼んでいる。

一般的に、建物そのものを劇場ということが多いが、本来は芸能を作る組織（人材）と舞台機構（機材）を併せて劇場と呼ぶべきである。

芝居という言葉は、芝生の見物席のことである。昔は寺や神社の境内の芝生を見物席にすることが多かったので、見物席または見物人を芝居と呼んだ。

イタリア語のテアトロは歌劇場のことであるが、「見物する場所」いう意味のギリシャ語「theatron（テアトロン）」から来たものである。

劇場を支えているのは観客、つまり市民ということになる。そして劇場の運営を支えているのは、舞台技術者をはじめとする多くのスタッフである。企画、制作、演出、切符販売係、宣伝担当、プログラム編集担当、観客案内係、清掃係、どれ一つ欠けても劇場として成立しない。

劇場は民営であろうが公営であろうが、大衆に夢と希望を売るのが商売である。

劇場は、芸能を製造する工場である。そのために、舞台を演出する様々な設備とそれを操作する熟練者が必要なのである。熟練者は経験豊富な劇場技術者のことである。

舞台を裏から支えている技術部門は、大道具、小道具、床山、化粧、衣裳、かつら、舞台進行、美術進行、舞台機構操作、照明、そして音響などである。劇場を本物の劇場として運営するためには、技術の伝承、最新技術の開発および導入、そして劇場技術者の養成が必要である。

第7場　劇場の基本的な構造と名称

　観客席から見て右側を上手、左側を下手という。また、上手のスペースを上手袖、下手のスペースを下手袖という。

　ミュージカルやオペラを上演する劇場では、舞台と客席の間に、オーケストラの演奏場所としてオーケストラピットがある。略してオケピット、オケピ、オケボックスとも呼ぶ。

　袖にある舞台装置や、出番を待っている出演者が見えないようにするために設置してあるのが「袖幕」で、通常は黒い布を使用している。さらに、袖の奥が見えないようするため、袖幕と直角に吊った幕を「東西幕」という。

　舞台の後部にある幕は、ホリゾントという幕で、水平線や空として見せるものである。また、この幕に月や雨、雪の模様などを投影することもある。舞台の最前部を舞台端または略してハナとも呼んでいる。

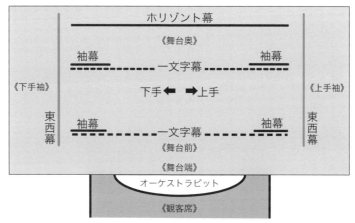

図1-9　舞台を上から見た図

　図1-10は観客席から舞台を見た図である。舞台の上にある幕は、吊ってある照明器具や大道具などを隠すための幕で「一文字幕」、略して「モンジ」と呼んでいる。また、「霞幕」と呼ぶこともあり、略して「カスミ」とも呼び、客席側から1カス、2カス、3カスと呼んでいる。

　舞台では高さのことを建端という。寸法は、寸、尺、間を用いることが多い。10寸が1尺、6尺が1間になる。舞台の幅を間口という。「舞台のタッパは15尺、間口は5間」などと表現する。なお、1寸は3.03cmである。

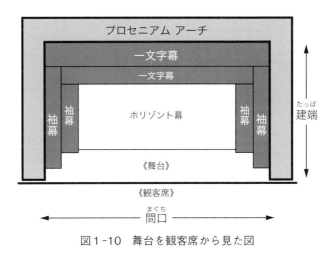

図1-10 舞台を観客席から見た図

第8場　劇場の使われ方

　劇場は、時代の流れにともない新しい上演形態が生まれ、舞台の機構や設備の使われ方も変化した。

　また、上演する芸能によって、求められる舞台の形や舞台機構などの条件が異なる。そして、劇場は形だけでなく、上演する芸能に「適した音の響き」がある。

　専門劇場は、様式の整った（固定された）伝統的な舞台芸能に限って成立するもので、専門劇場であっても次々に新しい技術が取り入れられ少しずつ改良され変化している。専門劇場と呼ばれるのは、能楽堂、歌舞伎劇場、オペラ劇場、コンサートホールなどである。進化し続けているミュージカルなどは、公演ごとに劇場構造を変えてしまうこともある。

A）能楽堂

　能と狂言を上演する専門の劇場である。

　能の舞台はもともと野外に建てられていた。現在のように、舞台と観客席が1つの建物の中に収まったのは明治以後である。図1-11のように、屋内にありながら舞台に屋根があるのは、そのためである。

　能は一種の音楽劇で、声楽部分を「謡」と呼び、役者が言う部分と合唱団が受け持つ部分がある。図1-12のように、合唱団は8人編成で「地謡」と呼ばれ、後列の内側のどちらかが首席で地頭という。器楽演奏は「囃子」といい、

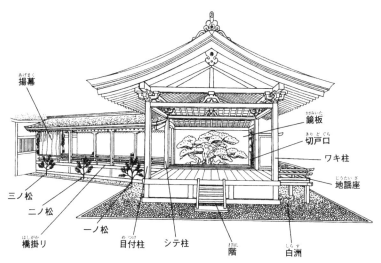

図 1-11 能舞台（国立能楽堂提供）

図1-13のように、太鼓（床に置いてバチで打つ）・大鼓（左の膝に乗せて右手で打つ）・小鼓（左手で持って右肩に乗せ右手で打つ）・能管（能の笛）で、太鼓を用いない曲もある。この演奏者たちを囃子方と呼ぶ。

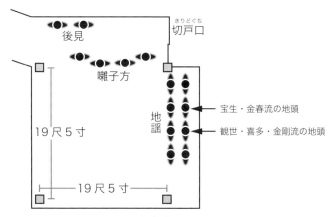

図 1-12 能舞台を上から見た図

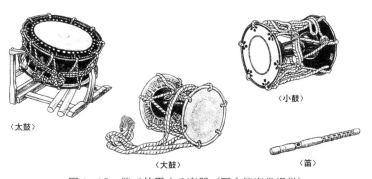

図 1-13 能で使用する楽器（国立能楽堂提供）

通常は、生演奏のため電気的に補強することはしないが、屋外で行われる**薪能**（たきぎのう）の場合、わずかに音響の補強が必要である。

　能舞台の演技エリア（4本の柱の間）は約5.9m×約5.9mの広さで、正面だけでなく脇正面（下手）からも鑑賞できる。

　舞台の後方を後座（あとざ）と呼び、囃子方（はやしかた）や**後見**（こうけん）が座る。また、演者がここへ来て座ると舞台から姿が消えたという約束になっていて、そこで装束（衣裳）（しょうぞく）を替えたりする。

　後座から鏡の間（ま）につながる「橋掛り」（はしがかり）は、演者の登・退場に用いられるが、舞台の一部としても使用する。橋掛りの前には演じるための目印として3本の松がある。鏡の間に向かって徐々に低くしてあるのは、遠近感を出すためである。役者と囃子方は揚幕から出入りし、地謡と後見は切戸口（きりどぐち）から出入りする。

　能楽堂の観客席は見所（けんしょ）と呼ばれ、微妙な動きや繊細な音を鑑賞するために、300〜600席となっている。また、舞台に上がるときは、足の汗や足袋の色が床に染みないように、白足袋を着用している。

B）歌舞伎劇場

　歌舞伎劇場は、能舞台が基礎になっているのでオープン形式であったが、明治期以降に西洋の影響でプロセニアム形式になった。

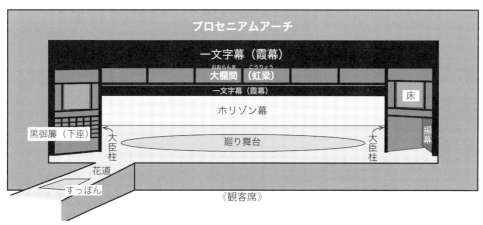

図1-14　歌舞伎舞台を観客席から見た図

薪能	篝火（かがりび）を用いて屋外で上演する能のこと。現在では、電気照明を施して上演している。
後見	演者のサポータ。演者の装束を直したり小道具を出し入れしたりし、プロンプタの役目もする。また、上演中に演者が故障したときは、即座に代役をする。

第1幕　芸能と劇場

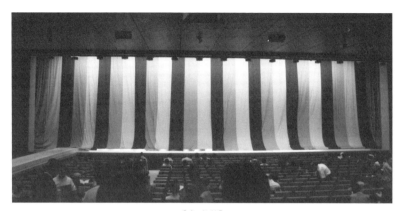

《定式幕》

《歌舞伎・妹背山婦女庭訓（歌舞伎座）》

　プロセニアムアーチは幅が18m～20m、高さが7m～8m程度の横長である。これは、役者との美的バランス上、舞台装置（背景）の高さが12尺（約363cm）のときが最も良いということで、この高さが舞台装置の標準になっているからである。現在は、俳優の背丈が伸びたことと劇場が大きくなったことなどから15尺になっている。この舞台装置が、3階席からもよく見えるようにプロセニアムの寸法が決められている。ただし、歌舞伎は1階席から見上げたときが最も美しい形になっている。歌舞伎劇場の観客席数は、1,500～2,000席が一般的である。
　舞台の進行は柝の合図で行われ、舞台には「回り舞台」や「迫り」があり、

| 柝 | 拍子木のこと。これを打って幕の開閉、演技の開始、演奏の開始、舞台転換の開始などの合図をする。 |

舞台装置の転換や俳優の登場や退場に使用する。

舞台の左端から観客席後方に「花道」という通路がある。能舞台の橋掛りと同様に、ここを通って俳優が登・退場する。舞台から三分の割合の位置を七三と呼び、ここに「スッポン」という小さな「迫り」がある。この穴から忍者や亡霊が登場したり、消えたりする。

舞台の上手には、登場人物の心情などを語る**義太夫**のための床がある。床の下は役者が登・退場するところで、揚幕が掛っている。

下手には、情景音楽を演奏する長唄（三味線と唄）と、大太鼓・太鼓・鼓・笛などの楽器を用いて効果音や、効果音楽を演奏する「下座」または「お囃子部屋」、「黒みす」と呼ぶ演奏場所がある。

舞台と観客席を遮るための幕は、柿・黒・緑（萌黄）の3色の縦縞の定式幕と呼ばれるものである。

また、歌舞伎は、「黒は見えない」という約束になっている。そのため、舞台装置や舞台機構、道具などで「見えない物」とする箇所は、黒色に塗ってある。

歌舞伎劇場の技術スタッフは、黒足袋に草履を履いて作業をすることになっている。履物を脱いで乗る日本家屋の舞台装置が多いことから、両手に物を持ったまま脱いだり履いたりできる草履が便利なのである。

電気音響のない時代に生まれた芸能なので、セリフや音楽を電気的に補強しない。ただし、観客席が広い場合や、音響特性が適さないときは部分的にセリフなどを補強することがある。効果音は、下座音楽によるものと、鳥笛・虫笛・雨団扇（雨の音を出す道具）・雷車（雷鳴の道具）などによる擬音とがある。国立劇場では、大劇場での公演は必要な箇所だけセリフを電気的補強（SR）している。

C）演劇劇場

セリフを主とした演劇は、歌を主としたミュージカルやオペラに対して、ストレートプレイと呼ばれる。この種のものは自由自在に演出されるので、演出によって求められる舞台の構造や機構は異なる。

したがって、劇団は自前の劇場を持つべきである。劇場の形式は、プロセニ

義太夫	義太夫節または浄瑠璃と呼ばれ、三味線の伴奏で物語をする。人形劇の文楽は義太夫節で進行し、一人で何役ものセリフを担当する。文楽のことを人形浄瑠璃ともいう。歌舞伎の義太夫は、ストーリーの注釈や登場人物の心境などを語る。歌舞伎では竹本という姓を名乗るので、「竹本」とも呼ばれている。

アム形式もオープン形式も用いられ固定した様式は存在しない。演劇劇場で共通していることは、観客席が小さく舞台の間口が狭いのに、舞台周辺のスペース（舞台袖）を十分に確保して、舞台装置（大道具など）を収容できるようにする。

演劇は、アクションの大きいオペラやバレエと異なり、繊細な表現をするので300～1,000席が適している。しかも、多くの場面を素早く転換するので、「回り舞台」や「迫り」、「**切り穴**」など、各種の設備を備えておかなければならない。ときには、床に穴を開けたり、壁をぶち抜いたりする。

音響装置は、録音した効果音を写実的に再生するので、舞台の上・左右・奥、観客席の天井・壁など、あらゆる方向から自在に様々な音が出せる仕掛けが必要である。

D）オペラ劇場（バレエ）

オペラやバレエの劇場は、観客席数が2,000席前後であるのに、舞台の間口は狭い。プロセニアムの高さは、舞台装置などの関係などから高く、歌舞伎劇場の横長とは逆に縦長である。

世界の有名なオペラ劇場の観客席数と舞台間口は次のようになる。

劇場名	観客席数	間口
ロンドン・ロイヤルオペラ劇場	2,180席	約13m
ウィーン・国立オペラ劇場	1,709席	約13m
ミラノ・スカラ座	2,135席	約14m
メトロポリタンオペラハウス	3,639席	約17m
パリ・オペラ座	2,131席	約17m
ザルツブルグ祝祭劇場	2,158席	約14～30m
バイロイト祝祭劇場	1,800席	12.6m
パリ・バスティーユ新オペラ座	2,700席	12m～20m

大規模なオペラや近代的なバレエの場合は、間口の大きい劇場が必要になる。そのために、ザルツブルグ祝祭劇場のように間口が可変できれば、演目に応じて条件を合わせることが可能である。

オペラは歌劇とも呼ばれ、歌手による歌唱を中心にして展開する演劇で、歌の伴奏はオーケストラである。

オーケストラの演奏場所をオーケストラピット（オーケストラボックス）と

切り穴　　　舞台床の一部を取り除くと、床下に潜れるようになっている設備。

《オペラ「フィガロの結婚」(国立音楽大学提供)》

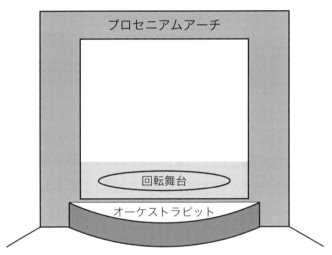

図1-15　オペラ舞台を観客席から見た図

いい、舞台と観客席の境に設けられている。オーケストラピットは、視覚的に邪魔にならないように、または歌がかき消されないように、床を深く掘り下げてある。指揮者の後ろの壁を白色にして、指揮者の動きがよく見えるようにすることもある。

　舞台装置の転換を敏速に行うためには、「迫り」や「回り舞台(回転舞台)」、「スライドステージ」、「ワゴンステージ」などを使用する。

　また、現在は4面舞台が主流である。4面舞台は、図1-16のように左右、後方にも舞台があって、さまざまな演出に活用できる。一般的に、上手と下手の側舞台はワゴン形式になっていて、ワゴンの上に舞台装置を設置し、押し出して使用する。奥舞台は回り舞台が装備され、主舞台を下げて、そこに移動させて使用する。

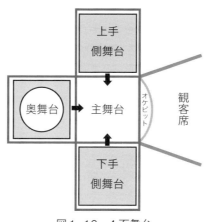

図1-16 4面舞台

　舞台床は、2階席以上の観客から見えるので、絵を描いた**地がすり**を使用したり、そのための照明をデザインすることもある。

　幕は中央から割れて、左右に吊り上げる方式のものを用いる。オペラカーテンと呼ばれ、音楽に合わせて開閉する速度を変えるため、開閉中でも速度を可変できる電動式が用いられている。

　歌やオーケストラは基本的に電気的に補強をしないが、弱音楽器を使用する場合や舞台装置の陰での演奏や合唱などを、生で聞こえる程度に補強することもある。また、舞台裏で演奏したり歌ったりする演者のためのモニタスピーカに、オーケストラの音を出すこともある。

《オペラ劇場（新国立劇場）》

地がすり	舞台床に敷き詰める布で、地面を表すもの。通常は、グレーや黒を使用する。

効果音は、楽譜に書かれていて楽器でやるのが基本であるが、擬音道具を用いたり、実音を録音したもの用いたり、電子音で製作したものを用いたりもするが、それを決定するのは演出家である。

E）コンサートホール

　　管弦楽や室内楽など西洋のクラシック音楽専用のホールである。

　　演奏音に潤いを持たせ豊かな音量を得るために、非常に長い残響を必要とする。通常、1.8～2.2秒の残響を目安として設計されるが、パイプオルガンの演奏には、さらに長い残響が必要になるので、電気音響システムで残響を付加させることもある。

　　コンサートホールは、演奏場所と聴衆席が同一の空間になるオープンステージ形式が適している。つまり、同一空間ということは同一の音響状態である。

　　聴衆席の形は、靴箱のように長方形のシューボックス形式と、ブドウ畑の形をしたヴィンヤード（英：vineyard）形式がある。

　　シューボックス形はウィーン楽友協会ホールが有名で、東京にはオペラシティホール、大阪にはいずみホールがある。

　　ヴィンヤード形式は東京のサントリーホールが有名である。

　　ヴィンヤード形式の場合、ステージの後方にも聴衆席が設けられているホールもある。

　　コンサートホールで演奏されるものは、基本的に電気音響による補強はしな

《ヴィンヤード形式のホール（サントリーホール）》

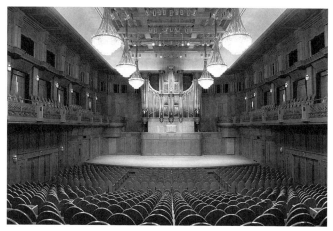
《シューボックス形式のホール（いずみホール）撮影：樋川智昭》

い。ただし、朗読やスピーチ用として、音声を明瞭に聴かせるためのラインアレイ・スピーカなどを設置しているところが多い。

F) 多目的ホールの構造と使われ方

さまざまなジャンルの演目を上演できると謳ったホールで、日本の公共ホールの多くはこの種のものである。

音響の点から考えると、残響が少なめの演劇から、長い残響を必要とするクラシック音楽までを同一ホールで行うのは無理である。

したがって、多目的ホールでクラシックコンサートを行うときは、大掛かりな**音響反射板**を舞台の天井と側面、後方に設置して、オープンステージの音響特性に近づける工夫をしている。

現在では、コンサート専用ホールが各地に建ったので、多目的ホールの用途にクラシックコンサートを含めないことが多い。

多目的ホールの残響時間は、音楽と言葉の中間をとって、1.2～1.4秒が多い。

第9場　劇場を支えるスタッフ

芸能が生まれた初期は、演出家すら存在せず、役者が自ら演出をしていた。ところが、高度な技術を取り入れ、演出手法が発展するにつれて演出の専門家が必要になった。さらに、舞台機構が進歩して表現方法が複雑になると演出家

| 音響反射板 | 多目的ホールでクラシック音楽のコンサートを行うとき、舞台の左右、後方、天上に設置する、音を反射させる設備のこと。 |

一人では対応できなくなり、技術的効果の演出は専門家に任せるようになって、舞台装置家や照明家が生まれた。

現在でもヨーロッパのバレエ公演などで、演出家が舞台装置、衣裳、照明のデザインを兼ねることがあるのは、昔の名残である。

海外の劇場には専従の技術スタッフがいて、大道具、衣裳、小道具などを劇場内の工房で製作している。

日本では、公演ごとにスタッフが編成され、演出家の意向で舞台装置、衣裳、照明、音響などのデザイナが選ばれ、そのデザインを具現する技術スタッフはスタッフ会社から派遣されることが多い。

演出家は、作家のメッセージを観客に伝えるため、あらゆる手段を用いて表現しようとする。技術スタッフは、演出家のやりたいことを実現させるのが仕事である。そして、全スタッフが演出方針に沿って協力し、全部門の調和がとれた作品を作る。したがって、私たちも音響以外の仕事を良く理解して、他の部門と同一次元で協調して創造作業に参加しなければならない。

```
          劇場を支える人々
         制作者  作家  演出家
         作曲家  演奏家  振付家
        装置デザイナ  衣裳デザイナ
        照明デザイナ  音響デザイナ
                 ●
       舞台監督（舞台進行） 美術進行
              舞台機構操作
            照明  音響  映像
           大道具  小道具  衣裳
         かつら  床山  化粧  ヘアメーク
         特殊効果（火薬物・レーザー）
                楽屋管理
                設備保守
                 ●
         宣伝係  入場券係  観客席係
        営業係  経理係  営繕係  清掃係
```

そのためには、舞台技術全般の知識と劇場全体の仕組みを把握した上で、電子技術、聴覚心理、聴覚生理、音響物理学、建築音響技術の知識を身につけ、演劇や音楽に精通し、絵画や彫刻などの芸術観賞により感性を磨かなければならない。

そして、観察力は作品創造に欠かせない能力である。

A）制作の仕事

演者（またはミュージシャン）を集め、劇作家に脚本を依頼し、演出家や美術・技術スタッフを雇い、舞台芸能作りの全体を管理、進行するのが制作者、いわゆるプロデューサの仕事である。プロデューサは舞台芸能を創造するための計画をして、それを実現させるための資金を工面する責任者である。

演劇の場合、制作の手順は次のようになる。

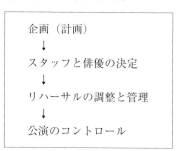

制作の初段階の仕事としての企画は、観客が何を求めているかを探り、その観客に何を伝えたいかを決めることから始まる。

プロデューサは観客に送りたいメッセージのテーマを定め、劇作家に脚本を書くことを依頼する。そして演出家、スタッフ、俳優を誰にするか構想を練る。

構想を現実にするのが制作の仕事であるから、現実なものにするための裏付けとして、資金と上演劇場が重要な条件となる。上演するには必ずリスクが発生し、その全責任はプロデューサにある。そのために、公的な助成金や企業の協賛金などを得て、金銭的なリスクを少なくすることも考える。

しかし、公演をするのには「観客席数×上演回数×入場料」で収入を算定して、これで賄うことを考えるのが基本で、観客席を埋め尽くすことを第一に考えなければならない。集客のためには、俳優の顔触れが最も大切であるが、劇場の「イメージ」、「場所」、「交通の便」も重要な要素である。「俳優」と「観客層」によって入場料も異なってくる。

以上のようなプロデュース形態を「手打ち」と呼んでいる。

プロデューサのリスクを少なくするためには、「売り」という制作形態がある。これは制作した作品で各地を巡回して上演する方法である。各地の鑑賞団体やプロモータ（興行会社）が作品を買い取って上演する。

プロデューサは総入場料収入に対して、予想入場者数を何％にするか想定して予想収入を算定する。この金額に助成金や協賛金を加えた金額が総予算となる。この総予算を頭に入れてスタッフと俳優を決める。この場合、まず公演が

成功するか失敗するかにかかわる演出家と主演俳優を最初に決定する。次に演出家と協議して技術スタッフを決め、主演俳優の意見を聞きながら他の俳優を決定することが多い。

稽古（リハーサル）に入ると、演出意図に沿った作品になっているか、俳優やスタッフは演出家の演出意図どおりの仕事をしているかどうかをチェックして演出家をサポートする。作品の仕上がりに大きく影響するスタッフ間の意志の疎通を良くするのも、プロデューサの大事な仕事である。

次に観客を劇場に呼ぶことを考えなければならない。そのためには作品の内容、俳優などの情報を広報し、入場券を買って貰う手段を講じる。

経費のことも大事であるが、舞台芸能はできるだけ多くの人たちに観てもらうことが第一の目的である。作品の評価が高ければ、観客は何回でも見に来る。この観客をリピータと呼ぶが、評判の良い作品はリピータが多くなる。

公演することを多くの人に知らせるには、宣伝をしなければならない。宣伝方法には、次のようなものがある。

- ●ポスターを作り、人の集まるところに貼る。
- ●チラシを作って配る。
- ●雑誌や新聞に広告を掲載する。
- ●新聞の文化欄等に記事として掲載してもらう。
- ●テレビCMを放送する。
- ●話題作りをして新聞、雑誌、テレビ、ラジオに取材を依頼する。
- ●インターネットやソーシャル・メディアを利用する。

宣伝をするためには、マスコミ関係や大手企業の協賛、後援を受けるのも有効である。

公演が始まるとプロデューサは毎日、劇場に詰めていて、出演者やスタッフのトラブルの対処、作品の出来栄えをチェックする。上演作品は毎日、微妙に変化する。日増しに内容が向上すれば問題はないが、演出意図と違う方向に進むことがある。これをコントロールして修正するのもプロデューサの仕事である。公演中に事故が発生すればすみやかに解決し、千秋楽まで無事に公演ができるように目配り、気配りをする。

プロデューサは最後に、公演のすべての経費の決算を済ませて、その役目を終える。

B）演出の仕事

　舞台芸能は、舞台で俳優が演技をして、また演奏者が楽器を演奏し、歌手が唄うことにより、観客を楽しませ、感動させ、その中で観客の頭脳にメッセージを伝えるものである。

　舞台芸能は聴覚と視覚の快楽を観客に与えるものでもある。

　基本的には俳優だけでも演劇は成り立つし、演奏者が居ればコンサートは成立する。大昔の芝居は、役者が自分で脚本を書き、演出もしていた。しばらくして専属の作家が誕生して、この作家が演出を担当したのである。

　歌舞伎の脚本を書いていた有名な狂言作者の河竹黙阿弥は、脚本を書くときの心得として「三親切」を目標とした。三親切とは、「役者が引き立つように書く」、「観客が喜ぶように書く」、「興行師（プロモータ）が儲かるように書く」という心構えであった。演技指導を主役の俳優がやっていた時代である。

　しかし、演技だけで見せるのではなく舞台装置や照明を使って、より面白く、より分かりやすくという方向へ進むと、俳優と作者だけでは手に負えず、俳優の動き方や舞台装置の動かし方を工夫する専門家が必要になる。それが演出家である。

　演奏者だけで成立するコンサートでも、舞台装置や照明など視覚効果をふんだんに使用するなど大規模な場合は、演出家が必要になる。

　このように段階を踏んで演出という仕事が生まれ、演技（演奏）を中心に、舞台装置、照明、音響、衣裳、メイクアップなどを統合して舞台芸能を創造するのが、演出家の仕事である。

　しかし、このように多くの仕事を演出家一人ではできないので、それぞれの専門家が分担して演出をするようになった。演出家は、分担した仕事のまとめ役として演出の方針を決め、専門家たちの交通整理と舵取りをするのである。ここで最も大切なのは専門家たちの調和で、そのために演出家は演出方針を明確に示さなければならない。

　演出家は、専門的な仕事を専門家に任せたとしても、作品の最高責任者なので、専門技術についてある程度の知識を持っていなければならない。そして演出家は、俳優やスタッフの才能を引き出し、伸ばすことのできる能力が備わっていなければ、その資格はない。

　基本は、観客に俳優の演技を漏れなく見せて、的確に観客に伝わるように考えるのが演出で、演出家の希望を叶えるのが技術スタッフである。

C) 舞台監督の仕事

　日本の伝統的な演劇である歌舞伎の舞台監督の役は「狂言作者」が担当している。狂言作者は、柝の音で合図を送り、柝の音がそれぞれの部署の操作のキッカケになっている。インターカムやサインランプのない時代から舞台進行の合図として使われて来たのである。狂言作者は、元々、劇作家であり、傍ら舞台進行を手伝っていたのである。

　この影響を受けたからなのか、日本の舞台監督の仕事は海外と異なっていて、「キッカケの合図を送る舞台進行の仕事」と「舞台技術の統括の仕事」の両方を受け持っている。海外では、合図を送るのはステージマネージャで演出部門に属し、技術部門の統括をするのはテクニカルディレクタ（技術監督）に分離されている。

　現在の日本の舞台監督は、次のような仕事をしている。

- 制作的な仕事
- 進行係としての仕事
- 舞台技術者を統括する仕事

　最初にプロデューサから公演予算の中の技術系の総予算が提示され、舞台装置、照明、音響、衣裳、小道具などに振り分けることから舞台監督の仕事は始まる。予算の振り分けをするためには、演出家を交えて各部門のデザイナの意向を聞き、概算を立てる。しかし、技術の経費は稽古をしていくと徐々に増えていくので、それをどこまで抑え込むかが舞台監督の腕前でもある。

　次の仕事は、稽古から本番までの「進行と管理」である。稽古場で行われる稽古のときは、舞台装置の様子が判るように、床にビニールテープで線を引いて机やイスを置いて、できるだけ舞台装置の状態がわかるようにして稽古を進行させる。稽古と並行して衣裳の採寸、でき上がった衣裳を試着する「衣裳合わせ」、かつらの具合を調整する「かつら合わせ」なども行われ、その時間調整は舞台監督の仕事である。このような仕事をしながら、舞台装置の転換のタイミング、出演者が登場する位置とタイミングを決めていかなければならない。そして舞台稽古が近づくと各部門の仕込みの段取りを決め、「明かり合わせ」や「音合わせ」の時間を調整する。

　楽屋にいる役者の呼び出しも舞台監督の仕事である。そして舞台転換の**キュー出し**、機構操作や照明操作、特殊効果などへのキュー出しもする。

キュー出し　　照明オペレータ、舞台機構オペレータ、音響オペレータなどに合図をすること。

テクニカルディレクタとしての仕事は、舞台装置を劇場機構にマッチングさせ、美術デザイナのイメージを具体的に完成させることである。舞台の大きさ、**吊りバトン**の数と位置、荷重制限などを考慮して、舞台装置を巧く舞台に収めるのが舞台技術統括者としての仕事である。

以上のように、演出家の思いどおりに作品を完成させるため、舞台全体の作業が円滑に進行するように取り仕切るのが舞台監督の仕事である。

D）舞台美術の仕事

舞台美術は大道具、小道具、衣裳、かつら、照明、メイクアップなど、舞台の視覚的な演出要素の総称である。

舞台美術家は、狭義には大道具の製作プラン、デザインを専門に担当する舞台装置家のことである。広義には、衣裳デザイナや照明デザイナを含めて舞台美術家と呼んでいる。また、一人で舞台装置と衣裳の両方をデザインする舞台美術家もいる。現在では衣裳デザイナがいて、衣服、小道具（装飾）、かつらまたはヘアメイクのデザインを担当している。

さらに、ヘアメイクは専門のヘアメイク・アーティストが担当することもある。また照明は、大道具や衣裳などを引き立たせるための大きな要素であり、舞台美術を活かすために重要な役割を担っている。

D-1　装置デザイナ

舞台装置家または舞台美術家と呼ばれ、プログラムには「美術」とクレジットされることが多い。演出家の下で、大道具などの舞台装置をどのようにするかを考える仕事である。

最初の作業は脚本を良く読み、音楽劇の場合は音楽を何度も聴いてイメージを組み立てることである。そして演出家と打ち合わせをしながら、ラフなスケッチを描くなどして統一したイメージを作る。

イメージが決まると、完成した舞台装置を観客席の正面から見た**エレベーション**を描く作業に入る。この段階で衣裳デザイナや照明デザイナと頻繁に打ち合わせをして、双方のイメージの調和がとれるようにする。この期間も、演出家や舞台監督と協議しながら俳優の動き、登場、退場を検討して、演技しやすいように図面を修正する作業が続く。この作業を繰り返すことで、少しずつ

吊りバトン	大道具や照明器具などを吊るための鉄パイプ、またはその装置。
エレベーション	舞台装置の実物を、観客席の正面から見たように、遠近をつけて描いた図。

完成度の高い図面に仕上げる。ときには、分かりやすくするために模型を作ることもある。舞台装置は、照明によって活かされるので、照明デザイナとの打ち合わせは重要である。照明器具の仕込みに応じて舞台装置の図面を修正することもある。

このような段階を経て、舞台装置デザイナは、劇場の舞台機構に巧く収まって演技しやすく、照明が活きてくるように、平面図と断面図を作成する。そして、最終的に大道具製作会社に発注するための図面を作る。

装置デザイナは、大道具製作場に頻繁に足を運んで、仕上がり具合をチェックする。完成してから直すのではなく、途中でアドバイスすれば効率が良いからである。また大道具製作者と密接な関係でいることは、満足できる装置を完成させるために大切である。

舞台稽古の直前になると、完成した装置を実際に舞台に仕込み（飾り込み、建て込み）、発注通りに完成しているか、不具合はないか、照明との具合はどうか、などをチェックする「道具調べ」がある。この作業は、照明の作業と並行して行うこともあるし、すべて終了してから照明に引き継ぐこともある。

D-2　衣裳デザイナ

衣裳のデザイナは、登場する人物が着用する衣服、かつら、帽子などの冠り物、靴、装飾品、メイクアップによって、登場人物をどのように見せるかを考えるのが仕事である。プログラムには「衣裳」とクレジットされ、基本的には演出家と打ち合わせをして、役の人物イメージを決定する。

衣裳のデザインの仕事は、作品の背景にある歴史、文化、風俗などを調査し、脚本を読んで登場人物の年齢や性格をイメージすることから始まる。

メイクアップで登場人物の性格を表現し、衣服で時代を判断させることもできる。衣服の形、着こなしで身分の違いも表現できる。当然、日本と西洋では習慣が異なるので、その知識がないと、でたらめな衣裳デザインになってしまう。時代考証もきちんとやって、その時代の特徴を引き立たせれば、観客が見て時代をすぐ感じ取れるようになる。

衣裳デザイナは、スタッフ会議の中でイメージを膨らませる。衣裳の色や素材は、舞台装置や照明との兼ね合いがあるので、装置デザイナと照明デザイナの打ち合わせにも参加して調和をとる。俳優の周囲の舞台装置の色や素材を考慮して衣裳の色・形を決めないと、衣裳が活きないからである。観客席２階から見ると、舞台の床が背景になるので衣裳の色が予想した色と違って見えることがある。また、照明は衣裳を美しく見せる大事な要素になる。衣裳のデザイ

ンをするとき、俳優の顔立ちや体形を知っておくことも重要である。このようなことを考慮して髪形や衣服の形をデザインすると、登場人物の性格をより明確に表現できる。

出来上がった衣裳は、稽古場などで事前に俳優に着せてみて演出家に確認してもらう。これを「衣裳合わせ」というが、不具合があれば舞台稽古までに直す。そして、舞台稽古で初めて舞台装置と照明と衣裳が同一の舞台に揃うことになる。

D-3　照明デザイナ

16世紀後半のシェイクスピア劇の劇場は、舞台の周りに観客席がある形式で、舞台には屋根がなく、照明は自然光であったという。その後、舞台に屋根が付けられるようになって蝋燭や、篝火などが使用されるようになった。そして、シャンデリアに蝋燭を付けた照明は顔が暗くなるので、舞台の前に蝋燭を並べて置くことにした。これがフットライトの原形である。

日本の能舞台は、舞台の周辺に白い砂利（白州）を敷き詰め、自然光を反射させて、屋根で暗くなる舞台を明るくしていた。そして夜は、篝火で能を演じていたのである。

歌舞伎は、主役の顔を明るくするために、棒の先に蝋燭を灯して役者の顔の近くへ差し出す方法を用いていた。しかし、裸火を使用すると火災の危険性や、途中で燃え尽きてしまう不都合があった。また、それは照度のコントロールもできなかった。

19世紀の中頃にガス燈が登場し、ガス管のバルブを調節することで明るさをコントロールできたので、これを舞台照明に応用した。

1879年、エジソンが白熱電球を発明したことで舞台の照明設備は、電気の照明へと急激な転換が行われた。白熱電球の普及により、舞台の明るさを意図的にコントロールできるようになったのである。

20世紀に入ると、舞台装置と舞台照明が造形する舞台美術が確立され、電気照明は単に舞台を明るくするだけでなく、俳優と衣裳を美しく見せること、舞台装置をリアルに見せること、照明の変化で意味を持たせること、時間経過を表現すること、部分的に強調して見せることなどが可能となった。

舞台照明の仕事は、デザイナ、オペレータ、センタースポットフォロー、ステージワークに分けられ、仕事の流れは次のようになる。

照明デザイナは、演出会議やスタッフ会議で、作品の内容、演出意図などを把握する。照明は舞台装置と密接な関係があるので、舞台装置のデザイナと綿

密に打ち合わせをして、舞台装置で使用する吊りバトンと、照明で使用する吊りバトンや、舞台床の処理はどうするのかを決める。

　稽古が始まると照明デザイナは、稽古場に出席し、稽古を見ながら台本の訂正、照明に必要な事項をチェックする。演技するエリア、演技する位置を把握しデザインに役立てる。照明を切り替える「きっかけ」を台本に記載し、順に番号を定める。この番号をキューナンバという。舞台監督から合図をしてもらうこともあるので、舞台監督と番号を合わせておき、合図をもらうタイミングを稽古の段階で決める。また、稽古場では、照明の変化の速度、方法などを演出家と協議する。

　具体的にどのような照明にするか方針を決めたら、その照明を作るための照明器具（灯具・灯体）を選定し配置を決める。舞台装置のデザインに基づき、必要な照明機器とカラーフィルタの番号を舞台平面図上に記入する。

　ここで、照明デザイナに求められるのは、舞台機構や機材の性能、カラーフィルタの色彩効果などの知識である。

　舞台における仕込み作業の前に、次のような作業がある。
- 使用する機器の確認と整備
- カラーフィルタの準備
- デザインに基づいた、回路の接続図の作成
- バトンに吊り込む灯具の重量計算とカウンターウエイトの調整

　仕込み作業は、舞台監督が中心となって作成した作業スケジュールにしたがって進行する。

　仕込みが終了すると、舞台装置をセットして、照明デザイナの指揮で、照射方向、照射位置を決める。これを「シュート」という。

　次に「明り合わせ」が開始される。明るさの調整をして、全体のバランスを調節して、イメージを具体化する作業である。この段階で決定した状況を正確に記録（コンピュータにメモリ）しておいて、いつでも再現できるようにする。

　舞台稽古になると、照明変化の速度やタイミングなどは演出家または照明デザイナの指示で決められる。

　通し稽古は、劇的な展開に重点をおいて作業を行い、デザイナの指示を確実に実行できるよう万全の策をとる。

　初日が開いて千秋楽までの上演期間の作業は、毎日、開場前に器具の故障、照射方向、照射位置を丹念にチェックする。特に、単独で効果的に使用する器具は入念なチェックが必要である。また、故障に対するバックアップの手段も

検討し、確認しておかなければならない。

E）技術スタッフ

E-1　舞台機構操作

迫り、回り舞台、吊りバトン、**緞帳**など舞台床や舞台上部などに設置してある設備を舞台機構という。その機構の操作スイッチが集合している部屋や設備を舞台機構操作室または舞台操作盤、略して操作盤などという。このスイッチを舞台の進行に合わせて操作する仕事を舞台機構操作と呼んでいる。

舞台機構は、出演者の生命にもかかわるので、慎重に、タイミング良く、的確に操作しなければならない。

E-2　大道具

演出上必要とする建物、樹木、岩石などのことで、場面を表現する道具の総称である。大木の枝を出演者が折る場合、木の幹や枝は大道具であるが、折る枝に限って小道具になる。地面に置いておく小石は大道具であるが、俳優が拾って投げる小石は小道具である。

大道具係には、製造する係と舞台の進行に合わせて設置、撤去する係がある。

歌舞伎の場合は、幕の開閉、**つけ打ち**も大道具係の仕事である。

E-3　小道具

家具や屏風、役者の携帯品または装飾品、駕籠、自転車など、俳優が使用するものは「小道具」と呼ばれる。役者が使用する器具、役者の携帯品などのことである。家の戸板は大道具であるが、それへ人を乗せる場合や**立ち廻り**に使用する場合は小道具になる。

小道具係は、演出意図に基づいて製造、調達をして、舞台進行に合わせて、設置、撤去をする。

歌舞伎では、舞台の天井から枯れ葉や花びらを散らすのも小道具係の仕事である。

緞帳	舞台と客席とを仕切る、上下に開閉する厚地の幕。
つけ打ち	演技にアクセントを付けるため、演技に合わせて床に置いた板を拍子木のようなもので叩いて音を出すこと。付け、ツケとも書く。歌舞伎では、足音、物を投げる音、物を落とす音、転ぶ音、殴る音などの効果音をツケで表現する。
立ち廻り	殺陣とも呼ばれ、喧嘩や斬り合いなど、格闘の場面のこと。この演技を考えたり、指導したりする人を殺陣師と呼ぶ。

E-4 舞台進行

演出された作品を滞りなく上演するために、すべての技術部門を掌握、管理し、進行させる係。舞台機構操作係や照明操作係への合図などをする。美術進行を兼ねることもある。

E-5 美術進行

公演期間中、開演前や場面転換のときに、袖幕や一文字（幕）、吊りバトンなどの舞台装置や大道具を設置する責任者である。場面ごとに、インカムやトランシーバで舞台機構操作係に指示をし、大道具係を監督して、舞台美術全体を組み立てる。

E-6 かつら

俳優が使用するカツラを製造する係である。俳優の頭のサイズを採寸して、役柄にあったカツラを製造する。

E-7 床山（とこやま）

役柄に合わせて、カツラの髪を結ったり、整えたりする係である。公演期間中は俳優への装着、整備、管理を行う。カツラでない地毛の場合は、ヘアメイクと呼ぶこともある。

E-8 衣裳

俳優の役柄に合った衣服を製造または調達して、公演期間中は着付けをし、修繕をする係のことである。衣裳デザイナがいるときは、デザインに基づいて製造する。

E-9 化粧

俳優の役柄にあった化粧をする係のことで、特殊な化粧を担当する。通常は、俳優が自分で行うことが多い。メーキャップ、メイクアップ、略してメイクとも呼ぶ。

E-10 特殊効果

舞台美術や照明に含まれない特殊な視覚効果の技術のことで、煙や火炎、爆発などの効果を扱う係のことである。略して「特効（とっこう）」と呼ばれる。

E-11 映像

舞台における映像の仕事は、上演しているイベントを記録するだけでなく、舞台装置に代わる映像をスクリーンなどに投射することやライブビューイングなどである。ライブビューイングとは、他所の会場で行っているコンサートや演劇、スポーツなどを生中継して公開することである。

また、定番のスクリーンに投影するのではなく、物体または空間などに映像

を映し出すプロジェクションマッピングという技法を用いることもある。

第10場　劇場の安全作業の基本

　私たちの仕事は、照明や舞台装置など他の分野と同時に仕込みを行うことが多いので、人身事故を起こすことが多い。

　劇場における安全対策は、自分にだけでなく、出演者や他のスタッフ、そして観客にいたるまで、すべてに対するものでなければならない。安全対策の基本は、コミュニケーションである。劇場の中で働く者すべてが、連絡を密にして、仲良く、責任を持って仕事をすれば、快適で安全な職場環境を維持できる。

A）安全作業の実施

①スタッフは互いに「挨拶」を交わし、人間関係をよくする。
②数人で行う作業は、声を掛け合いながらする。
③急がず、欲張らず、無理をしない。
④自分に関係ない機器・設備には手を触れない。
⑤特に危険な作業は、複数の人数で行ない、監視役を設ける。
⑥作業衣は、動きやすいものを着用する。
⑦靴は、滑りにくく、クギなどが突き抜けないもので、足音が立たないものにする。
⑧危険作業のための手袋は革製がよい。
⑨劇場の構造や位置関係を明確に把握してから作業をする。
⑩暗がりでは、ペンライトを使用する。たばこ用のライターは引火の恐れがあるので使用しない。
⑪作業を中断して、作業員が持ち場を離れるときは、監視役を配置する。
⑫撤去のときは、他の分野と作業が重なる箇所を優先する。
⑬搬出口に近い場所の機材から先に撤去する。
⑭出演者やスタッフの通路に配線したケーブルは、つまずかないように養生する。
⑮舞台上は常に整理整頓して、出演者の通行の邪魔をしないようにする。
⑯観客席に設置した機材は、観客が手を触れないように養生する。
⑰本番で使用しない機材は、観客の手の届かない場所に収納する。
⑱過失があった場合は、責任者に報告して処理の指示を受ける。

B）高所の作業

①作業者が携帯する工具は、落下事故を予防するため必要最小限にする。

②作業者は、安全ベルトとヘルメットを着用する。

③監視員は、作業員以外の人が近づけないにする。

④体調不良の者に高所作業をさせない。

C）電源ケーブルの安全

①ステージで使用する電源ケーブルは、**キャブタイヤケーブル**を使用する。

②キャブタイヤケーブルは、許容電流に余裕のあるケーブルを使用する。

③通電状態で結線作業をしない。

④長過ぎる電源ケーブルは、コイル状に束ねないで、ばらけた状態にして使用する。

⑤ドラムに巻かれたケーブルも、余った部分をドラムから外して使用する。

D）吊りバトンの作業

①バトンへの吊り込みは、カウンターウエイトのバランス調節をする。

②昇降するときは、ステージ上に監視員を配置し、その指示で操作する。

③昇降操作中は、バトンの下を潜らせない。

④監視員は、昇降作業中に持ち場を離れない。

⑤操作は、即ストップできる状態で行う。

⑥操作担当者以外に操作をさせない。

⑦操作盤、綱元の操作は、訓練を受けた者が行う。

第11場　仕事をするときのルール

私たちは、次のルールを守って仕事をしなければならない。これは、プロとして認められる第一歩で、周囲から信頼されるための作法である。

A）ケガをしない、させない

①常に、体調を良い状態に維持する。

②作業しやすい衣服を着用する。

キャブタイヤケーブル	ゴムなどで被覆絶縁した電線を、さらに特殊ゴムで覆った電線（cabtyre cable）。

③機材が転倒しないように処理する。
④舞台上では、走らない。

B) 機器を壊さない、壊されない
①搬出入口の近くには機器を置かない。
②使用しない機器は、一箇所にまとめて管理する。
③担当者以外は、機器に手を触れない。

C) 機器を紛失しない
①使用しない機器は、速やかに撤去して収納する。
②観客席に設置するマイクや小型スピーカなどは、簡単に取り外せないように養生する。
③終演後は混乱するので、撤収した機器は一箇所にまとめる。
④機器に目印またはネームプレートを付ける。

D) 楽器を壊さない
①楽器には、絶対に手を触れてはならない。
②マイクスタンドなどは倒れないように仕込み、マイクは抜け落ちないように設置する。

E) 履物に注意する
①土足厳禁の劇場があるので、確認をする。
②騒音は禁物なので、足音の出ない履物にする。
③ケガをしないように指先を保護した靴を着用する。
④歌舞伎や日本舞踊などでは、履物を脱ぐことが多いので、黒足袋と草履を着用する。
⑤能舞台に上がるときは、足の油汗や足袋の色が床に染みないように白足袋を着用する。

F) 服装に注意する
①舞台上で作業をするスタッフは、目立たないように黒い作業服を着用する。
②観客の目に触れるスタッフは、観客に不快感を与えない服装にする。観客席での操作はスーツなどを着用する。

③衣服を各種装置などに引っかけないように、シンプルでタイトなものを着
　　用する。

H）批評をしない
　①スタッフは、演出やデザイン、演奏、演技の批評をしてはならない。
　②非常識な批評をして、自分の無知をさらけ出すことのないように注意する。

I）自分から雑音、騒音を発しない
　①音響機器の操作音が観客席に漏れないようにする。
　②足音を立てないように歩く。
　③稽古と本番中は、携帯電話の電源を切る。

G）舞台床にテープなどを貼るときの注意
　①貼る前に、貼ることが可能であるかを確認する。
　②剥がすときに跡が残らないよう注意する。
　③できるだけ貼る箇所を少なくし、小さくして貼る。
　④終演後、剥がしたガムテープやビニールテープ等は持ち帰るか、会場で処
　　分可能ならごみ箱へ捨てる。

K）他のスタッフへの気配り
　①仕事の始めと終わりに挨拶をする。
　②初対面の人の名前も覚えて、きちんと名前で呼ぶようにする。

第2幕

音響の仕事

第1場　音響の仕事

　"音を拡大する、音を記録する、音で伝える、音で訴える、音で癒す、音で演じる、音を奏でる"、これが音響の仕事である。

　テレビやラジオの放送では、「音声」「音響効果（音効）」という仕事がある。「音声」は、おしゃべりや歌、楽器などの音をマイクで収音して、聞きやすく、心地よい音に調節して放送、または録音・録画して放送する。「音効」は、効果音を製作してその音をタイミング良く出したり、程良いところで絞ったりして、演出効果を高める。

　映画では、セリフの録音、効果音の製作、セリフと効果音と音楽のバランスを調節するのが音響の仕事である。

　ポップスなどのコンサートでは、歌や楽器の音をマイクで収音し拡大することで、全体の音のバランスを整え、心地よい音楽、迫力ある音楽、感動する音楽に仕上げるのが音響の仕事である。このことを「サウンド・リインフォースメント（SR）」という。

　演劇では、録音した効果音や音楽を、演劇の進行に合わせてタイミングよく出したり、音量を調節したりするのが音響の仕事である。セリフは原則、生であるが、生の声であるかのような自然な音でSRすることもある。

　音響の仕事はジャンルによってさまざまであるが、劇場における音響の仕事は「聞かせたい音を聞こえるように拡大して音のバランスを整え、効果音や効果音楽を用いて俳優の表現をサポートすること」が基本である。

　劇場の音響スタッフは、一般的に次のようになる。

デザイナ

　デザイナは、音響の仕事の大もととなるデザインをして、作業の進め方を計画する。

オペレータ

　オペレータは、音響デザイナのイメージを具体的な音にするのが仕事である。チーフエンジニアが技術的な仕事であるのに対して、オペレータは芸術的な仕事である。

サウンドシステムチューナ

　音響装置の仕込み具合を総点検し、観客席での周波数特性の測定をして補正を加え、最良の状態に仕上げるのが仕事である。本番中も、刻々と変化する周

波数特性を監視しながら補正をする。

チーフエンジニア

　ステージエンジニア全体を指揮して機器の仕込みを行い、音響システムを最良の状態にチューニングする。オペレータがチーフエンジニアを兼ねることもある。また、長期公演の仕込みや規模が大きいコンサートでは、別にサウンドシステムチューナを配備することもある。

ステージエンジニア

　音響機器の仕込みや撤収、ワイヤレスマイクの装着や場面転換で「**仕込み替え**」をするのが仕事である。

　劇場の音響技術者は、次のような音に関わる全般を担当する。弱電機器を取り扱うので、音だけでなくテレビモニタや映像記録をすることもある。
- 演奏やセリフを補強するSR
- 録音された音楽や効果音のプレイバック（PB）
- プレイバック素材の録音、製作、編集
- 上演記録のための録音、録画
- 劇場全体の運営のためのモニタ装置の管理
- 劇場全体の音響装置の管理

A）音響デザイナの仕事

　音響デザイナは、サウンド・リインフォースメントだけでなく、録音された効果音や音楽のプレイバックも含めて、総合的に音を演出、監督するのが仕事である。

　創造とは人の真似でなく、新しいものを自分から作り出すことであり、演出意図に沿って、音をどのように参加させるかを考えることである。演出家がどのようにしたいかを把握して、演出家のやりたいことを実現させるのが音響デザイナの役目である。

　音量を拡大することだけを考えないで、邪魔をしている音を除くことや、電気音響を使用しないでも済む状態にすることも、音響デザイナの重要な仕事である。

仕込み替え	仕込み方法を変更することで、場面を転換するときにスピーカやマイクの機種、設置位置、回路を変更すること。音響デザインの変更による、音響装置の取り替えや設置位置の変更、回路の変更のこともいう。

伝統芸能では、電気音響で芸能の本質を破壊しないように監視する。そのためには、高度な知識と鋭い観察力が要求される。

音響デザイナは、次のようなことをする。

A-1　音の価値を作る

音のエキスパートとして音の価値を追求する。音響家が介在することで、それまでになかった芸術的な価値を創らなければならない。

高性能の音を出すことに終始しないで、演奏家や俳優など実演家の意向を理解し、実演家が一段と見事に見えるように音で支援する。

A-2　効率を上げる

デザイナは、時間的にも、経済的にも効率の良い仕事を計画する。そのために、短時間で仕込みができるように、細かい指示を書き込んだ仕込み図を作成する。また、作業を効率良く進行させるために、他の部門と作業時間や作業場所が重ならないように調整する。照明や大道具の作業中にスピーカから大きな音を出すと邪魔をするし、逆に音響のチューニングは静かな状態で行いたいので、双方の時間調整をする。

短時間で効率良く作業を行い、少ない経費で高い評価を得ることは、デザイナの価値を高めることになる。

A-3　監督者としての仕事

音響の仕事を円滑に進めるための交通整理をするのも音響デザイナの役目である。

そのために、他の技術部門と折衝したり、演出（作曲）意図をオペレータに伝達したり、出演者と密接にコミュニケーションを取るなどして、全スタッフとの協調を図る。

B）デザイナとオペレータ

デザイナとオペレータは微妙な関係にある。

デザイナはオペレータも兼ねた方が良いという考え方と、別人の方が良いという考え方がある。

また、オペレータはデザイナの指示どおり操作すれば良く、自分の感情を入れるべきでないという考え方と、オペレータに方針を示すだけで、あとはオペレータのセンスに任せるという考え方がある。デザインを無視して自分勝手に解釈してオペレーションされたのでは困るが、デザイン意図を良く理解して、そのイメージをより膨らませてくれるオペレータが優秀なオペレータである。

第2場　仕込み図の描き方と読み方

仕込み図を読み描きする前に、最低限、次の言葉を理解しておくとよい。

①**マイクロホン**

　音波を電気信号に変換するもので、略してマイク、MICと書く。

②**音響調整卓**

　いくつかの入力信号の音量を調節、合成、分配したり、音質を修正したりする装置である。ミキサー、ミクサーと呼ばれることが多い。

③**パワーアンプ**

　音響調整卓で整えられた音響信号を、スピーカを鳴らすエネルギーに増大させるアンプである。電力増幅器ともいう。

④**スピーカ**

　パワーアンプから送られてきた電気信号の変化を、空気の振動に変換して、音を発生させる装置である。英語でLoudspeakerというが、日本ではスピーカで通用している。略してSPと書く。

⑤**入力**

　電気回路に与えられるエネルギー（信号）のことで、電気回路にはレベルやインピーダンスなどの受入条件があるので、条件に合った信号を与えなければならない。インプットともいう。

⑥**出力**

　電気回路から取り出されるエネルギー（信号）のことである。別の電気回路に送り込むためには、送り込む回路の受入条件に合った状態の信号にしなければならない。アウトプットともいう。

⑦**マイクロホンレベル**

　マイクから取り出される電気信号は、$-70dB \sim -40dB$ 程度で、非常に低いレベルである。このレベルをマイクロホンレベル、マイクレベルと呼んでいる。

⑧**ラインレベル**

　録音再生機やエフェクタなどから取り出される電気信号は、$-20dB \sim +4dB$ 程度である。このレベルを、マイクロホンレベルと区別して、ラインレベルと呼んでいる。

　私たちは、多くのスタッフと一緒に仕事をするので、効率を高めるために作

業を分担する。分担しても、間違いなく仕事を完了させるには、正確で分かりやすい仕込み図が必要である。

　仕込み図は誰にでも理解できるように描き、スタッフは仕込み図を正確に読み取れる能力がなければならない。見ただけで誰にでも分かる共通の記号を用いれば、説明なしで作業にかかれる。

　図2-1、図2-2は、日本音響家協会が考案した仕込み図の記号である。

A）仕込み図（配置図／平面図）

　図2-3は、スピーカやマイクを設置する位置を描いた図面で、位置を正確に示すために舞台装置の平面図に書き込むこともある。

　マイクの記号の○や□の中に、回線番号を記入すると便利である。袖幕やホリゾント幕など設置されている位置が決っているものを目安に記入すると、位置関係が明確になる。

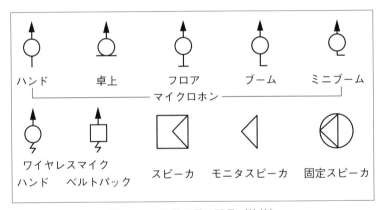

図2-1　配置図用の記号（抜粋）

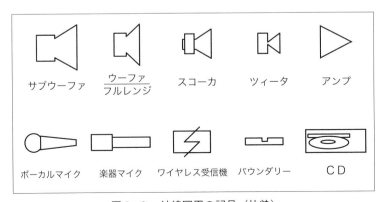

図2-2　結線図用の記号（抜粋）

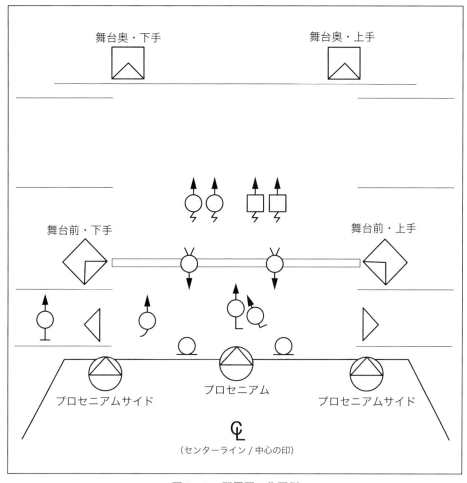

図2-3　配置図の作図例

B) 結線図（ブロック図）

　図2-4は、調整卓を中心にマイク、プロセッサ、アンプ、スピーカなどを結線するための図面である。機器のコネクタに統一性がないときは、コネクタの種類を明記しておくと、接続ケーブルを準備するのに便利である。

C) 調整卓結線リスト

　調整卓の入力コネクタと、出力コネクタに接続する機器の明細をまとめたリストである。常識的な仕込みプランの場合は、このリストだけで仕込み作業ができる。（図2-5、図2-6）

D) 楽器の略記号

　西洋楽器は、次のような略記号を用いて、仕込み図や楽器リストを作成する。

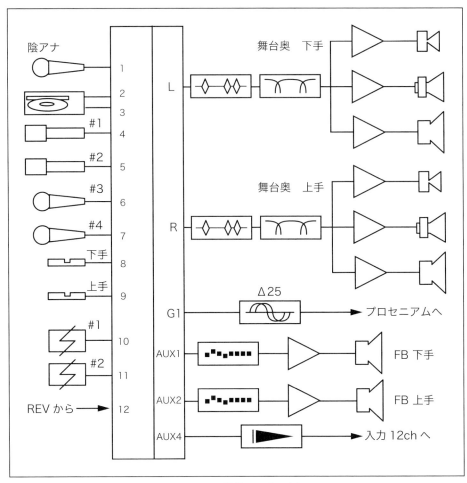

図2-4　結線図の作図例

卓入力	回線	音源	マイク	スタンド	インサート機器	備考
1	A-1	EB#1	DI	*		
2	A-2	EB#2	C-38B	ST-259B		
3	A-3	Kick	RE-20	ST-259B		
4	A-4	SN & H.H	SM58	ST-210/2B		
5	A-5	O/H-L	C451	ST-210/2B		
6	A-6	O/H-R	C451	ST-210/2B		
.						
.						
25	C-1	ソロ #1	C-414	ST-210/2B		
26	C-2	ソロ #2	C-414	ST-210/2B		
27	C-3	Vo	ATW-98	*	dbx160	WL-hand
28	C-4	Vo 予備	ATW-98	*	dbx160	WL-hand
29	C-5	MC	WRT-867	*		WL-hand
30						
31	→	REV	SPX990	*		
32	→	REV	SPX990	*		

図2-5　調整卓入力結線リスト例

卓出力	送出先	マルチ回線	アンプ	スピーカ回線	スピーカ	備考
G1	ハウス L#1	D-1	MT1200①L/R	→	UPA-1C	
G2	ハウス L#2	D-2	MT1200②L/R	→	UPA-1C	
G3	ハウス R#1	D-3	MT1200③L/R	→	UPA-1C	
G4	ハウス R#2	D-4	MT1200④L/R	→	UPA-1C	
Stereo-L	プロセニアム L	D-5	ホール既設	→	ホール既設	delay
Stereo-R	プロセニアム R	D-6	ホール既設	→	ホール既設	delay
AUX1	上手奥モニタ#1	D-7	ホール既設下手-1	下手-1	A200	
AUX2	上手奥モニタ#2	D-8	ホール既設上手-1	上手-1	A200	
AUX3	上手奥モニタ#3	D-9	ホール既設下手-2	下手-2	SX300	
AUX4	上手奥モニタ#4	D-10	ホール既設上手-2	上手-2	SX300	

図2-6 調整卓出力結線リスト例

- バイオリン Vn、ビオラ Va、チェロ Vc、コントラバス Cb（B）
- エレクトリックギター EG（EGt）
- トランペット Tp（Trp）、トロンボーン Tb（Trb）
- サックス Sax、アルトサックス A.Sax、テナーサックス T.Sax、ソプラノサックス S.Sax、バリトンサックス B.Sax
- フルート Fl、ファゴット Fg、オーボエ Ob
- ピアノ Pf、キーボード Key、ドラム Drs、バスドラム B.Dr（Kick）

また、楽器の数え方は図2-7のとおりである。演奏者を数えるには「人(にん)」でよいが、楽器はいろいろな数え方があり、統一することは難しいので、相手に合わせて柔軟に対応すべきである。

バイオリン、ビオラ	挺（丁）、本
チェロ、コントラバス	挺（丁）、台
ギター、マンドリン、チター	挺（丁）、本
金管、木管	本、個
ピアノ、ハープ	台
シンバル	枚
小型打楽器（手持ち）	個
三味線	挺（丁）
箏（琴）	面
唄（邦楽の歌）	枚
笛	本

図2-7 楽器の数え方

E）演劇台本の記入方法

演劇では、台本の上に効果音や音楽の挿入箇所、操作方法を記入する。オペレータは、俳優のセリフと演技に神経を集中させながら次の音の準備と調整卓

の操作を行うので、次の手順がすぐに分かるように記載する。

また、本番までにキッカケや操作方法を何度も変更することがあるので、台本の記入は鉛筆を使用するとよい。

図2-8は幕の開閉を示す記号である。Cはカーテンの略で、↑↓で上げ下げを示す。

図2-8　幕の開け閉めの記号

図2-9は、台本に音楽と効果音の操作方法を記入した例である。できるだけ文字は避けて、記号にすると分かりやすい。

F) キュー・シート (CUEシート、Qシート)

効果音や音楽を出したり止めたりするタイミングをキッカケといい、キッカケを指示する合図をキュー（CUE）という。このタイミングに付けた番号をキュー・ナンバーと呼び、この番号を指示して合図を送る。キュー・ナンバーごとの音の明細を一覧表にしたのがキュー・シートである。修練すれば、このリストだけで進行できる。

幕／場、台本のページ、キュー・ナンバー、再生機器番号、キッカケとする内容などを記入する。

幕／場	Page	Q No	CD-A	CD-B	CD-C	CUE
S1	P1	Q1		雷-1		客電 F.O
	P1	Q2	M1			ト雷に続けて
	P6	Q3		雷-2		いやに晴れぬ空だ。
	P6	Q4	M2			ト雷に続けて
S2	P7	Q5		コオロギ		舞監 Q
	P12	Q6		コオロギ		気付かないのです。
S3	P13	Q7			雨	ト照明 F.I

図2-10　CUEシート例

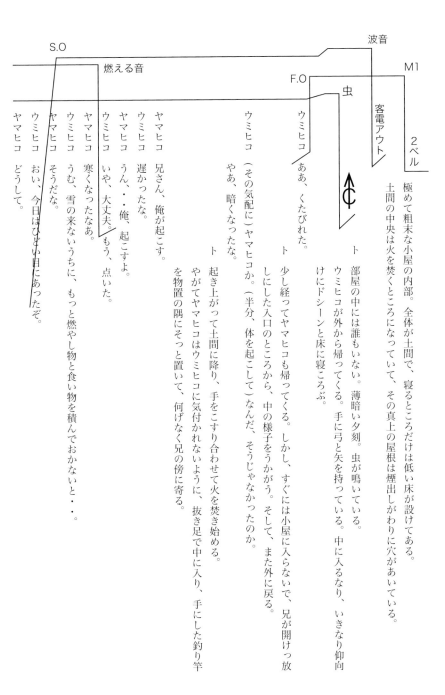

図2-9　台本記入例

第3場　サウンド・リインフォースメント（SR）

　セリフ、歌、演奏音を音響システムで電気的に拡大（増幅）して、補強することをサウンド・リインフォースメント、略してSRという。

　SR装置は図2-11のように、マイクで収音した信号をヘッドアンプとパワーアンプで拡大してスピーカを鳴らし、大きな音にする装置である。

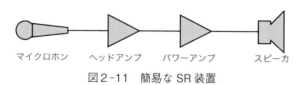

図2-11　簡易なSR装置

　ヘッドアンプは、マイクの出力レベルが非常に小さいので、扱いやすいラインレベルまで大きくするアンプである。音響装置の最初のアンプであるから、この性能がこれ以降の音質を支配する。プリアンプともいう。

　パワーアンプは、電力増幅器とも呼ばれ、スピーカを動かすためのアンプである。定格電力として500W、1000Wなどと表示されるが、この数値が大きくなるほど、大音量を出すことができる。音響機器の中で最も多くの電気量（電力）を必要とする。また、スピーカと共に音質を左右する機器である。

　複数のマイクを使用するときは、図2-12のようにマイクの信号を音響調整卓に入れて合成する。調整卓で合成するときに音質を調整することもできる。これが劇場で使用するSR装置の基本形である。

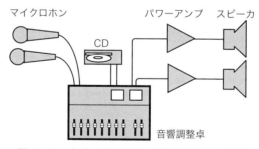

図2-12　舞台で使用される基本的なSR装置

　この他に、瞬間の過大音を自動的に抑えるコンプレッサ装置や、残響を付加するリバーブ装置などを必要に応じて繋いで使用する。

　劇場では、図2-13のように常設の回線があって、マイクとスピーカを舞台の壁や床に組み込んであるコネクタに接続すれば、容易に使用できる。

　以上のような電気音響装置を使用してSRを行うが、SRの考え方を大きく

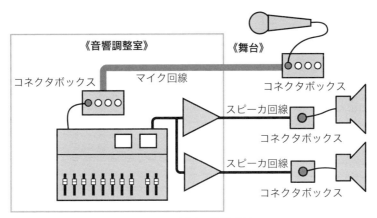

図2-13　劇場の常設回線

分けると次のようになる。

A）電気音響が主の場合

　ポップスやロックなどは、大音量でSRするので、生の音はほとんど聞こえず、スピーカから出る音が主となる。

　ギターやキーボードなど電子楽器を用いることが多く、アコースティック楽器も生の音に捉らわれないでエフェクタを活用して自由に音を組み立てる。そのため、それぞれの楽器の音色を決めるのに多くの時間がかかる。

　音作りの流行、音響機器の流行、演奏者や音響技術者の好みに左右されるので、劇場の固定設備では対応できない。

B）補助的に使用する場合

　ミュージカルやジャズなどは、SRしているのはわかるが、気にならない程度の控えめのSRをする。そのため、生の音を基準にして、SR音は演者の方向から聞こえるようにする。

　ミュージカルは、長期公演で俳優の声を保護するためにも、SRは不可欠である。

　ジャズは、演奏者の持ち味を殺さないように、音の加工はできるだけ避ける。

C）生の音が主の場合

　オペラ、クラシック音楽、歌舞伎、邦楽、能のような伝統芸能は、音のバランスは完成されているのでSRしないが、演技（演奏）位置の音響条件が悪い場合に、最後の手段として必要な部分だけをSRする。また、上演する劇場の

音響特性が不適当な場合に、それを補う形でSRすることがある。この場合も、観客にはSRを気付かせないないようにする。

オペラの俳優は、SRの力を借りずに、すべての力を出し切って演じるので、主役級の連日出演は不可能である。そのため、ダブルキャストにしたり、休演日を設けたりすることが多い。舞台装置の裏で歌うコーラスや擬音効果の音をSRをすることもある。

第4場　SRの基本

A）生の音を基準に

SRは、生の音で不足している音量を補強し、音質を修正し、全体のバランスを整えることである。

つまり観客は、生音とスピーカ音の合成を聞いている。したがって、生音の大きい楽器はSRレベルを小さく、生音の小さい楽器はSRレベルが大きくなる。

自然な音に聞かせるには、生音とスピーカ音を融合させる。融合させるには、音量と音質の追求だけでなく、音の方向を一致させる。そのために相互の時間差を補正する。

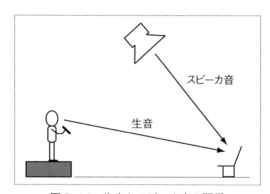

図2-14　生音とスピーカ音の関係

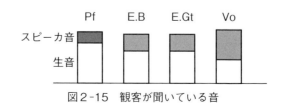

図2-15　観客が聞いている音

B）観客席全体に均等の音を

建築音響技術は、舞台で発した音が、観客席全体で音量、音質、残響が均一になるようにすることである。

スピーカの配置を研究して、電気音響と建築音響をうまく融合させると、心地よい音になる。観客席で周波数特性を測定して補正を加えるシステムチューニングは、このための一つの手段である。

C）音量は必要最小限に

音響技術者は、芸能のジャンルごとの適切な音量と音質を把握していなければならない。そして、必要に応じて抑揚を付けて操作し、演出効果を高める。

過大音量は明瞭度を低下させるので、常に必要最小限の適量を心掛ける。残響が多い会場では、音量を抑えたほうが聞きやすくなることもある。

音響デザイナとオペレータは、聞きやすいとはどういうことか、心地よい音とはどのような音なのかを把握していなければならない。また、オペレータは観客を代表して操作しているという自覚が必要である。

D）音響装置は余裕を持たせ、回路はシンプルに

プロの仕事は、結果で評価される。どんなに素晴らしい音響デザインでも、また高性能の機器を使用していても、本番中に音が途切れたり、ノイズが発生したり、操作ミスがあったのでは仕事の価値はなくなる。

マイクで収音した信号は、瞬間的に平均レベルの4倍～10倍ものピークが発生するので、パワーアンプやスピーカは十分に余裕を持たせる必要がある。

また、回路をシンプルにすれば、操作ミスやトラブルを少なくし、トラブル発生のときの対応が敏速にできる。

E）音楽の迫力は音圧ではなくバランスで

音楽の迫力は音圧だけでは作れない。アンサンブルの良い音楽は、小さい音量でも迫力があるし、大音量にしても騒々しくない。ミクシングとはバランスをとることであり、適切なバランスはアンサンブルを良くする。

また、ピアニッシモがあるからフォルテシモが活きるのであって、SRレベルを一定に均すことをしてはならない。

F) 良い演奏、良い演技ができる環境作りを最優先

　演奏者は、信頼できる音響技術者がいると演奏に熱中できる。良いタイミングで音が入り適度な音量で演技を膨らませる音響操作をすると、俳優は素晴らしい演技をするものである。

　演者は、自分の演奏や歌を観客席で聞くことができない。その代行をするのが私たちである。私たちが適切なアドバイスをしたとき、演者は私たちを信頼する。適切なアドバイスをするためには、私たちが演者と芸術的に同次元にいなければならない。

　また、モニタースピーカのことで、しばしば演奏者と対立が生じる。私たちが演奏者の要望を即座に理解して、迅速に対応できれば、このようなことはなくなる。相手に自分の考えを分からせるのではなく、相手の考えを理解することが先である。インカムやトークバックを使って会話しないで、演奏者のところまで出向いて話し合えば相互の理解がしやすい。

G) 音響家の存在を観客に意識させない

　音響技術は、観客を音響に注目させるのではなく、演奏や演技に注目させるための技巧である。観客に私たちの存在を意識させないことが最良の音である。そのためには、機器は目立たないようにして、操作している様子を見せないで、観客を感動させるのである。

　観客は、音楽や演劇を楽しむために劇場に来ているのである。

第5場　音響効果と再生技術

A) 日本人と効果音

　日本の演劇は、効果音を多く使用する傾向にある。これは、日本人が虫の声や小鳥の囀り、波の音、雨の音などを聞いてさまざまな連想をして感情を持つからである。音は演劇の中で何らかの役目を果たさなければ、それは騒音にすぎない。日常では不必要な騒音でも、演劇の中で目的を明確にして使用すれば、演技を引き立たせる役目をする。

　演劇の中で使用する効果音や効果音楽は、
- 情景描写
- 登場人物の心理描写
- 過去の再現

- 未来の予告
- 観客の心理表現

として用いられる。また、使いかた次第で観客にショックを与えたり、安堵させたりもできる。

音は舞台装置から、はみ出た部分、つまり観客席から見えていない部分の情景を表現できる。教会が近くにあると思わせるなら、その方向から「教会の鐘の音」を聞かせ、近くに海があるときは「波音」や「船の汽笛」を聞かせればよい。音のレベルと音質で遠くにもなり近くにもなる。

「寺の鐘」は、情景描写だけでなく、時刻も表現できる。

季節や時刻を表現するには、「虫、野鳥、物売りの声」などが用いられる。

夏の昼は「せみの声」、秋の夜は「こおろぎ」、秋の昼は「モズの声」、冬は「やきいも屋の売り声」、春は「うぐいす」、「ひばり」などが一般的である。

時計の「セコンド」や「せせらぎ」のように、通常は聞こえない小さな音を聞かせれば静寂を表現できる。さらに「せせらぎ」に「河鹿蛙（かじかがえる）」の音を加えれば夏になる。

「救急車」や「パトカー」は、不安感を与える。

「シトシトと降る雨」や「囲炉裏で燃える薪」の音を、セリフに合わせて抑揚を付けると、登場人物の心理状態を表現することもできる。心理状態の表現はオペレータの妙技に頼ることになるが、どのような音を用いるかは音響デザイナの創造力である。

「冬の波音」は寒々と聞こえなければならないし、「日本の夏の風」は湿っていて、「砂漠の風」は乾燥して聞こえなければならない。「冬の夜の犬の遠吠え」は寒々と、「夏の昼下がりの犬」は気だるく聞こえなければならない。

効果音を上手に用いることで、俳優の演技を膨らませるのは日本の演劇特有の手法である。

現在、演劇で使用する効果音のほとんどは、CDなどに録音して用いている。録音した音を再び聞こえるようにすることを再生、またはプレイバック（PB）と呼んでいる。

市販のCDなどに録音されている小鳥や虫の鳴き声や風音は、単なる素材であって、何の効力もない。自然の音を録音して再生するだけでは、効果音の役目を果たさない。なぜならば、波も小鳥も演技をしていないからである。それらの音に効果音としての役目をさせるには、台本を何度も読んで、稽古をよく見て、演出意図にそって音質と音の形を整え、実際に鳴いているかのようにセ

リフと演技のテンポに合わせる作業をしなければならない。

　本物の音を用いても、意図する音にならないことがある。

　それは、セリフが日常会話でなく、形よく作られた言葉であるからだ。したがって、本物でなく嘘の音のほうが調和することがある。音具（効果音道具）を使った創作音や、創作音と自然音とを合成すると巧くいくことがあるのはこのためである。例えば、紙を張ったザルの中に豆や米を入れて揺らして作った波音に、実際に海で録音した音を合成したりする。俳優の演技に合わせて伸縮する効果音は、録音に頼らないで音具を用いて、舞台の袖で実際に音を出すこともある。これを生音と呼んでいる。

　録音では難しい音として「雨の音」がある。自然音を録音して再生したのでは、アンプノイズや天麩羅を揚げている音と間違えられる。柿のシブを塗った団扇に糸でビーズを付けた「雨団扇」を揺らすと本物の雨に聞こえるから不思議である。

《雨団扇の使い方》

B) 演劇の音響作業の手順

　最初にスタッフの顔合わせがあり、その後、スタッフ会議や演出会議が随時行われる。

音具 （効果音道具）	効果音を出す器具のことで、小鳥の笛、波音の波ざる、雨音の雨うちわや流し雨、風音の風車など。このほかにも、多くの効果マンが開発した音具がたくさんある。効果道具、生音道具などとも呼ぶ。

スタッフ会議では、演出家やプロデューサから演出意図や方針などが提示され、通常は装置の図面や模型を用いて、場面転換などについて討議される。物語の時代、場面ごとの季節・時刻・気候などは、装置・衣裳・照明・音響のデザインをするのに必要な事項なので、この場で統一する。

　音響の立場としては、スピーカやマイクの設置のために、舞台装置の構造を知らなければならない。スピーカやマイクを設置するために、装置の構造や材質、色について注文をすることもある。ワイヤレスマイクを使用するときは、衣裳デザイナにマイク収納ポケットの取り付けを依頼することもある。

　時代、季節、時刻、気候、場所、背景などは、台本に書いてある「ト書」や「セリフ」から読み取る。また、登場人物の性格、感情、行動なども台本を読んで分析する。

　音響デザイナは稽古（リハーサル）に出席して、自分のデザイン構想が当てはまるかどうか、俳優のセリフや動きを観察する。この段階でセリフの高低、テンポ、間に合わせて効果音や効果音楽のイメージをつかみ、効果音を入れるタイミングを考える。また、演技する位置とセリフの音量についても観察し、SRの必要があるかどうかを考察する。

　このように、稽古場は観察する場所であり、音響デザイナに洞察力がないと演出に整合した音を作ることはできない。

　稽古を重ねるにつれて、演出も定まり、俳優の演技も確実なものになる。効果音の製作（音作り）は稽古と並行して行われる。

　最終の稽古は、実際に上演する舞台で行われる「舞台稽古（ゲネプロ）」である。

　舞台稽古が近づくと、実際に音を出して稽古をする。これを「音出し」という。音出しにはオペレータも参加し、セリフとのタイミングとバランスを研究する。バランスは、セリフを基準にして、音量と音質の両面から考える。タイミングなどの不確実な箇所は、演出家や俳優と協議して決める。不都合な音は修正したり、組み替えをしたりするが、この作業はオペレータに任せることもある。また、簡単な録音や編集は、稽古場で行うこともある。

　音響デザイナは、舞台稽古の前日の仕込み日までに、マイクとスピーカの配置図と音響機器の仕込み図を作成して、機材の手配をする。

ト書	「○○が奥の部屋から登場、このとき鳥の声が聞こえる」などと、台本に書き込まれた作者の指示、注意書きのこと。また、ト書だけではどのような鳥の声にすればよいのか分からない場合もあるので、その時は前後のセリフから判断する。

仕込み日は、舞台装置と照明の仕込み作業と並行して、音響機器の仕込みが行われる。仕込みが完了すると、舞台稽古の段階で混乱をしないように、入念な機器のチェックが行われる。

　舞台稽古の当日は、始まる前に、「音合わせ」という音響を中心とするチューニングの時間を設ける。必要に応じて俳優や演奏者の協力を得て、実際にセリフや演奏に合わせて効果音の音量・音質・音の方向・バランスを決める。オペレータは操作データを台本に記録し、舞台稽古に備える。

　舞台稽古では、観客が居ることを想定するとよい。音響デザイナは、「専門家の耳」と「観客の耳」で音を聞き比べながら、観客の騒音や観客による吸音を想定しながら、そして俳優や舞台美術と調和がとれた音になるように微調整をする。

　本番初日（最初の日）は、入念なチェックをしてから開場（観客を劇場内に入れることで、入れ込みともいう）し、音響デザイナは観客席に居て、観客が入場して変化した音のバランスを微調整する。

C) 効果音の製作

　効果音の製作は、イメージを具体的な音にする作業である。

　効果音を製作するときは、何度も稽古を見て効果音を入れる場面の状況を把握してから、次のようなことを考慮して取りかかる。

①各場面の場所、季節、地域、時刻、気候などを設定する。
②セリフや音楽との調和を考える。
③寸法を予測する。本番は稽古よりも時間が延びるので、長めに収録する。
④音だけ聞いて観客が理解できる音にする。
⑤操作しやすいようにする。音の抑揚はオペレータが操作するので、録音は平坦にする。
⑥オペレータが交替しても、デザイナのイメージが損なわれない音にする。

　以上のことを念頭に置いて、次のような方法で製作する。
⑦保存素材からイメージに合うものを選定する。
⑧保存素材にない場合は、新たに録音する。
⑨素材が短いときは、繰り返し録音してつなぎ合わせる。
⑩素材を部分的に入れ替え、削除、繰り返すなどをして、場面に合うようにする。

⑪ピッチを変更してイメージの音質にする。
⑫幾つかの音を合成して、イメージに近づける。

D）音楽の録音による再生

ショーなどで使用する音楽は、次のような理由で生演奏でなく録音を使用することがある。

① 生で演奏するのが難しい曲。
② 生演奏では再現が困難な音響処理をしている音楽。
③ スタジオ録音の音質を保ちたい。
④ 長期公演で、演奏者の出演料を削減したい。
⑤ 長期公演やツアーで、演奏者を拘束できない。
⑥ 激しく踊りながら歌うので、歌も録音する。

演劇では、微かに聞かせる音楽をセリフに合わせて微妙に上げ下げすることがある。このような演出のときは、録音でないと対応できない。

また小劇場の演劇で使用する音楽は、市販のCDなどから選んで使用することが多い。場面に合った曲を選ぶことを「選曲」または「ミュージック・セレクト」といい、演出家または音響デザイナが担当する。ショーやセレモニーなどの場合は、選曲の専門家や音楽家に依頼することが多い。

市販のCDを使用するときは、作詞家と作曲家に著作権、演奏者と制作者に**著作隣接権**があるので、音楽著作権管理団体やレコード会社に手続きをしなければならない。

E）フェーダテクニック

オペレータは、芝居心を持ち備えていなければならない。芝居心とは演じている心構えで、俳優と一緒に芝居を作り上げる心のことである。

つまり、フェーダテクニックとは、ミキシングコンソールの使い方や、フェーダを滑らかに動かすことではなく、**フェーダを操作することで音に演技をさせること**である。

オペレータが俳優の演技に合わせてフェーダを操作して音に演技をさせる

著作隣接権	作家や作曲家以外の、実演した演奏家や俳優などの権利、放送番組を制作した者（放送局）の権利、CDやDVDを制作した者（製作会社）の権利などのこと。
フェーダ	音量を徐々に上げ下げする音量調整器のこと。回転させる丸形と、縦に操作する縦形がある。この上げ下げの手法をフェーダテクニックという。

と、音が効果音として活きてくる。例えば、「もう、すっかり春だなあ」というセリフを言う前に「ウグイスの声」を聞かせると、セリフが活きてくる。吹雪の山小屋の場面で、外の風が聞こえている。そこに誰かが訪ねてきて、戸を開けたら風の音量を上げ、閉めたら元の音量に戻すだけで、音は活きてくる。これが、音に表情を持たせる基本操作である。

E-1 フェードイン、フェードアウト

フェードインは徐々に音が聞こえてくるように、フェードアウトは徐々に音が聞こえなくなるように操作することである。フェーダを動かす速度は音のテンポやリズムで異なるので、実際に耳で聞いて、滑らかに、決められたキッカケまでに上げたり絞ったりする。

フェードインは音の聞こえ初めを慎重にゆっくりと操作し、聞こえだしてから速めに操作するとキレイである。フェードアウトは途中まで速めに操作し、音が消える直前からゆっくりと慎重に操作するとよい。

また表記する際は、フェードインがF.I、フェードアウトがF.Oとなる。

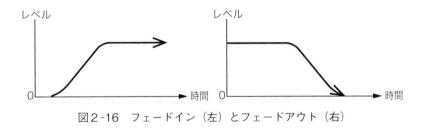

図2-16　フェードイン（左）とフェードアウト（右）

E-2 スニークイン、スニークアウト

スニークは「こっそり」、「いつのまにか」といった意味で、観客に気づかせないように音を入れたり絞ったりすることをスニークイン、スニークアウトという。

例えば、虫が鳴いている場面で、主要人物が登場して密談を始める。挨拶を済ませた後、「さて……」と本題に入る。このとき、互いに真剣な場面になるので、今まで聞こえていた虫の音は聞こえなくなるはずである。虫は鳴き止んだのではなく、心理的に聞こえなくなるのである。これがスニークアウトである。そして、重要な密談が終わり、冷めた茶を呑んで緊張が解けると、いつのまにか虫の音が聞こえている。この状態にするのがスニークインである。

スニークアウトは、図2-17のように階段状に絞ると巧く操作できる。少しレベルを下げて少しそのままにしておく、また下げてそのままにしておく、という操作を繰り返してキッカケまでに絞る。スニークインは、図2-18のよう

に逆をやればよい。

また表記する際は、スニークインがS.I、スニークアウトがS.Oとなる。

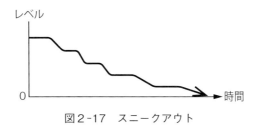

図2-17 スニークアウト

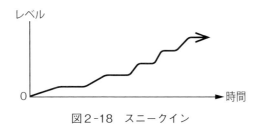

図2-18 スニークイン

E-3 カットイン、カットアウト

突然に音が聞こえること、または突然に音が消えることである。ショッキングな事件が起きたときに、よく使われる。

例えば、パーティの会場に妻が交通事故で亡くなったという知らせがあった場面は、パーティのすべての音を一瞬に消すか、あるいは突然に悲鳴と車のブレーキ音を大音量で出すことで、連絡を受けた人の心理状態を表現することができる。これがカットインまたはカットアウトの使い方である。また、鳴いていた虫をカットアウトすることで、誰かが侵入して来た気配を感じさせることもできる。

通常、音楽を初めから既定のレベルで再生するのも、カットインである。

また表記する際は、カットインがC.I、カットアウトがC.Oとなる。

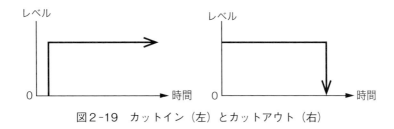

図2-19 カットイン（左）とカットアウト（右）

E-4 クロスフェード

場面の変化や時間の経過を表現するには、音を入れ替えるクロスフェードの

手法が使われる。クロスフェードには基本的に3つの形がある。図2-20は、B音をフェードインさせ、2つの音をダブらせて聞かせてから、ゆっくりA音をフェードアウトさせる形である。緩やかに情景を変化させるときや、時間の経過を表現するときにこの形が用いられる。劇場全体を暗くして場面を転換する暗転(あんてん)の途中で、よく用いられる。

表記する際には、C.Fとする。

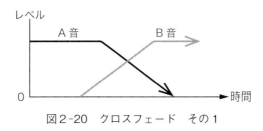

図2-20　クロスフェード　その1

図2-21は、A音を絞りかけてからB音をカットインさせ、A音はそのままフェードアウトする形である。素早い場面転換、情景転換のときに用いられる。例えばファッションショーなどにおいて、作品のイメージチェンジに用いられる。

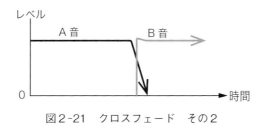

図2-21　クロスフェード　その2

図2-22は音のすり替えで、B音をカットインすると同時にA音を素早くフェードアウトする形である。例えば、馬に乗った使者が来るという場面で、舞台上の俳優のセリフをキッカケに使者を登場させたいときは、「馬の走る音A」と「嘶(いなな)きをして止まる音B」を分割して作り、A音を遠くから近づけてきて、キッカケでB音をカットインすると同時にA音を素早くフェードアウトする。このとき、B音は大きめにスタートするとよい。

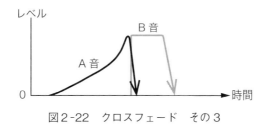

図2-22　クロスフェード　その3

E-5　フェードアップ、フェードダウン

　出している音を急に上げたり、下げたりする操作をフェードアップ、フェードダウンという。フェードアップはF.U、フェードダウンはF.Dと表記する。

　例えば、窓を開けると外の騒音が大きく聞こえ、閉めると小さく聞こえるようにすることである。セリフのところは微かな音にして、セリフの隙間を大音量にする手法もある。これは、観客の緊張を高めさせる手法であるが、タイミングを外すと逆効果になる。

　ある箇所の音を意識させるために上げたり下げたりすることを「煽(あお)る」という。

E-6　活け殺し（いけごろし）

　音楽や効果音の音量はセリフを基準にして決める。ときにはセリフを聞こえなくするほどの大音量の音も必要であるが、セリフが観客に聞こえるのが原則である。

　セリフのバックに音楽や効果音を流す場合は、セリフに合わせて微妙に上げたり下げたりすると、邪魔にならずセリフと調和した音になる。あるときは控え目に、あるときは目立つように、俳優の演技に合わせて音量を変化させることを「活け殺し」という。音を活かしたり、殺したりするという意である。

フェードイン	fade in	F.I	音が次第にはっきりする
フェードアウト	fade out	F.O	音が次第に消える
スニークイン	sneak in	S.I	音がいつのまにか聞こえている
スニークアウト	sneak out	S.O	音がいつのまにか聞こえなくなっている
カットイン	cut in	C.I	突然、音が入る
カットアウト	cut out	C.O	突然、音が消える
クロスフェード	cross fade	C.F	別な音にすり替える
フェードアップ	fade up	F.U	出ている音を強める
フェードダウン	fade down	F.D	出ている音を弱める

図2-23　フェーダテクニックのいろいろ

第6場　再生の音響装置

　効果音の再生は、立体的に音を表現するので、多くのスピーカを使用する。

　舞台の奥から波の音を聞かせ、舞台の上から海鳥の声が聞こえ、上手の奥からウクレレを奏でる音が聞こえるように立体的に音を出すのには、3台の再生機と3箇所にスピーカが必要となる。さらに、この場面の最後にプロセニアム

から音楽を流すとなると、4台の再生機が必要になる。

この場合のスピーカの配置は図2-24のようになる。

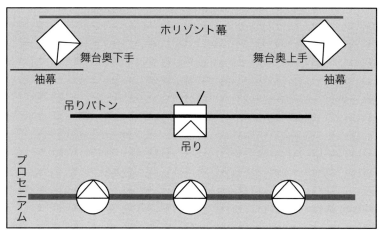

図2-24　スピーカの配置例

演劇では、このような操作を自由自在にできる音響装置が必要になる。この場合、図2-25のような装置が必要になる。

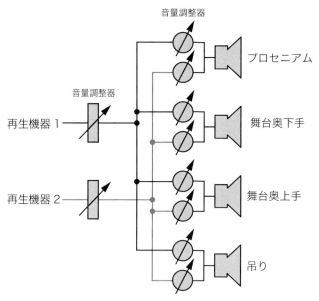

図2-25　基本的な再生装置の回路図例

この調整卓は、昔から使われている基本形である。現在は一般的なSR卓を使用していることが多いが、デジタル調整卓を使用すれば、場面ごとの**スピーカのアサイン**をメモリできるので、面倒な操作はなくなる。

使用するスピーカは、舞台奥の上手と下手、舞台前の上手袖と下手袖、プロ

セニアム、客席の天井、客席の壁などが一般的である。

　再生機器は、時代とともに変り、現在ではCDプレイヤやパソコンなどを用いているが、今後はさまざまなメモリメディアによる録音再生機が普及すると予測される。

　再生機器は、次のような条件を満たしていなければならない。

①音の頭の部分を簡単に準備できる（頭出し）。

②スタートボタンを押して、すぐに音が出る（立ち上がり）。

③丈夫で、持ち運びしても故障しない。

④スタートのミスがない。

⑤簡単な編集ができる。

⑥音響特性が良い。

⑦操作のノイズが小さい。

⑧操作ミスを防ぐために、スタート、ストップのボタンが大きい。

スピーカのアサイン　　アサインは「割り振る」「割り当てる」という意。再生する効果音ごとに、それをどのスピーカに出すか、調整卓を設定すること。

第3幕

聴力と音響心理

第1場　デシベル

デシベルは、この幕以降に使われるので、ここで解説する。

デシベルは元来、電話回線で送話器から受話器に到達する間の**電力損失の度合い**を表すために考案されたもので、送信側の電力をP1、受信側の電力をP2とするとき、P2/P1の常用対数をとった数値を「Bel（ベル）」という単位で表した。

図3-1　電話回線

$$\mathrm{Bel} = \log_{10} \frac{P2}{P1}$$

Belという単位は、電話の発明者アレキサンダー・グラハム・ベルの名前からとったもので、この単位では数値が小さいため10倍にして（単位を1/10に下げて）**deci-Bel**（デシベル）と称した。これをdBと表示し、略して「デシ」と呼ぶことが多い。

電力のデシベルは次の計算式で求める。

$$\mathrm{dB} = 10 \log_{10} \frac{P2}{P1}$$

電圧の場合は、機器の入力電圧を、たとえばV1、出力電圧をV2としたとき、**この比較値の2乗が電力に比例**するので、次の計算式になる。

$$\mathrm{dB} = 10 \log_{10} \left(\frac{V2}{V1}\right)^2 = 20 \log_{10} \left(\frac{V2}{V1}\right)$$

デシベルは、基準値を0dBとして、これに対して比較値を+5dBとか-10dBなどと表示する。プラスのときは基準値より大きいことで、マイナスのときは基準値より小さいことになる。

A) デシベル表記方法

デシベルは目的に応じて次表のような基準量を定めて、それぞれの表記方法がある。

dBm	インピーダンス 600Ω の負荷（回路）に 1mW の電力を加えたときに発生する電圧 0.775V を 0dB としている。m は小文字で表記。
dBu	インピーダンスに関係なく、775mV を 0dB としている。u は小文字で表記。
dBV	インピーダンスに関係なく、1V を 0dB としている。V は大文字で表記。
dBSPL	音圧をデシベルで表示する場合、0.00002Pa（パスカル）を 0dB としている。SPL は英語の sound pressure level の略。あきらかに音について述べている場合は dB と表記してもよい。
dBSIL	音波の進行方向に垂直な単位面積を単位時間に通過する量が音の強さのレベル（sound intensity level）で、$10^{-12}(W/m^2)$ を 0dB としている。通常は、音圧レベルを 2 乗して求めている。
dBW	1W を基準量とした電力のデシベル値。
dBfs	fs は full scale の略。デジタル音声のレベルに対してのもので、基準量は規格上の最大レベル。
dB(A)	騒音計の聴感補正回路の A 特性を通した場合の音圧レベル。フラットな特性を通した dB(C) などがある。

B) 比率とデシベル値

電力比 音の強さ比	電圧比 音圧比	デシベル値		電圧比 音圧比	電力比 音の強さ比
1	1	0dB		1	1
1.26	1.12	1dB	−1dB	0.891	0.794
1.58	1.26	2dB	−2dB	0.794	0.631
2	1.41	3dB	−3dB	0.708	0.501
2.51	1.58	4dB	−4dB	0.631	0.398
3.16	1.78	5dB	−5dB	0.562	0.316
4	2	6dB	−6dB	0.5	0.25
5.01	2.24	7dB	−7dB	0.447	0.2
6.31	2.51	8dB	−8dB	0.398	0.158
7.94	2.82	9dB	−9dB	0.355	0.126
10	3.16	10dB	−10dB	0.316	0.1
100	10	20dB	−20dB	0.1	0.01
1,000	31.6	30dB	−30dB	0.0316	0.001
10,000	100	40dB	−40dB	0.01	0.0001
100,000	316	50dB	−50dB	0.00316	0.00001
1,000,000	1000	60dB	−60dB	0.001	0.000001

C）音響の分野でデシベルを用いる理由

　人間の聴覚は、音の強さが10倍や100倍となっても、感覚的には数倍か10倍ほどにしか感じない。パワーアンプのレベルを2倍にしても、スピーカから出る音はそれほど大きくなったと感じないのはこのためである。この感覚は、ちょうど「対数」に比例するので、音の強さを表現するのに、デシベルが適しているのである。

　また、音響装置の回路で電圧、電流、電力を増幅させたり、減衰させたりするときに、それぞれの単位を用いたときは比率を計算しなければならないが、デシベルを使用すると加減算だけで済む。

　たとえば、図3-2のように、入力1mVの信号を1／2に減衰させ、それをアンプ1で5倍に増幅させ、さらにアンプ2で8倍に増幅させたときの出力の計算をするとき、デシベルを用いると図3-3のように計算できる。

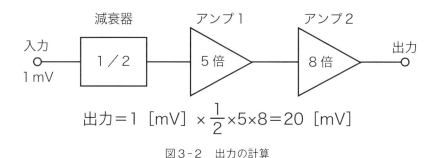

図3-2　出力の計算

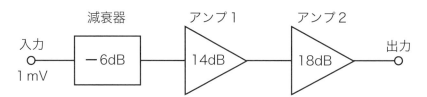

全体の増幅度は　−6＋14＋18＝26dB　なので
出力＝1［mV］×26［dB］＝1×（20＋6）＝20［mV］

10倍×2倍
（20倍）

図3-3　デシベルによる出力の計算

第2場　日本人の聴覚

　西洋の演劇に比べてみると、日本の演劇は虫の声や小鳥の囀りなどの効果音が数多く用いられている。また、翻訳物でも日本人が演出すると、効果音が多く使われる。つまり、効果音に依存した演出が多いということである。しかしそれは、私たちが音にさまざまな意味を持たせることができるということであり、効果音の意図を汲み取ることができる感性を持っているからである。

　私たちは虫の音を聴いていろいろな感情を抱くが、西洋人は工場の騒音と同じノイズとして認識しているといわれている。日本民族は、「岩にしみ入る蝉の声」と歌に詠み、ベランダに鈴虫を飼い風情を楽しむといった、他の民族にはみられない感性を持っている。つまり、日本人はそれだけ想像力に長けていると言える。

　それを解明しているのが、角田忠信博士（東京医科歯科大学教授）の「日本人の脳の研究」である。

　それによると、脳は右と左に別れていて、それぞれ機能が異なっている。

　左脳は言語脳といい、言葉や計算などの知的作業を担当する。これに対して右脳は音楽脳といって、言葉以外の音を感覚的にとらえるのに優れている。

　右耳は左脳、左耳は右脳との結び付きが主であるが、通常、音楽を聞いたり会話をするとき、特に片耳だけが音楽または言葉に敏感ということではない。どちらの耳からも両方の脳に通じているので、正常な耳の人ならば、はっきりした自覚はない。

　当然、音楽は音楽脳で処理されるが、音楽を聴かせておいて言葉を聞かせると、脳は言語脳に切り替わる。言葉を話したり聞いたりしているとき、同時に音楽を聴いた場合、それぞれ別々の脳で処理されるのではなく、言語の情報の方が優先され、言語脳でとらえて処理される。このため左脳を優位脳という。

　この脳の働きを西洋人と日本人で比較してみると、西洋人は虫や動物の声を音楽脳で処理するのに対して、日本人は言語脳で処理する。また、西洋人は母音が音楽脳であるのに、日本人は言語脳である。

　英語では一般的に母音の役割はあまり重要でなく、母音を全部抹消してしまって、子音だけでも意味が十分に理解できるといわれている。

　しかし、日本語は母音（あ・い・う・え・お）だけの単語もあり、母音だけで意味を持っている。このことが、母音を言語脳で処理する理由である。

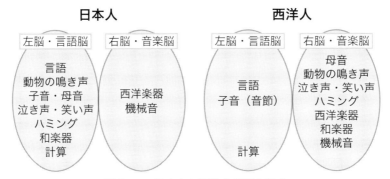

図3-4　日本人と西洋人の脳の働き

　虫や動物の声は、母音に非常に似ていることから、日本人はこれらの音を言語脳で聴いている。日本語の母音の特質が原点にあって、虫の音ばかりではなく、波音や風音などの自然音も左脳で聞いている。そして、三味線、尺八、笛、琵琶といった日本楽器も、日本人は言語脳で、西洋人は音楽脳で聞いている。ところが、バイオリンなどの西洋楽器は、日本人も西洋人も音楽脳で処理している。

　このように、日本人は長年にわたって母音文化を育ててきたわけで、左脳の使用過多であるため、西洋音楽を聴くと左右の脳の機能をバランスよく使用するので、精神を安定させることができる。

第3場　マスキング効果

　同時にいくつかの音が出たとき、「小さい音」が「大きい音」に邪魔されて、聞こえにくくなる現象をマスキング効果という。

　この現象には次のような特徴がある。
- 離れた周波数よりも、近い周波数の方がマスキングしやすい。
- 高音は低音によりマスキングされやすいが、低音は高音によりマスキングされにくい。

　SRは、「マスキングされた音」を補強することでもあるが、バランスを取るときは「マスキングしている音」を下げることもすべきである。

　この効果を利用した例としてBGM（バック・グラウンド・ミュージック）がある。BGMは元々、工場の作業効率を高めるために用いられたものであるが、現在ではいろいろな目的で使用されている。雰囲気を作るため、心を安らかにするため、そして邪魔な音を聞こえなくするためである。狭い喫茶店の音楽は、騒々しいという苦情も多いが、隣席の話し声を消す役目もしている。歯

科医では、治療する嫌な音を和らげるために高級音響装置で音楽を流している。

マジックショーなどでは、隠されている動物の声や仕掛けの動く音が観客に聞こえないようにする目的で、音楽を大きく再生することがある。聞かせたくない音を音楽でマスキングしているのである。

第4場　カクテルパーティ効果

人間の聴覚は、聞きたい音だけを選択して聞くことができる。パーティ会場のように騒々しい中でも、重要な会話になると周囲の騒音が気にならなくなる。このような現象をカクテルパーティ効果という。

劇中で2人だけの重要な会話をクローズアップさせるために、今まで出していた効果音や音楽のレベルを下げたり消したりするのは、カクテルパーティ効果の状態を作ることである。

マスキングされた音でも、集中すれば聞こえてくる。オーケストラに埋もれた**弱音楽器**も、集中していると聞こえてくる。これは、合間を縫って聞こえてくる音を上手に繋ぎ合わせて聞いているのである。人間はこのように器用であり、その場で敏感に機能したり、鈍感になったりする都合の良い聴力を持っている。

第5場　聴力の変化と聴力障害

大きな音でSRしても、5分も聞いていると物足りなくなる。

プロセニアム・スピーカでSRすると、最初は頭上から聞こえているが、5分も経過すると意識しなくなる。

私たちは、同じ音を聞き続けると聴覚が曖昧になって、大きい・小さい、良い・悪い、方向の判別ができなくなることがある。例えば、音響調整卓のイコライザを操作していて、その良し悪しの判断ができなくなったりするが、その

弱音楽器	演奏音が小さい楽器のことで、多くの人を対象に広い会場で演奏するものでなかった楽器は弱音楽器である。ギターやウクレレ、チェンバロなどは弱音楽器といえる。改良されていない、昔のままの民族楽器の多くは弱音楽器である。
プロセニアム スピーカ	劇場のプロセニアムアーチの中に設置されたスピーカシステムのこと。

ときは、元に戻して（フラットにして）比較すると違いが分かる。

また、聴覚は視覚の影響を受ける。演奏者を見ながら録音をすると、その演奏音が良く聞こえるので、小さいレベルで録音してしまうことがある。

このように人間の聴覚は、ときには敏感で、ときには曖昧になる。

長時間または長い期間、大音量の中にいると難聴になることがある。ロックコンサートの大音量にも注意をしなければならない。劇場では、音響技術者だけでなく演奏者、観客、案内係、照明スタッフも同様に聴力障害の危機にさらされている。

音響オペレータが難聴になるとSR音量が大きくなって、観客とのギャップが生じて危険である。

レベルと周波数が刻々と変化する音楽に比べて、一定の音が続く工場騒音による障害の度合いは高い。国際労働機関（ILO）は、騒音に関する聴力障害の危険を防止するためのガイドラインを定めている。それによると、プロテクタ（耳栓など）などで保護されていない耳が1日当たり8時間、90dB（A）を超える騒音の中にさらされると難聴になる恐れがあり、この値を危険限界値としている。また、いかに短時間でも、耳の保護をしないで騒音レベルが115dB（A）以上の場所に入るべきではない。そして、120dB（A）を超える場合はプロテクタを身に付けるべきであると規定している。

音楽の場合は、工場の騒音とは質が異なるので限界値はもっと高くなるが、無謀な大音量によるSRは慎むべきである。毎日、大音量の中で仕事をする関係者は、耳栓をする必要がある。

90dB（A）未満	規定なし
90dB（A）	1日当たり8時間まで
93dB（A）	1日当たり4時間まで
96dB（A）	1日当たり2時間まで
99dB（A）	1日当たり1時間まで
102dB（A）	1日当たり30分まで
105dB（A）	1日当たり15分まで

図3-5　1日当たりの高音圧に対する制限時間（UKの規定）

第6場　可聴域と聞こえ方

人間の耳に聞こえる周波数の区域を可聴域という。通常の人の場合、20Hzから20kHzの範囲とされている。

音の周波数を徐々に上げていくと、犬や猫やこうもりには聞こえるが人間には聞こえなくなる。この音を超音波という。逆に周波数を下げていくと皮膚に触覚として振動を感じるが、耳では聞こえなくなる。これを振動という。

図3-6は、1kHzを基準として、「1kHzと同じ大きさに感じるようにするには、他の周波数ではどれだけの音圧レベルが必要か」をグラフにしたものである。

このグラフから、音量を徐々に下げていくと低音域が聞こえにくくなることが分かる。

録音のときにモニタの音量を小さく設定すると低音楽器が聞こえにくくなって、低音楽器を大きく録ってしまうのはこのためである。

効果音や音楽の再生素材を製作するときは、舞台で実際に再生するレベルで聞きながら製作するとよい。

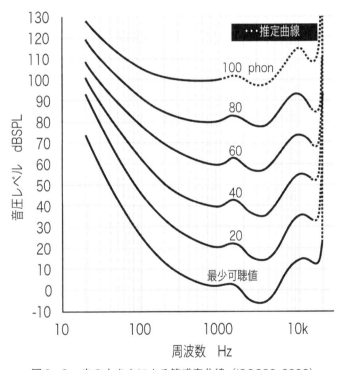

図3-6　音の大きさによる等感度曲線（ISO226:2003）

第7場　両耳効果と音の方向認識

耳の間隔は、約20センチである。離れている2つの耳で音を聞くと、次のような能力が発揮できる。これらの能力を総合して、両耳効果または双耳効果

という。

①音源の方向がわかる。
②音源の遠近がわかる。
③騒音の中でも聞きたい音を聞き分けられる。
④音像の移動や、広がりを感じとれる。
⑤音に包まれている状態が感じとれる。

私たちの耳は、音の左右（横方向）の移動を明確に認識できる。それは、耳が左右に付いているからで、左右の耳に到達する音の「レベル差」または「時間差」によって、音源の方向を認識している。

図3-7のように両耳に聞こえる音のレベルの差が0のときは正面から聞こえ、数dBの差があるときは「大きく聞こえる耳側」に45度、10dB以上の差がある場合は「大きく聞こえる耳」の方角に定位する。

また、図3-8のように顔の正面にある音源からの音は、左右の耳に同時に到達するので時差はない。よって、中央に聞こえる。そして、右側に寄った音源の音は、右の耳に先に到達して、左の耳には遅れて到達する。この時差によって、先に聞こえた耳の方向に音源があると認識する。より耳に早く到達した方向に音源があると認識するのである。これをハース効果という。

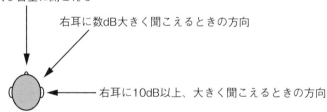

図3-7　レベル差による音像の位置の認識

 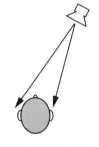

両耳に同時に到達するので　　　右耳に早く到達するので
正面から聞こえる　　　　　　　右側から聞こえる

図3-8　時間差による音像の位置の認識

時間差による方向認識は、左右の耳の間隔（20cm）より長い波長になると困難なので、低音域は難しく、周波数が高くなるほど明確になる。

後方の音源は、頭を左右に動かすと両耳の聞こえ方が変化するので認識できる。

音源の上下の移動は、両耳のレベル差と時間差は変化しないので、認識できない。しかし、事前に目で音源の位置を確認しながら体験すれば、目隠しをした状態でも上下の移動を認識できる。

第8場　ごみ静めと観客心理

観客がざわめいているのを静めるテクニックを「ごみ静め（鎮め）」という。

開幕直後に観客席がざわめいている場合、音を大きくするのではなく、逆に下げることで観客の意識を舞台に持っていくことができる。

観客は入場料を払って芸能を見に来ているのであるから、開幕したのに舞台の音が聞こえなければ、おしゃべりを止めて舞台に注目するはずである。音響技術者は、その観客心理に訴えれば、ざわめきを静めることができる。

落語の本題前の「まくら」という短い話、能の開演前の「お調べ」という楽器のチューニング、演奏前のオーケストラのチューニングなどは、ごみ静めの役目をしている。また、**開演ベル**や、開幕寸前に観客席の照明を絞ることもごみ静めの1つである。

ミュージカルの**オーバチュア（序曲）**のように、最初は強い曲を演奏して、すぐに弱い曲の演奏にすると、観客席は静まるものである。

音響技術者は以上のことを心得て、ごみ静めの効果を発揮させる。

開演ベル	演劇やコンサートが始まる（開演）前に鳴らすブザーやチャイムのこと。昔はベルを鳴らしていたのでこのように呼ぶ。この数分前に、観客を客席内に呼び込むために鳴らすのを1ベルということから、開演ベルを2ベルともいう。
オーバチュア（序曲）	オペラやミュージカルの冒頭に演奏される曲。これから始まる場面のイメージを表現する。ミュージカルでは、劇中に歌われる曲をメドレーで演奏したりする。

第4幕

音の性質

第1場　音の発生と伝搬

　物を叩いたり、擦ったりすると音が聞こえる。これは叩いたりすることで物体が振動し、その振動が圧力の変化として空気中を伝わり人間の耳に到達し、音として聞こえるのである。音は気体や液体、固体の中は伝わるが、圧力変化を伝搬する媒体の無い真空では伝わらない。

　音は、音源から人間の耳にどのように伝わるのだろうか。

　音を視覚的に表すのに、縦軸を振幅、横軸を時間にした**サイン波**の波形が使われるのが一般的である。しかし、この波形はオシロスコープのように、信号が電圧の変化という電気信号を表したもので、空気中を音が伝わるのとは異なる。

　音が振動として空気などの媒体を伝わる場合、図4-1(a)のスピーカのコーン（円錐形の振動板）の動き（振動）のイメージのように、スピーカの前の空気を押したり引いたりを繰り返している。この連続で空気の圧力に変化が生じ、押されるときは「正の圧力」、引かれるときは「負の圧力」となる。これは、電気に置き換えれば電圧の正（＋）と負（－）と同じであるが、音波は圧力変化により伝搬されることから縦波（疎密波）であり、サイン波のイメージのような横波ではない。

　図4-1(b)のように、圧力が最大と最小となるとき、空気の速度は0（ゼロ）となり、次の瞬間に方向が変わり、その中間点では速度が最大となる。

　人間の聴覚は、マイクロホンが圧力変化を電気信号に変換するのと同様に、鼓膜が圧力の変化を神経系の信号に変換して、脳が音として認識している。

　圧力変化の度合いが大きい場合、鼓膜の振動も大きく、大きい音と感じる。そして、その圧力変化の周期（しゅうき）が音の高低、すなわち周波数として捉えている。

　ここで注意しなければならないのは、スピーカのコーンの動きは単に変位（位置の変化）であって圧力ではないということである。音の圧力は「コーンの変位」と「コーンの面積」、そして「動く速さ（周波数）の二乗」に比例している。これは、低域のウーファが大きく振動しているのに、高域のツィータはほとんど振動せずに同じ音量が出るということになる。

　仮に、ウーファが25cmでツィータが5cmのとき、ウーファから出る100Hzの信号とツィータから出る5kHzの信号で同じ音圧を得るには、ウーファの変位はツィータの50倍になり、ウーファが1cm動くとき、ツィータは

第4幕 音の性質

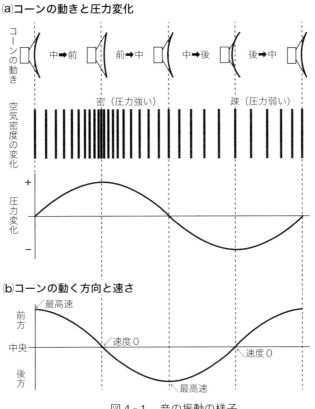

図4-1 音の振動の様子

0.2mm 動くことになる。

　音の大きさは「空気が振動により発生する圧力変化」に比例する。図4-2は、ピーとかプーとかいう単純な音（純音）の圧力変化を電気信号に変換した様子（振幅）で、ゼロから次第に大きくなり、最大になってから次第にゼロに戻り、次に逆方向に大きくなって最大になるとゼロに戻る。これは円を一巡し

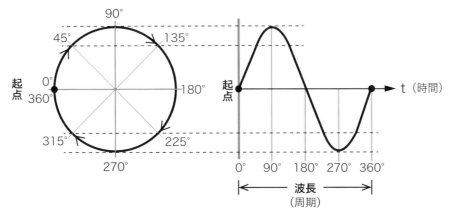

図4-2 純音の時間変化

たことに匹敵し、一巡の動きを周期といい、これを繰り返すことで音が鳴り続ける。1周期は、円を一巡したもので起点から360°の位置、1/2周期は180°、1/4周期は90°の位置になる。また、1周期の距離を波長という。

図4-3は、周期が同一で振幅（振動する幅）が異なる純音である。振幅が大きければ大きな音になり、振幅が小さければ音は小さい。

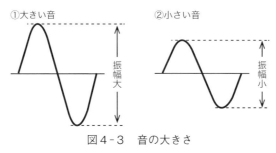

図4-3　音の大きさ

1秒間に繰り返す一巡の振動の回数を「周波数」という。周波数の単位はHz（ヘルツ）で、50Hzは1秒間に50回、1,000Hzは1秒間に1,000回振動する。周波数の数値が大きいと高い音になり、数値が小さいと低い音になる。

周波数を変化させれば、音程を変化させることができる。

弦楽器の弦を指で押さえて弦の長さを変化させると振動数が変わるので音程が変化する。また、弦の太さを変えても振動数が変化するので音程が変わる。いずれも振動の周期が変わるためである。

弦楽器は太さの異なる幾つかの弦を使用して、指で押さえて弦の長さを調節して、様々な周波数の音を出す。ドラムは、皮の厚さ、大きさ、ゆるみ具合で音の高低が決まる。

周波数が高いということは、1秒間に多くの振動をするので、1周期の時間は短くなって波長は短くなる。逆に、周波数が低いと波長は長くなる。

図4-4に周波数の違いを示す。②の周波数は①の2倍になるので、②の波長は1/2になる。

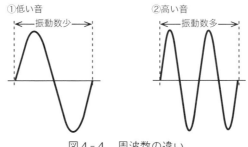

図4-4　周波数の違い

楽器の種類の違いなどによる音の違いは、音の大きさと高低だけでは判断できない。これを判断する要素が「音色」である。音の高さを決定するのは「基音（基本となる音）」であり、図4-5のように基音に「倍音」が加わって音色が生まれる。倍音は基音の整数倍の振動で、倍音の含有率の違いなどで様々な音色になる。

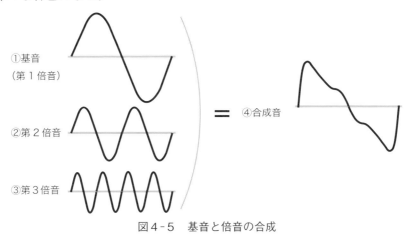

図4-5　基音と倍音の合成

図4-6はギターのA2の基音と、その倍音の様子である。

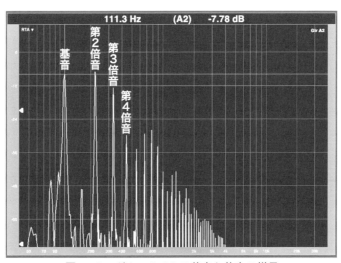

図4-6　ギターのA2の基音と倍音の様子

第2場　音の反射、透過、吸収

壁や天井などにぶつかった音は、透過、吸収、反射される。
そして図4-7(a)のように、反射・吸収・透過の3つのエネルギーを、すべ

て合わせると入射音のエネルギーと等しくなる。

　吸収は、音の空気振動エネルギーが、その材質特有の機械的振動エネルギーに変換されることにより起こる。音響エネルギーが物体に入射することで熱エネルギーに変換されるので吸収（音のエネルギーの減少）が起こるわけである。

　反射は、主に物体の表面で起こり、物体の中に入らず跳ね返る現象である。

　透過は、反射も吸収もされずに物体を通過する現象である。

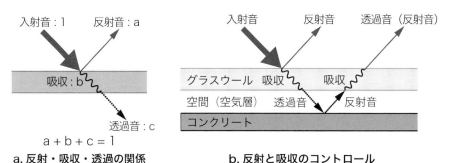

a, 反射・吸収・透過の関係　　　　b, 反射と吸収のコントロール

図4-7　入射音の反射、吸収、透過

　この3つの度合いは、音のぶつかる面の材質や構造により大きく左右される。

　厚いコンクリートの壁にぶつかった音は、広い音域にわたって、ほとんど反射され、ごくわずかなエネルギーが吸収または透過される。

　これに対し、グラスウールのようにやわらかい材質にぶつかった場合、そのエネルギーの多くは吸収または透過され、非常にわずかなエネルギーが反射される。これらの比率は周波数に大きく依存する。例えば石膏ボードの場合、低い周波数の音がほとんど透過するのに対し、高い周波数の音は反射または吸収される。

　したがって、図4-7(b)のようにグラスウールの後部にコンクリート壁を設置すると、グラスウールを通過した音がコンクリートで反射され、再びグラスウールを通過して反射音になる。

　このように建材を組み合わせると、反射する周波数と吸収する周波数をコントロールできるので、イコライザのような働きをする。

第3場　音の減衰

　コンサートの会場で、観客席中央では適度な音量なのに、スピーカに近い座席では大き過ぎ、後方の席では小さいことがある。これは、音源（音の発生点）

から離れれば離れるほど音量が低下するからである。これを距離減衰という。

A）点音源と球面波

音を発する部分の面積が波長と距離に対して充分に小さい場合、その音源を点音源（point sound source）という。

点音源から発する音は、音源を中心として球面的に四方八方に広がりながら伝わる。真ん丸いゴム風船が膨らむように伝わるので、この音波を「球面波」という。

球の表面積Sは、半径をrとすると、

$$S = 4\pi r^2$$

となる。

したがって、図4-8のように、球の半径が2倍になると、球の表面積は4倍になる。ゴム風船を膨らませるとゴムの面積が広くなり、厚さが薄くなるように、音源からの距離が2倍になると音響エネルギーは4倍の面積に分散されるため音の強さは1／4に、**音圧レベル**は1／2、つまり6dB減衰する。この数値は、距離の2乗に反比例しているので「逆2乗則または逆自乗則」という。

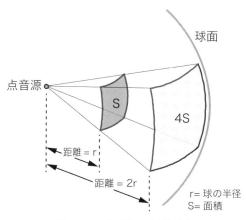

図4-8 点音源の距離減衰

距離による音圧レベルの減衰は次の式で求める。

音圧レベル　音は空気を圧縮させたり、膨張させたりして伝わる。音が大気を伝わるときに気圧が変動するので、この変動の大きさを音圧という。音圧の大きさの単位はパスカル（Pa）であるが、それをデシベルで表したものが音圧レベル。0.00002paを0dBと規定し、dBSPLで表示する。

$$\mathrm{SPL}(d) = \mathrm{SPL}(1m) - 10\log(d^2)$$
[d：距離、SPL（1m）：音源から1mの位置の音圧レベル]

目安として、次のように覚えておくと便利である。

- 距離が　2倍のとき …… 6dB 減衰
- 距離が　5倍のとき …… 14dB 減衰
- 距離が　10倍のとき …… 20dB 減衰
- 距離が 100倍のとき …… 40dB 減衰

無指向性のスピーカから出た音は球面波であるが、通常は一般的なポイントソースのスピーカの音もスピーカの大きさに対して距離が充分にある場合は球面波と見なしている。

距離減衰は音源自体の音圧の変化を表わしているため、室内の場合は部屋の残響によるエネルギーの影響で減衰は距離に対して一定でなくなる。

B) 円筒波

図4-9のようにスピーカを一列に並べたときは線音源（line sound source）になって、縦には拡散せずに横方向にだけ拡散する。この音波は「円筒波」と呼ばれ、距離が2倍になるごとに音響エネルギーは1/2（音圧レベルは1/1.4）、つまり3dB減衰する。

ただし、このようにスピーカを配列すると、必ずスピーカユニットどうしで位相干渉をしてスピーカの放射エリア内において、それぞれの方向にて**周波数特性**が変化する。

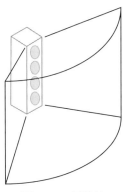

図4-9　円筒波

周波数特性　　ある音の周波数のレベルを表わしたもの。

円筒波の減衰量を求める式は、次のようになる。

円筒波の減衰量　$SPL(d) = SPL(1m) - 10\log(d)$

《円筒波のラインアレイ、カラムアレイ（左）とモジュールアレイ（右）》

C) 平面波

さらに、図4-10のようにスピーカを縦横に並べると面音源（area sound source）になって、音波は縦にも横にも拡散しないので、理論的には距離による減衰はなくなる。この音波を平面波という。大音量のSRには向いているが、現実的にはスピーカのユニットの物理的大きさによる制約のため、理想的な平面音源にはならないため、位相干渉による**音質**の劣化は甚だしい。

平面波の減衰量を求める式は、次のようになる。

平面波の減衰量　$SPL(d) = SPL(1m)$

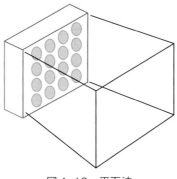

図4-10　平面波

音質	音や声の質のこと。マイクロホン、アンプ、スピーカなどの音響機器を通過したときの音の品質。周波数だけでなく、時間的な特性の変化（トランジェントレスポンス）も影響する。

第4場　音の伝搬速度

空気中を伝わる音の速度は、気温が0℃のとき1秒当たり331.5mで1℃上昇するごとに0.6m/s速くなる。

これを式にすると

$$音の速度[m/s] = 331.5 + 0.6t \quad t = 気温$$

となる。

通常は、15℃の速度である340m/sを基準としている。

そのとき、1msec（ミリ秒）に進む距離は

$$\frac{340}{1000[msec]} = 0.34[m]$$

となる。

そして、1m進む時間は

$$\frac{1}{0.34[m]} = 2.94[msec]$$

となる。

第5場　直接音と反射音

私たちは図4-11のように、音源から放射された音が空気中を直進して耳に届く直接音と、壁で反射してくる反射音（間接音）を聞いている。

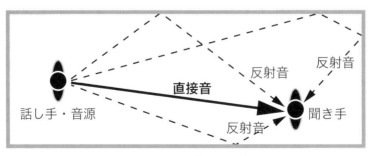

図4-11　直接音と反射音

また、音源から遠い聴取者は、音源に近い聴取者より遅れた音を聞いている。そして、反射音は直接音より経路が長いので必ず遅れて到達する。そのため通

常は音源に近づくと直接音が良く聞こえて、反射音が目立たなくなり、響きが少なく感じる。遠ざかると、この逆になる。

周囲に音を反射する建物がない野外の演奏会では反射音が少ないので、観客が聞いているのはほとんど直接音である。このような会場では、観客席の前方と後方の音量差が大きい。

ところで、劇場における心地よい響きとは、音に包まれた状態であるとよくいわれる。

劇場の音響設計は、ステージで発した音を様々な材質の壁で反射させたり、吸収させたり、または拡散させたりして、観客席全体の音圧差を少なくすることである。

そして、すべての騒音源を排除して静けさを作り、小さい音から大きな音まで広い会場の隅々まで聞こえるようにすることである。

建築音響技術は、そこで演じられる芸能に対し、観客席全体の音量や音質、響きが最適になるようにする技術である。反射板によって反射音を作ることは、電気音響のような増幅作用であって、生の音のエネルギーを効率よく有効に活用したSRテクニックである。

しかし、実際には理論どおりにはならない。

例えば、前列の中央の座席は**残響感**が不足し、1階席の壁際は反射音が大きいが直接音との時間差が少ないためクリアーで豊かな音量に、2階席の中央は天井からの反射音と直接音のバランスが良く迫力ある音に、3階席の最後部は天井に近いため天井からの反射音の影響で舞台が遠いのに音が近く聞こえる、ということがある。

ポップス系コンサートの場合、最前列の中央座席はSRスピーカのエリアに入っていないことや、生の音とスピーカからの音との時間差が大きくなって、音量も音質も悪くなることがある。この座席のために補助スピーカを設置することもある。

第6場　位相

A）位相差

図4-12の①と②は、振幅と周期は同じであるが、周期の基点位置が異なる。

残響感　　　　数値的に測定したものでなく、感覚的に残響を感じること。

この周期の位置を位相と呼び、位置のずれ具合を「位相差」という。1周期は360°であり、位相は1周期以内の遅れを角度で表す。

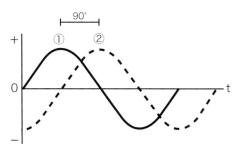

図4-12　位相差90°

②の信号の位相は、①に対して90°遅れている。

位相が90°遅れるということは、周期が1/4遅れたことであるから、周波数が1000Hzの場合は

$$周期 = \frac{1}{周波数} = \frac{1}{1000[\text{Hz}]} = 0.001 = 1[\text{msec}]$$

$$遅れる時間 = 1[\text{msec}] \times \frac{1}{4} = 0.25[\text{msec}]$$

となる。

つまり1000Hzでは、位相が90°遅れると0.25msec遅れることになる。

同様に計算すると、2000Hzの0.25msec遅れは180°、500Hzでは45°となる。

このように信号の時間的な遅れが同一でも、位相(角度)のずれは周波数によって異なる。

そして、位相の異なる音が合成されると、互いに干渉して波形が変化する。

B) 位相差の違いによる干渉の相違

2つの信号の位相が同一のことを「同位相」また「同相」という。この場合、2つの信号を合成すると、図4-13のように振幅が2倍になる。つまり、一つの音源よりも6dB増加する。

位相差90°のときは図4-14のように3dB増加し、位相差120°になると図4-15のように加算しなくなる。これをカップリングと称す。

位相差120°を超えると合成された信号は一つの音源よりも減少し、位相差180°になると、これを「逆位相」または「逆相」と呼び、図4-16のように打ち消しあって振幅はゼロになる。これをキャンセレーションという。

第 4 幕　音の性質

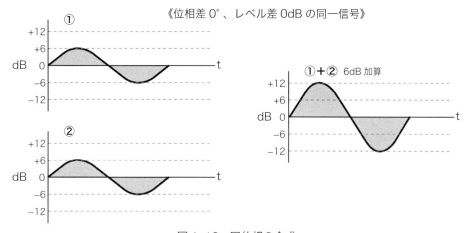

図 4-13　同位相の合成

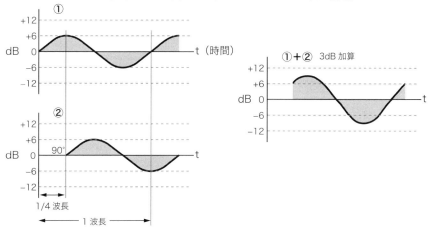

図 4-14　位相差 90°の合成

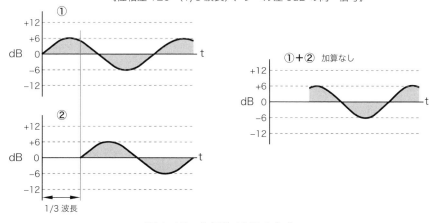

図 4-15　位相差 120°の合成

93

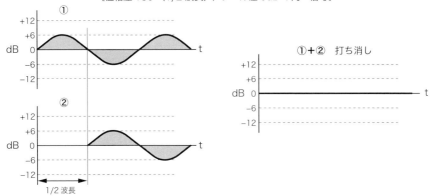

図4-16 位相差180°の合成

180°から360°までは、同相から180°までの逆の状態になる。

第7場　音の回折

音は、図4-17のように障害物があっても、その物体の角で屈折して背後に回り込む性質がある。この現象を回折という。

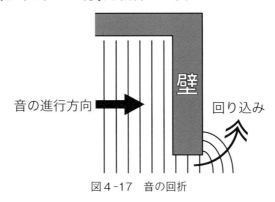

図4-17 音の回折

一般的に、波長が障害物の寸法以上の音が回折する。つまり、低い音ほど回り込みやすい。

波長の計算式は、音が1秒間に340m進むとして

$$\frac{340}{音の周波数}=波長[m]$$

である。

50Hzの波長は、340÷50で6.8mになるので、50Hz以上の音の回り込みを

阻止するには直径6.8m以上の遮へい板（音を遮る板）が必要になる。

このように、周波数が低くなるほど回折を阻止することは難しい。つまり、周波数が低いほど回り込むということになる。

この回折現象は、マイクロホンやスピーカシステムで音質変化を起こす原因になる。

スピーカシステムは、低い音がスピーカボックスの後部に回り込み、音質を変化させる。

無指向性マイクロホンであっても正面と背面の特性が微妙に異なるのは、背面の音は回折音を収音する構造なので、中低音域は回折するが高音域は阻止されて、高音域の感度が少し低下するからである。

また、音は図4-18のように壁に穴があると、穴を**二次音源**としてそこから半球面状に放射される。

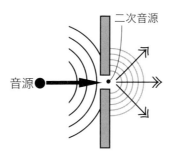

図4-18　二次音源の発生

大きなホールの観客席で考えてみると、音響調整室の窓は穴とみなせる（図4-19）。この場合も、調整室の窓を二次音源として半球面状に放射されるので、調整室の中で聴く音は観客席の音とは異なる。調整室の中の音は、窓が開いていても観客席と同じにはならないということである。窓の間口が十分に広い場合の二次放射は、平面波に近くなるが、音圧と音に包まれた感じ（アンビエンス）は低下する。

2階席のある劇場の場合、2階席より前にある1階席と、2階席の下にある1階席では別空間となる。2階席の下の1階座席では、天井方向から来る音が2階席で遮られるため、音に包まれた感じがなくなり、音が痩せて聞こえる。この対策として、2階席の下に小型の補助スピーカを設置してわずかにSRすることもある。

二次音源　　　おおもとの音源に付随して発生する二番目の音源。

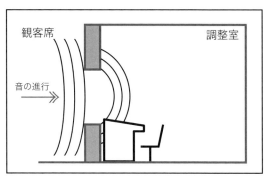

図4-19　調整室の窓から入る音

プロセニアム形式の劇場は、額縁で音が遮られ、音響的に舞台と観客席が別空間になり、音が痩せて聞こえる。このような場合、できるだけ舞台の前の方で演奏するか、舞台後方と袖に反射板または反射板の役目をする舞台装置を設けると改善できる。

コンサートホールはオープン形式が良いというのは、舞台と客席とを遮るものがないので、舞台の音響特性がそのまま客席に伝わるからである。

第8場　音の屈折

気温が高くなると音の速度は速くなる。図4-20で示すように、地表の気温が冷たく上空が暖かいとき、音は音速の遅い地表の方向へ屈折する。

逆に、地表が暖かく上空が冷たいときは、音は上空へ屈折する。

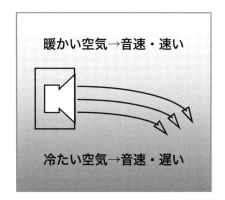 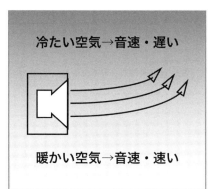

図4-20　気温による音の屈折

図4-21のように、風によっても音の速度が変化する。通常、風力は上空が強く、そのため追い風のときの音は上空側で速く、地表側で遅くなる。した

がって、追い風の場合音は地表側に屈折する。向い風（逆風）の場合は逆になり、上空に屈折する。

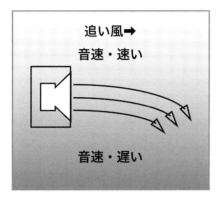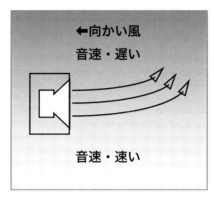

図4-21　風による音の屈折

また、音は湿度によっても伝わり方が変化する。音の距離による減衰率は、乾燥するほど大きく、周波数が高くなるほど大きい。つまり、距離が増すと低音よりも高音の音圧が下がるため、周波数のバランスが変化する。

第9場　暗騒音

ホールやスタジオの中に誰も居ない状態のときの騒音を暗騒音（background noise）という。

暗騒音は、主に空調騒音や外部から侵入する騒音などであって、低音ほど遮断するのが難しい。暗騒音のレベル値は、一般的にはdB（A）またはホンで表示される。

騒音は周波数の違いにより、人間の聴感に影響する度合いが異なる。その点を考慮してグラフにしたものが、図4-22に示す騒音許容基準曲線（noise criterion curves）である。通常、NC曲線と呼んでいる。

騒音を遮断するための処置、空調設備を設置するときなどは、この基準を目安にして騒音対策をする。値が小さいほど騒音が少ない。録音スタジオではNC15、劇場ではNC20を目標値としている。

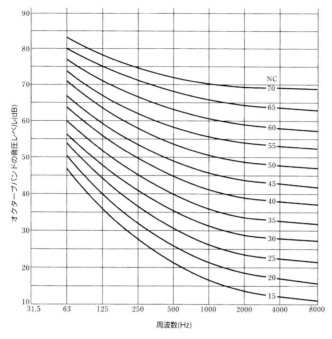

図4-22　NC曲線

第10場　残響時間

　室内のどの場所でも、あらゆる方向から一様に音が聞こえてきて、音圧がほぼ均等になっている空間を「拡散音場（かくさんおんじょう／かくさんおんば）」と定義している。

　現実に完全な拡散音場はないが、部屋が広く、音をよく反射する壁で、不規則な形状になっている空間を拡散音場とみなしている。

　理想的な完全拡散音場の中では、音源から出た音が十分に部屋中に行き渡ったときに、音を急に停止すると音量は直線的に減衰する。しかし、実際には拡散が完全でないため曲線的に減衰するなど、様々である。

　残響時間は「定常レベルの音を断にして音のエネルギーが100万分の1になるまでの時間、つまり60dB減衰するまでの時間」と定義されていて、響き具合を数値で表すものとして広く使用されている。通常は500Hzの残響時間を表示する。定常レベルとは、測定信号の室内の音圧が安定した状態になったときのレベルである。

　実際には暗騒音があるため、定常レベルを暗騒音のレベルよりも60dB以上

高くして測定する。

　騒音レベル以下の残響は聞こえなくなるので、残響として感じることはない。美しい残響のコンサートホールは、この減衰の度合が一定で、暗騒音レベルの低いホールである。

　残響時間は部屋の容積に比例して長くなるので、大きな部屋ほど残響時間は長くなる傾向にある。

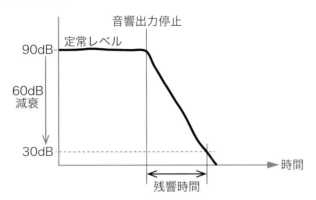

図4-23　残響時間の定義（定常レベルを90dBにしたときの例）

　残響時間が長いことを「ライブ」、短いことを「デッド」という。

　聴感上は、小さい音よりも大きい音のほうが、残響時間は長く感じる。

　このように測定値に関係なく、さまざまな要素で長く感じたり、短く感じたりする。これを残響感という。したがって、残響時間を測定するだけでは、室内の音響特性の善し悪しを評価できない。

　図4-24は、全周波数帯域における残響時間を表したもので、残響時間周波

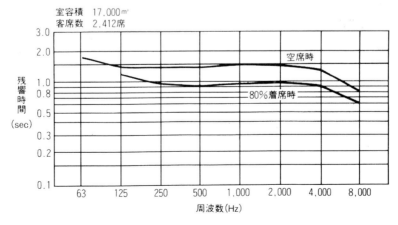

図4-24　残響時間周波数特性

数特性という。ホールの場合は、室容積と客席数を書き、満席時と空席時の特性を表示する。一般的に低音から高音までフラットが良いが、1kHz 以上になると距離減衰が大きいので、大きいホールでは高音域が低下する。コンサートホールは、低音域の残響時間を長くして低音を豊かにしていることが多い。

第11場　最適残響時間

セリフを主とした演劇は、言葉の明瞭を重要視するので残響時間を短く、音楽は楽器を響かせるために長い残響が必要である。

ただし、日本の楽器は、言葉に追従する形で生まれ育ったので、短めの残響が適している。一方、ヨーロッパの楽器は、一般的に長い残響が適する。

このように、残響時間は芸能によって、適する値が異なる。使用目的に適した残響時間を最適残響時間という。

図4-25の表は、日本の伝統的な芸能に適した残響時間の目安を示したものである。

劇場種別	平均的な客席数	適する残響時間の目安
能楽堂	500 席	1.0 秒
歌舞伎劇場	1,500 席	1.2 秒
演芸場／寄席	300 席	1.0 秒

図4-25　日本の芸能に適した残響時間の目安

図4-26の表は、ヨーロッパの伝統的な芸能に適した残響時間の目安である。日本の芸能に比べて、長めになっている。

残響時間は、部屋の容積が大きくなるほど長くなるのが自然なので、部屋の容積に応じて最適残響時間は異なる。

劇場種別	平均的な客席数	適する残響時間の目安
オペラ劇場（バレエ）	2,000 席	1.6 秒
コンサートホール	1,500 席	2.0 秒

図4-26　ヨーロッパの芸能に適した残響時間の目安

2,000 席のコンサートホールは2秒程度、1,000 席以下の演劇劇場では1秒程度が目安となる。

第12場　フラッタ・エコーとロングパス・エコー

　一般的に残響の多い部屋では、言葉の明瞭度は低下するが、音楽を聞くときは音量が豊かになり表現力が増すといわれている。

　しかし、響きの多い部屋でも互いに接近して話せば、それほど残響が邪魔にはならないし、響きの少ない部屋でも離れて話せば響きを伴って聞こえる。つまり、感覚的には音源と聴取者、音源とマイクの相互関係で、響きの感じ方が異なる。

　一般的には直接音に対して50msec以内で遅れて到達する反射音群は、直接音と一体となって強め合う作用をする。

　逆に、50msec以上遅れて到達する反射音は、直接音と分離して山彦（エコー）として聞こえる。音楽家や音響家など、音を聴くことに慣れている人は、これよりも短かい時間差でも分離して聴こえることが多い。

　音が反射しやすい壁と壁、または天井と床が平行になっていて、比較的距離が短い場合、図4-27の①で示すように、この中で音を出すとAとB間を反射音が何回も往復して干渉し、「ビューン」、「シュッ」、「プルプル」という異様な音（音質変化）に聞こえる。この現象をフラッタ・エコー、または鳴き竜現象といい、音質を阻害する一因となる。②のような構造でも、Cを経由してAとBを往復してフラッタ・エコーが発生する。

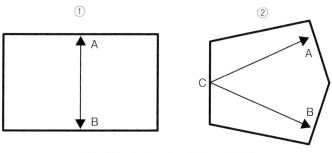

図4-27　フラッタ・エコーの起因

　これを防ぐには、壁が平行にならないように傾斜をさせるか、壁面に凹凸を付けて乱反射させるか、または吸音材で吸音する。

　また、平行した壁の間隔が非常に大きい場合は、反射音が分離して山彦のように聞こえる。これをロングパス・エコーという。このような場所でしゃべると声がダブって聞こえるので、話し手は話しづらく、聴取者は聞き難い。

第13場　ドップラー効果

　猛スピードで近づいてくるパトカーのサイレンの音は、停車しているときよりも高く聞こえる。そして、通過した瞬間から低く聞こえる。

　これは、近づいてくるときは音源が音波を追いかけるので、音の波が圧縮され、空気振動の回数が増加して周波数が高くなるためである。遠ざかるときは伸張（しんちょう）され、空気の振動回数は少なくなり周波数が低くなる。音圧は、正面を通過するとき急激に大きくなり、去っていくときは急激に小さくなる。

　この現象をドップラー効果という。

　効果音を作るとき、ドップラー効果を活用すると、スピード感のある音に仕上がる。

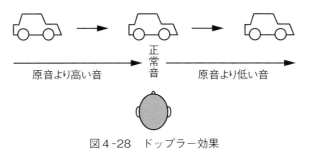

図4-28　ドップラー効果

第5幕

電子回路の基礎

第1場　電子回路

　音響機器には、数多くの電子回路が組み込まれている。

　電子回路とは「電気が回る路」、つまり「電気が流れる道」のことである。

　たとえば図5-1のように、電池に電球をつなぐと、電池から出た電気は電球に流れて光を発し、また電池に戻ってくる。このように電気は、回路をぐるぐる回って「働き」をしている。この働きを続けると、電池の力は徐々に衰えて、やがて電気が流れなくなる。

　電気の流れの道を絵で書くのは面倒なので、それぞれの部品を記号にして簡単にしたものが回路図である。

　電球に電気を流せば光を発するように、抵抗、コイル、コンデンサ、ダイオード、トランジスタ、ICなどの部品を組み合わせて、ある働きをさせるようにしたものが電子回路である。音響機器は電子回路を用いて、音の信号を拡大、変形、合成、分配、蓄積、記録などの働きをさせている。

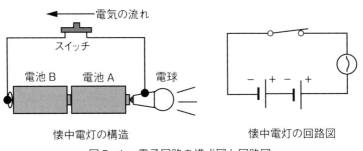

図5-1　電子回路の模式図と回路図

第2場　電源

　電源とは、電子回路に電気を流す元になるもので、電気を発生する源のことである。

　身近にある電源は電池で、充電して繰り返し使用できる蓄電池と、使い捨ての乾電池などがある。電池は、電気の缶詰のようなもので、缶詰の中身に相当するのが、電流を流す力のもとになる起電力である。

　起電力の単位はボルトで、記号はVである。

　電力会社から送られてくる電気は交流なので、電子回路で使用するためには

電源装置を用いて電池と同様の直流（ちょくりゅう）に変更する。電力会社の電気は、電池のように消耗しないで、長時間、使用できる。電源装置は、電子回路に組み込まれて、回路を働かせる重要な役目をしている。

第3場　直流と交流

電気は、大きく分けると直流と交流とがある。

時間が経過しても大きさが一定のものを直流（DC＝direct current）という。代表的なのは乾電池で、プラス（＋）とマイナス（－）の極性が決まっていて、電流はプラス極からマイナス極への一定の向きで流れる。極性を間違えて使用すると作動しないことや、故障することがある。（図5-2）

交流（AC＝alternating current）は、時間とともに大きさと向きが周期的に変化する。発電所から送られてくる電気は交流で、極性の指定はなく、一般的な電気製品は極性に関係なく作動する。一般家庭の交流は、図5-3のような正弦波（せいげんは）（サインウェーブ）である。

持ち運びが必要な比較的、小電力の電子機器は直流（電池）を使用するが、消費電力の大きい機器には交流電源が使われる。

交流は、1秒間に何回も大きさと方向の変化を規則正しく繰り返す。1秒間に繰り返す回数を周波数と呼び、ヘルツという単位で表す。記号はHzである。

電気製品は、電源の周波数が違うと速度・明るさ・熱量などに差異が生じることがある。周波数の指定がない機器の場合は問題ない。

日本では静岡県の富士川を境に、東は50Hz、西は60Hzとなっている。これは、電気を使い始めた頃、関東以北はドイツから、東海以西はアメリカから発電機を輸入したからで、その違いが現在も続いているのである。

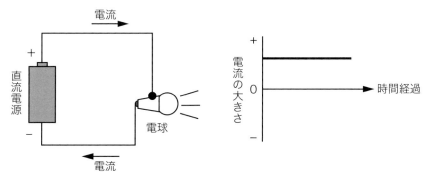

図5-2　直流

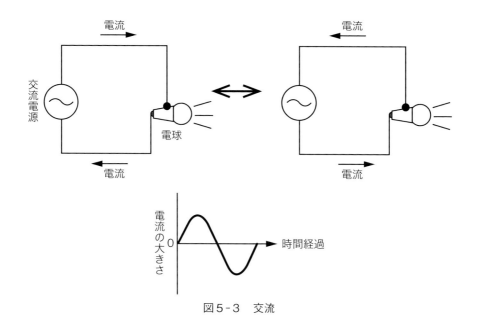

図5-3 交流

第4場　導体と絶縁体、半導体

　金属類は、電気が流れやすい物質である。このような物質を導体という。金属のほかに水、湿った物、人体、大地などが導体である。

　逆に電気を通しにくい物質、ビニール、ゴム、プラスチック、ガラスのような非金属類は、絶縁体または不導体という。

　導体でも不導体でもない、その中間の物質が半導体で、シリコン、ゲルマニュウムなどがある。シリコンは、ダイオード、トランジスタ、ICなどの半導体に多く使われている。

第5場　電流

　どのような物質も数多くの原子が集まってできている。原子は、図5-4のように、プラスの電気を持った原子核と、その周囲の軌道を回るマイナスの電気を持った電子で構成されている。これは、プラスとマイナスの電気は引きあう性質があるからで、逆にマイナスとマイナス、プラスとプラスの場合は反発する。

　金属の場合、最も外側の軌道を回る電子は、外部から電気が加わったときに、軌道から離れて自由自在に動き回る。この電子は自由電子と呼ばれ、自由電子

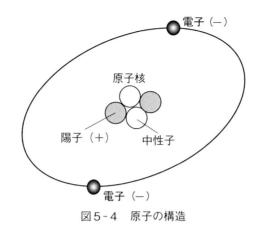

図5-4　原子の構造

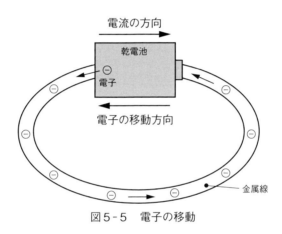

図5-5　電子の移動

を持っている物質が導体である。

　図5-5のように、電池に金属線をつなぐと、金属線の自由電子は電池のプラス極に向かって次々に移動する。電子は電池のマイナス極から次々に補給される。このように、電池のマイナス極からプラス極に電子が移動することを「電流」という。

　ただし電流は、電子の移動方向とは逆に、プラス極からマイナス極に向かって流れるものと定義されている。電流はIという記号で表記され、流れる量の単位はアンペア（記号A）である。

第6場　電圧と電位差

　電圧は「電気を動かす圧力」のことである。

　図5-6のように水は、水位の高いところから低いところに流れる。水位の違いで「水を流す圧力」が発生するからである。水位の高さの違いを落差また

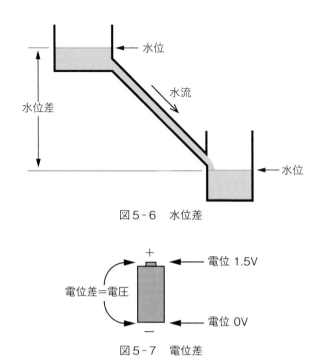

図5-6　水位差

図5-7　電位差

は水位差という。

　同様に、電気回路で水位に相当するのが電位で、電位の違いの度合いを電位差といい、電圧と同じ意味である。電位差も電圧も単位はボルトで、記号はVである。電位差があると電気を流す圧力が発生し、電流が流れる。電位が等しい場合、電流は流れない。

　たとえば、起電力1.5Vの乾電池は、プラスの電極の電位が1.5Vで、マイナスの電極が0Vである。この場合、両極に1.5Vの電位の違いがあるので電流を流す力を持っている。

第7場　抵抗

　金属などの物質を流れる電流の「流れにくさの程度」を抵抗という。抵抗はRで表記し、単位はオーム（記号Ω）である。

　電子回路で、最も多く使われる部品は抵抗器（通常は抵抗と呼ぶ）である。電気の流れに逆らう働きをするので、電子回路の中を流れる電流の大きさを調整する役目をする。

　水道管の水は、管を太くすると流れやすく、細くすると流れにくい。また、水道管が短いと通り抜けるのが楽で、長いと苦しい。抵抗は、物質の材質に

よって異なるが、水道管と同じく、物質の長さに比例し、断面積に反比例する。つまり、長さが2倍になると抵抗も2倍になり、太さ（断面積）が2倍になると抵抗は1/2になる。また、抵抗は温度によっても変化し、金属類は温度が上がると抵抗が大きくなるが、半導体や絶縁物などは温度が上がると抵抗が小さくなる。

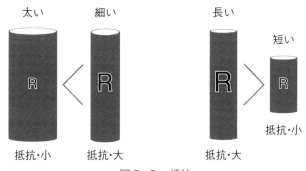

図5-8　抵抗

　抵抗の大きな役割は「電圧を取り出すこと」でもある。抵抗を通過すると電圧が降下するので、抵抗両端に電位差が発生する。それを活用して抵抗の両端から電圧を取り出すことができる。

第8場　オームの法則

　抵抗に電圧を加えて電流を流すと「電流の大きさは、電圧に比例し、抵抗に反比例」する。これを「オームの法則」と呼んでいる。

　電圧をV、電流をI、抵抗をRとすると

$$V = I \times R$$

という公式になる。

　図5-9使用して、3個の文字のうち1文字を指で隠すと、隠した文字を求

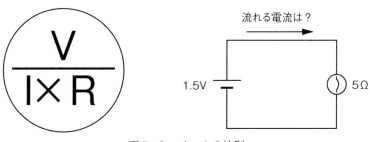

図5-9　オームの法則

める公式になる。

たとえば、図のように 5Ω の抵抗を持つ電球に 1.5V の乾電池をつないだとき、回路に流れる電流は

$$I = \frac{V}{R} = \frac{1.5}{5} = 0.3$$

で、0.3A となる。

電力とは、1 秒間に電気エネルギーが行う仕事量のことである。

電気エネルギーは、ステレオやラジオは電気を音に、電球や蛍光灯は光に、扇風機や換気扇は風に、オーブンやヒータは熱に変える力である。

電力は P で表し、単位はワット（W）を用いる。

電力 P と電圧 V、電流 I、抵抗 R との関係は次のようになる。

$$P = VI = I^2 R = \frac{V^2}{R} \quad [W]$$

第9場　部品の働き

電子回路を構成する部品は、抵抗・コンデンサ・コイルなどや心臓部を支えるダイオード・トランジスタ・IC などがある。抵抗やコンデンサは他からの働きを受け止めるだけであるが、ダイオードなどは他へ働きかけをする。

たとえば、抵抗は回路に電流を流したとき、その流れに逆らって電流の量を制限するだけの働きしかしない。

ところが、トランジスタなどは「相手を変化させる能力」を持っている。

これらの部品の主な働きは次のとおりである。

A）抵抗器

抵抗器は、電流の量を制限するためのものである。単に抵抗と呼ぶことが多い。

抵抗器は、同じ抵抗値のものでも、いろいろな電力容量サイズのものがある。1/4W、1/2W、1W のような種別があって、ワット数が大きくなるにつれて外見も大きくなり、耐えられる電力が大きくなる。使用するときは、電力を考えて選ばなければならない。

抵抗値の決まっているものを固定抵抗器、変化できるものを可変抵抗器と呼んでいる。調整卓の音量コントロール（ボリューム）などは可変抵抗器である。

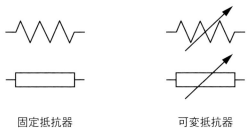

図5-10　抵抗器を回路図に書くときの記号

　小型の固定抵抗器は抵抗値を数字で記入できないので、どの位置からでも抵抗値が判別できるように、色で識別してある。この識別用の色をカラーコードという。

B) コンデンサ

　コンデンサは、電気を蓄える能力を持っている。電子回路の中で、少しだけ電気を充電しておくことができるのである。キャパシタともいう。

　コンデンサの構造は、2枚の金属板が狭い隙間で向き合っていて、その隙間を紙やプラスチックの誘電体で埋めてある。この金属板の片側に電池のプラス極、反対側にマイナス極を接続すると、プラスの電荷とマイナスの電荷は相手の電荷に近づこうとして2枚の金属板に集合する。このようにして金属板に蓄えられた電荷は電池を切り離しても、プラスとマイナスの電荷は互いに引き付けるので、そのまま金属板に残る。

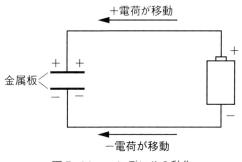

図5-11　コンデンサの動作

　コンデンサは、直流の場合は一瞬だけ流れてすぐに流れなくなるが、交流の場合は一瞬で流れる方向が逆転するので、充電と放電を繰り返して電流を通過させる。したがって、コンデンサは、直流を遮り、交流を通過させる目的で使

| 電荷 | 電気を帯びた粒子 |

用される。また、周波数が高くなるほどよく通すようになる。

コンデンサは単にCと呼ばれ、能力（容量）の単位はファラッド（F）で、通常はμF（マイクロファラッド）、pF（ピコファラッド）のものを使用している。小型のコンデンサは、抵抗器のカラーコードと同じように、3桁の数字で表記している。3桁と2桁の数字が容量の第一数字と第二数字で、1桁目は乗数である。

コンデンサを使用するには耐電圧に注意が必要で、種類によっても異なるが、容量とともに表記してある。

容量を変化できる可変コンデンサもあり、主に周波数の調整などに使用される。電源回路に使用する電解コンデンサには、極性があり回路と極性を合わせて使用する。

図5-12　コンデンサを回路図に書くときの記号

C) コイル

コイルは、電線をらせん状に巻いたもので、インダクタ、単にLと呼ばれる。

コイルの性質の度合いを表す単位は「ヘンリー（H)」が使われる。線材を巻けば巻くほどコイルの性質は強くなり、ヘンリー値も大きくなる。コイルは、中空よりも、鉄心に巻くか、コアと呼ばれる鉄粉を固めたものに巻くとヘンリー値が高くなる。通常の電気回路では、μH～Hまで使われる。

コイルには次のような性質があり、これを活用して、いろいろな回路に利用できる。

①コイルは、電流が流れようとするとそれを阻止しようとし、電流が減少すると流し続けようとする。この性質を利用して、平滑回路に用いられる。

②2つのコイルを近づけて片側に交流電流を流すと、他のコイルに交流電圧が発生する。これを相互誘導作用という。この作用を利用して、電圧の昇降をさせるのがトランスである。

100Vなどの電源をつなぐ側を一次側、誘導した側を二次側と呼ぶ。一次側

耐電圧	電気機器や部品などに電圧を加えたとき、破壊を起こさずに一定時間耐えられる電圧。
平滑回路	交流を直流に変換するとき波形を平らに補正する回路。

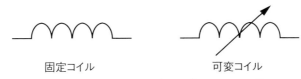

固定コイル　　　　　　　可変コイル
図5-13　コイルを回路図に書くときの記号

の巻き数よりも二次側の巻き数が多いと、二次側に大きな電圧が発生し、二次側の巻き数が少ないと低くなる。二次側のコイルの途中から線（タップ）を出すと、複数の異なった電圧を得られる。また、音の信号も交流なので、トランスを通過する。
③電流が流れると、鉄などを吸い付ける電磁石になる性質がある。この性質を利用したものに継電器（リレー）がある。電流を流したときに、作動するスイッチである。
④コイルに直流を流すと、電流がどんどん流れ続けて、やがて熱でコイルを燃焼させてしまう。交流の場合は、周波数が高くなるほど流れなくなる性質がある。コンデンサは逆なので、コイルとコンデンサを組み合わせて、ある周波数だけを通過させるフィルタを作ることができる。

D）インピーダンス

抵抗器は交流と直流の区別なく電流の流れに抵抗するが、コイルとコンデンサは交流のときだけ抵抗する。インピーダンスは、交流を流したときの抵抗値である。Zの記号で表し、量の単位はオーム（Ω）を用いる。

抵抗器・コイル・コンデンサの性質を整理すると次のようになる。
①交流に対する抵抗
　コイル：周波数が高くなると抵抗は大きくなる。
　コンデンサ：周波数が低くなると抵抗は大きくなる。
　抵抗器：直流・交流の区別なく、周波数による影響もない。
②コイルは磁界、コンデンサは電界をつくり、エネルギーを保存する。
③位相
　コイルは位相を遅らせ、コンデンサは位相を早める。したがって、コイルとコンデンサを組み合わせたイコライザを多用すると、位相が乱れて、音質劣化の原因になる。
④組み合わせによる働き
　コイル＋コイル：電圧を上げたり、下げたりできる。（トランス）

コンデンサ＋コンデンサ：電圧を上げたり、下げたりできる。（昇圧回路）

コイル＋コンデンサ：特定の周波数を通過させる。（フィルタ）

コイル＋コンデンサ：共振を起こし、増幅回路と組み合わせると発振回路ができる。

E）ダイオード

ダイオードは、電流を一方向にだけ流す性質を持つ素子のことである。

代表的なのは、p形半導体とn形半導体を接合したpn接合半導体で、2つの電極を持っている。p形半導体側の電極をアノード（略してA）、n形半導体側をカソード（略してK）と呼んでいる。

ダイオードは図5-14のように、p形側に＋電圧、n形側に－電圧（順方向電圧）を加えると電流が流れ、逆に（逆方向電圧）加えると電流は流れない。この作用を活用して、ダイオードに交流を通過させると、電流の流れを一方向にできる。これを整流という。

ダイオードのカソード側には、マーカーが記されている。

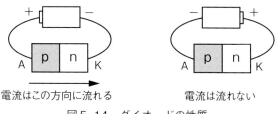

図5-14　ダイオードの性質

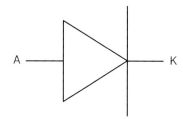

図5-15　ダイオードの記号

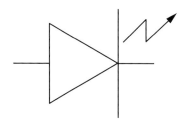

図5-16　発光ダイオードの記号

発光ダイオードは、LED（Lighting Emitting Diode）といい、順方向に電流を流すと発光する性質のpn接合ダイオードである。わずかな電力で鮮やかに輝き、高速で点滅するのが特徴である。

発光ダイオードは接続する電極の長い方がアノードである。

F) トランジスタ

トランジスタは、2つのpn接合半導体を組み合わせたもので、npn形とpnp形がある。トランジスタには、ベース、コレクタ、エミッタと呼ぶ3つの電極があり、作動させるには2つの電源が必要である。

トランジスタを作動させるときは図5-18のように、1つの電源はエミッタにマイナス極、コレクタにプラス極を接続する。この場合、電流は流れない。

もう1つの電源は、ベースにプラス極、エミッタにマイナス極を接続する。これはpn接合半導体に対して順方向電圧を加えたことになるので、エミッタからベースに電子が入り込むので電流が流れる。

ベースの幅を狭くしてあるので、エミッタからベースに入り込んだ電子の大部分は、勢いでコレクタに入り込んでしまう。コレクタにはプラス極がつな

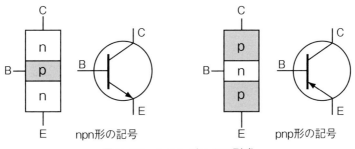

図5-17 トランジスタの形式

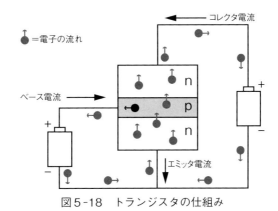

図5-18 トランジスタの仕組み

がっているので、入り込んだ電子はプラス極に引っ張られ、コレクタからエミッタの方向に大きな電流が流れる。

ベースに流れる電流をベース電流（Ib）、エミッタに流れる電流をエミッタ電流（Ie）、コレクタに流れる電流をコレクタ電流（Ic）といい、Ie＝Ib＋Icという関係がある。そして、ベース電流はエミッタ電流やコレクタ電流に比べて約100分の1程度である。これは、小さなベース電流を流すことで大きなコレクタ電流が得られるということである。これがトランジスタの増幅作用である。

G）集積回路／IC

集積回路は、IC（integrated circuit）ともいい、数ミリの小さな四角い基板（チップ）の中に、トランジスタやダイオード、抵抗、コンデンサなどの部品（素子）を多数、組み込んだものである。使用している素子の数により、次のように呼んでいる。

- SSI（small scale IC）：100個未満
- MSI（medium scale IC）：100〜1,000個未満
- LSI（large scale IC）：1,000〜10万個未満
- VLSI（very large scale IC）：10万〜1,000万個未満
- ULSI（ultra large scale IC）：1,000万個以上

H）オペアンプ

オペアンプはoperational amplifierの略称で、十数個のトランジスタで構成するIC化された増幅器である。

図5-19はオペアンプの図記号で、反転入力と非反転入力の2つの入力端子（ターミナル）、1つの出力端子がある。この増幅器を作動させるには、プラス電圧とマイナス電圧を供給する必要がある。

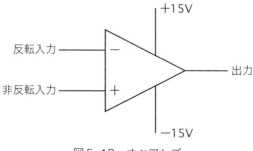

図5-19　オペアンプ

非反転入力にA、反転入力にBという電圧を加えると、出力CにはA-Bの電圧が出てくる。同極性の信号を入力した場合は、打ち消すことになる。

オペアンプは、入力インピーダンスが非常に大きく、出力インピーダンスが非常に小さい。さらに、周波数特性が広帯域、回路設計が簡単なので、音響調整卓のバランス型の入力回路やミクシングの回路、イコライザの回路など、アナログの音響機器に多く用いられている。

第10場　電磁誘導

磁石の力が作用している場所を磁界という。図5-20のように、その磁界の中で導体を動かすと、導体に電流が流れる。導体を動かす方向を逆にすると、電流は逆に流れる。これを電磁誘導といい、発電機の原理になる。マイクロホンも、この原理を応用している。

このときの磁界と導体、電流の関係を説明するのが、フレミングの法則である。

A）フレミング右手の法則

この法則は、右手の親指・人差し指・中指を、それぞれが直角になるように立てて、導体を動かす方向に親指を、磁界の方向に人差し指を合わせると、導体には中指の方向に電流が流れる、というものである。

また、磁界の中に導体を設置して、そこに電流を流すと導体が動く。これはモーターの原理で、スピーカもこの原理を応用している。この原理を説明するのにフレミング左手の法則がある。親指を「イ」、人差し指を「ジ」、中指を「デ」と覚えるとよい。

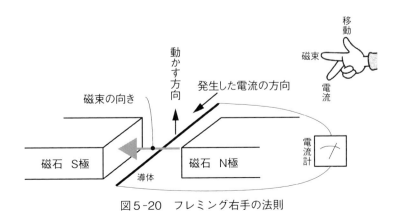

図5-20　フレミング右手の法則

B）フレミング左手の法則

この法則は、左手の親指・人差し指・中指をそれぞれが直角になるように立てて、磁界の方向に人差し指を、導体を流れる電流の方向に中指を合わせると、導体は親指が指す方向に動く、というものである。

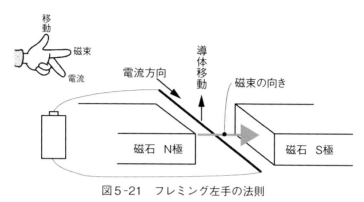

図5-21　フレミング左手の法則

第11場　デジタルの基礎知識

日常、私たちが聞いている音はアナログである。その音をマイクで電気に変換するが、この電気の変化もアナログである。ガラス管の中に液体が入っている温度計は、液体の連続的な伸縮で温度を表示しているので、これもアナログである。

このように、連続的に変化する物理量で表示することをアナログと呼んでいる。

デジタルとは、ラテン語で「指」(digitus)のことで、物の量を表すときに連続した量ではなく、指で1、2、3…と数えるように、離れている数として扱うことをいう。

「時間」は代表的なアナログ量であるが、これを何時、何分、何秒という「数値」で表すのが「デジタル時計」である。音はアナログ量であるが、これを近似的に数値化することを「デジタル化」といい、デジタル化した信号を伝送することを「デジタル伝送」、加工することを「デジタル処理」という。

音のデジタル信号は、アナログ信号の連続的な変化を「符号（数字）」に置き換えたものである。アナログ信号をデジタル信号に変換することをアナログ・デジタル変換（AD変換）といい、この装置をADコンバータ（ADC）という。ADコンバータの入力にアナログ信号を入れると、出力に入力信号の

大きさに比例した**パルス信号**が出てくる。

逆にデジタル信号をアナログ信号に変換することをデジタル・アナログ変換（DA変換）といい、この装置をDAコンバータ（DAC）と呼ぶ。

音をデジタル化するのには、次のようにする。

A) サンプリング

図5-22のようなアナログ信号を、図5-23のように一定間隔で読み取り数値化する。これを「サンプリング（標本化）」という。

1秒間に読み取る回数をサンプリング周波数（sampling frequency）といい、fsと表記する。例えば、サンプリング周波数が48kHzだとすると、1秒間に48,000個に区切り数値化することである。

アナログ信号に復元できる周波数は「サンプリング周波数の1/2以下」の周波数であるという法則があるので、サンプリング周波数が48kHzの場合は、24kHz以下のアナログ信号が復元できる。したがって、サンプリング周波数の数値が大きいほど高音域まで復元でき、再生周波数帯域が広がる。ちなみに、CDは44.1kHzでサンプリングされており、業務用機器は48kHzが一般的で、96kHzや192kHzのものもある。これを量子化という。

次に、サンプリングした信号のひとつ一つの大きさを「デジタルにするため

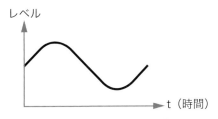

図5-22　原音・アナログ信号

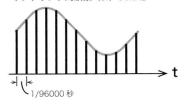
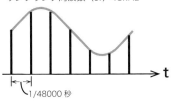

図5-23　サンプリング

| パルス信号 | パルスとは脈拍や鼓動という意味を持っており、鼓動のように一定の時間ごとに現れる電流や電圧の波形をパルス波形、パルス信号と呼んでいる。 |

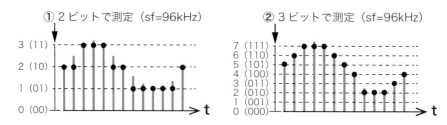

●印は量子化されたレベル➡これを01または001などと符号化する

図5-24　量子化と符号化

の定規」で測定する。

このとき、図5-24のように②は①よりも測定する定規の目盛り（分割数）が細かいので、より正確に測定でき、①は逆に粗いので誤差が発生する。誤差が発生すると「ジャー」という小さな雑音になる。定規の目盛りの細かさは、ビット（bit）という値で表す。

1ビットの定規で読み取ったデジタル信号は、「0」と「1」という2つの符号になる。これを符号化という。2ビットでは2×2で4つ、3ビットでは2×2×2で8つという具合に、1ビット増えるごとに表現可能な値は倍々となり、8ビットでは2の8乗で256、16ビットでは2の16乗で65,536通りにもなる。

1ビット→　0, 1
2ビット→　00, 01, 10, 11
3ビット→　000, 001, 010, 011, 100, 101, 110, 111
8ビット→　8桁で表示、256通りの符号に変換
16ビット→　16桁で表示、65,536通りの符号に変換

このように、ビットが高くなれば、より精密に読み取れるのである。

音響信号として表現できる最小値は、たとえば最大値が1ボルトの信号を扱う場合に8ビットなら、

$$1 \div 256 = 0.00390625$$

となって表現できる最小値は約0.004ボルトとなる。

16ビットでは、

$$1 \div 65536 = 0.0000152587$$

となり、最小値としては約 0.00001 ボルトとなる。

この最小値より小さい信号は表現できずに雑音となってしまうので、ビット数が大きいほど微小レベルの音まで表現できることになる。

したがって、音響的に見た SN 比もビット数によって決まる。基本的な SN 比は、次の式のようにビット数に 6 を乗じて計算する。

SN 比＝ビット数×6

たとえば、16 ビットの SN 比は

16×6＝96

で、約 96dB となる。

このように、ビット値が大きくなれば SN 比が良くなって微小レベルも表現できるので、プロ用機器では 24 ビットが用いられている。

デジタル化はアナログ信号を符号に変換することなので、デジタル信号を伝送する段階で、アナログ信号のように外部から雑音が入り込むことはない。また、デジタル信号のままコピーを繰り返しても信号は劣化しない。

B）デジタル機器の諸問題

サンプリング周波数を高くすると高音域が伸び、ビット数を大きくすれば SN 比も良くなるが、それだけデジタル信号の交通整理をする**デジタルシグナルプロセッサ（DSP）**がデジタル信号処理を高速で行う必要があり、コストが高くなる。

AD 変換や DA 変換の信号処理は超スピードで行っているが、数ミリ秒の時間が掛かるので、アナログをデジタルに、デジタルをアナログに変更するときに時間的な遅れが発生する。この遅れを**レイテンシー**と呼んでいる。

デジタルのデータを記録するとき、媒体（メディア）によって記録できる分量（容量）が異なる。またはデジタルデータをネットワーク回線で伝送するとき、データ量が大きいと伝送に時間がかかる。メディアの規定容量以上のデー

デジタルシグナルプロセッサ（DSP）	いくつものデジタル信号を合成させたり、振り分けたり、変形させるなどの作業をする回路で、デジタル機器の拠点である。同時に処理できるデータ量と作業速度で、性能が評価される。性能の高い DSP を大量に組み込めば、超高速で作業できる装置になる。
レイテンシー	待ち時間、反応速度の意。電子回路における信号の伝送、変換、メモリ書き込みや読み込みなどに掛かる時間のこと。デジタル機器の性能評価の一つ。

タを記録するには、圧縮技術を用いて、小さなデータに作り替えて記録する。また大容量のデータをネットワーク回線で伝送するときは、データを圧縮して送信する。

　音のデジタルデータの圧縮とは、実際に人間の耳には聞こえていない部分を捨ててしまって、小さなデータに作り替えることである。たとえば大きな音が鳴ったとき、小さな音はかき消されて聞こえない。また、大きな音が出た後の小さな音は聞こえない。このように聞こえなくなっている音のデータを削除して小さなデータにすることが圧縮である。不要な部分を探して削除する作業を一瞬のうちに行うのである。圧縮技術は、デジタル信号の容量を小さくして大量に伝送、保存するには不可欠で、いろいろな分野で活用されている。

C) DSD方式

　DSDはDirect Stream Digitalという方式のことである。

　この方式は、アナログ信号を1ビットのデジダル信号に変換して記録する方式である。したがって、二次元的な処理のPCM方式に対して、DSD方式は「1か0か」だけの一次元的な処理である。

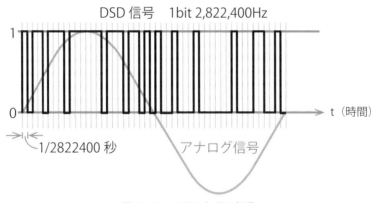

図5-25　DSD方式の信号

　DSDの2.8MHz、5.6MHz、11.2MHzという性能の意味は、1秒間に行うオンとオフの切り替え回数のことで、これをサンプリング周波数という。この数値が高くなれば、より高い精度で記録できるということになる。

　DSDは、原理的に超高域に量子化ノイズが発生するが、サンプリング周波数を高くするとノイズが発生の帯域がより高くなり、可聴帯域から遠ざけることができる。

　なお、この方式は編集作業を、そのまま行うことはできない。

第6幕

マイクロホン

第1場　マイクロホンの構造

マイクロホンは音波を電気信号に変換する機器で、音で動かす小さな発電機と考えてよい。

マイクロホンは、構造が同じであっても指向性、機種、音源との距離、設置角度の違いで音質が変化する。

音源に適したマイクロホンを選定することは非常に重要なことで、歌手や演奏者が替われば適するマイクロホンも異なり、設置の方法によって良いマイクロホンにも悪いマイクロホンにもなる。

電気信号に変換する方法には下記のようにいろいろあるが、一般的に使用されるのは、ムービングコイル型とコンデンサ型である。

- ●ダイナミック型マイクロホン
    - ムービングコイル型マイクロホン
    - リボン型マイクロホン
- ●コンデンサ型マイクロホン
    - DCバイアス・コンデンサ型マイクロホン
    - エレクトレット・コンデンサ型マイクロホン
- ●カーボン型マイクロホン
- ●セラミック型マイクロホン

A) ダイナミック型マイクロホン

ダイナミック型マイクロホンには、ムービングコイル型とリボン型があり、フレミング右手の法則を応用して音波を電気信号に変換している。

A-1　ムービングコイル型

ムービングコイル型は図6-1のように、ダイアフラム（振動板）を取り付けたコイルの中に永久磁石を設置したもので、音波に応じてコイルが動くとコイルの両端に電気信号が発生する仕組みである。

温度や湿度の影響を受けにくく、動作が安定していて、音質は重厚である。コイルを使用しているので**電磁誘導ノイズ**を拾いやすい。頑丈で壊れにくいので、乱暴に扱うことが多いロック系コンサートに多用されている。

電磁誘導ノイズ　商用電源による50Hzまたは60Hzの電磁波、インバータを使用した機器の電磁波、SCR調光器の高調波などが音響機器に入り込んで発生するノイズ。

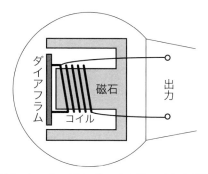

図6-1　ムービングコイル型マイクの構造

A-2　リボン型

原理はムービングコイル型と同じであるが、薄いアルミ箔をリボンのひだ状にしたダイアフラムを使用している。ベロシティマイクとも呼んでいる。

柔らかい音が特徴であるが、衝撃や風によって壊れやすいので舞台や屋外での使用に向いていない。ネオジム磁石を使用することによって小型化され、安価になって復活したが、ネオジムは高熱に弱いので注意が必要である。

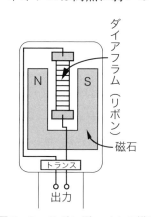

図6-2　リボン型マイクの構造

B) コンデンサ型マイクロホン

静電容量の変化を利用して、音圧を電気信号に変換するマイクである。

B-1　DCバイアス・コンデンサ型マイクロホン

図6-3のように、外部から直流電圧（バイアス電圧）を加えて、固定電極とダイアフラムとの間に電荷を蓄えてコンデンサを形成させる。

音波によってダイアフラムが動くと固定電極との間隔が変化し、静電容量が変化する。そして、その変化が電気信号に変換される。作動させるには、電極とアンプに電源が必要である。

原音に対する追従性に優れているので歯切れが良くて繊細な音質で、低音が

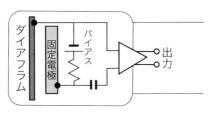

図6-3　コンデンサ型マイクの構造

豊かでダイナミックレンジが広い。湿気に弱いので、乾燥している場所に保管するとよい。ダイアフラムが湿気ると「ブツブツ」、「ジリジリ」というノイズが発生するので、そのときはドライヤーなどで乾燥させると回復する。ただし、50cm以上離してやわらかい風を当てるようにする。また、衝撃により壊れやすいので、扱うときに落とさないよう注意をする。

B-2　エレクトレット・コンデンサ型マイクロホン（ECM）

コンデンサ型と同じ原理であるが、エレクトレット効果を応用している。

合成繊維やプラスチックなどを**エレクトレット効果**によって半永久的に帯電させて、バイアス電圧を不要にしたコンデンサ型マイクである。

小型で軽量に製造できるのが特徴で、現在のコンデンサ型の多くはエレクトレット方式である。

電源を必要とするのは内蔵アンプだけなので、小容量で足りる。1.5Vのマンガン乾電池1本で約5,000時間も使用できるものもある。調整卓内蔵の48V直流電源をマイクケーブルで供給する「**ファンタム（ファントム）電源**」も使用できるものもある。小型軽量なので、隠しマイクにも適している。

C）カーボン型マイクロホン

2枚の電極の間に炭素の粉（カーボン）を入れたもので、電極間に直流電流を流す。この状態で片方の可動電極（ダイアフラム）を音で振動させると、電極と炭素の粉との接触抵抗が変化して、電極に音に比例した電圧の変化が現れる。

この原理のマイクがカーボンマイクである。

エレクトレット効果	合成繊維・フィルム・プラスチックなどの物質に高い直流電圧をかけると、電圧を取り去っても物質にプラスとマイナスの電荷（電気）が残っている効果。
ファンタム（ファントム）電源	コンデンサマイクを作動させるための電源を、調整卓に内蔵された電源からマイクケーブルの信号線を用いて供給する方式。48Vが標準。ダイレクトボックスにも採用されている。

頑丈で感度も高いが、音質が悪く、音圧が高くなると歪みやすい。古い電話機などに使用されている。

D) セラミック型マイクロホン

セラミックを電極で挟み、圧力をかけると電圧が発生するというピエゾ効果を応用したマイクで、音波の変化に応じた電気信号が得られる。

第2場　マイクの性能

マイクロホンのカタログには、次のような項目が書かれている。数値だけでマイクの良し悪しを判断することは難しいので、傾向を判断する材料として読めばよい。

A) 感度

感度は、マイクに1Pa（パスカル）の音圧を加えたとき、マイクの出力端子にどれだけの電圧が得られるかを示す数値のことで、出力1V（1000mV）を基準値として0dBと定め、「-40dB re 1V/Pa」または「10mV/Pa 1kHz」などと測定条件を記してデシベルまたは電圧で表示している。1kHzとあるのは測定に用いた周波数である。

mV/PaとdBの関係は次のようになる。

100mV/Pa	→	-20dB
10mV/Pa	→	-40dB
5mV/Pa	→	-46dB
2mV/Pa	→	-53.9dB
1mV/Pa	→	-60dB

感度が高ければ良いマイクということではなく、またメーカによって測定条件が違うので、目安として把握しておけばよい。

1960年代はリボンマイクが主流で、その感度は70dB程度と低かったが、音質はよかった。その頃からリボンマイクは感度が低いと言われてきたが、現在のリボンマイクの感度は40dB程度になっている。

B）周波数特性

　周波数特性は、周波数に対する感度の変化を表したもので、横軸に周波数、縦軸に出力レベルが目盛ってある。側面（90°）と背面（180°）の特性を表示することもある。カタログには、「50Hz～15kHz」とだけ表示していることもある。

　マイクは正面の特性だけでなく、側面や背面の周波数特性も重要である。周波数特性を見て、どの楽器に適しているかを決めるのは難しいが、おおよその傾向は把握できる。

　例えばボーカル用マイクで、握ったときに出るグリップノイズや口に近づけたときに低音が大きくなる近接効果の対策をしているかは、低音域の特性をみれば分かる。

　図6-4の周波数特性を見て、ダイナミックの単一指向性と読み取れる。低音域の下降と4kHz周辺の上昇が特徴である。

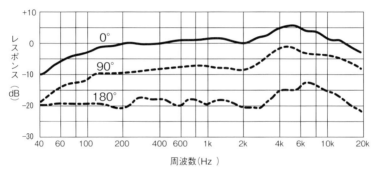

図6-4　マイクの周波数特性

C）固有雑音

　マイクの固有雑音は、外部からの誘導雑音や振動雑音、風雑音を除いたもので、マイクヘッドのエネルギー変換機構から発生するノイズである。

　ダイナミック型の固有雑音は、問題にならない程度なのでカタログには掲載されていない。

　コンデンサ型マイクは、内蔵アンプの雑音が問題になる。カタログには固有雑音または自己雑音として表記してある。ダイアフラムの湿気で発生する雑音は、環境によるものと解釈して固有雑音に含めない。

D）最大入力音圧

　マイクに過大入力が加わると高調波歪みが発生して、動作が不安定になる。

歪みが発生しない限界の音圧を最大入力音圧といい、dBSPLで表記する。大きな和太鼓だけでなく、音源にマイクを近接させれば高音圧が加わる。ボーカルでも口元に接近させると130dBになることもある。コンデンサ型の場合は、過大入力でエネルギー変換部が不安定になり、振動板が固定電極に張り付くこともあるので注意が必要である。ボーカル用でないコンデンサ型マイクを、歌い手の口元に近づけて使用すると故障する恐れがある。

一般的なマイクの最大入力音圧は130dBSPL～140dBSPLで、160dBSPLのものもある。

ダイナミック型のカタログには、最大入力音圧が表示されていない。ダイナミック型は、通常の音源の最大音圧程度ならば歪みを起こさないからである。

E）指向性

指向性は、どの方向から来た音を良く収音するかという特性である。収音する度合いを「感度」といい、その度合いが大きいことを「感度が高い」という。

指向性には、無指向性、双指向性、単一指向性がある。

E-1　無指向性／全指向性（Omni-directional／Non-directional）

図6-5のように、どの方向からの音もダイアフラムを振動させ、すべての方向に対して感度が一様なのが無指向性マイクである。全指向性とも呼んでいる。ただし、背面の高音域は少し低下する。

Oまたは○で表記する。

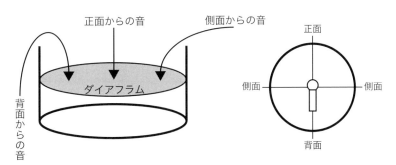

図6-5　無指向性

E-2　双指向性／両指向性（Figure of eight／Bi-directional）

正面と背面の感度が高く、側面の感度が低いものが双指向性マイクである。

| 歪み | 形が変形すること。原音に対して変形した音になることで、機器の性能が悪かったり、使い方を間違えたりすると歪みが発生する。 |

図6-6のように、側面からの音はダイアフラムの両面に同相で到達するので、両方から同じ圧力が掛かってダイアフラムは動かない。

背面に回り込んだ音を程好く収録して音に艶を付けたい三味線や琴などに適している。またラジオのトーク番組で、向き合ってしゃべるときに中央に設置して使用する。

また、側面の感度は単一指向性より低いので、側面の音を拾いたくないときに使用するとよい。

Ｂ(ビー)または数字の8(はち)と表記する。

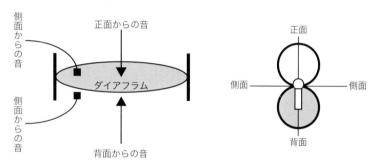

図6-6　双指向性

E-3　単一指向性（Uni-directional）

無指向性と双指向性の特性を合成する構造にして、一方向の音を収音するようにしたのが単一指向性である。図6-7のように、背面からの音は振動板の両面に同相で到達するように細工して、ダイアフラムが振動しないようにしてある。

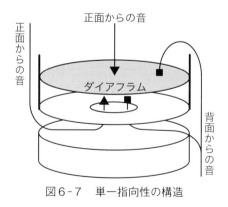

図6-7　単一指向性の構造

無指向性と双指向性の感度を同一（1：1）にして合成した場合は、心臓の形をしているのでカーディオイド（cardioid）とも呼ばれる。無指向性の感度を1/2にして合成すると、カーディオイドより鋭くなるが、背面の感度がわ

ずかに上昇する。この指向性をスーパー・カーディオイド（super-cardioid）という。さらに指向性を強くしたのがハイパー・カーディオイド（hyper-cardioid）である。

背後の感度が低いので、ハウリングや余計な音が入り込むのを避けるため、

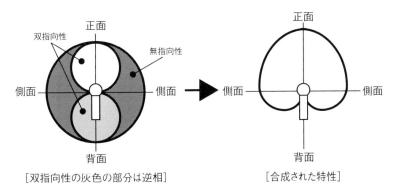

図6-8　カーディオイド

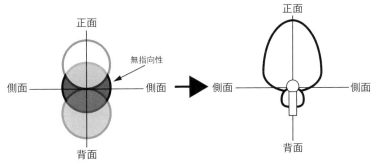

図6-9　スーパー・カーディオイド

《不用意な持ち方》

SRで多用される。

単一指向性のグリルの部分を写真のように握ると音質と指向性が変化するので注意しなければならない。

E-4　超指向性（ガンマイク／ショットガンマイク）

ハイパー・カーディオイドよりも指向性を鋭くして、遠距離の収音を可能にするライン型がある。直径20mm程度の長いパイプの端に無指向性または、単一指向性のマイクを取り付けて収音するもので、パイプの側面に小さなスリットを設けて鋭い指向性にする。通常、超指向性またはガンマイクと呼んでいる。

図6-10のように、パイプの側面に同間隔で4個のスリットを設けたとき、音はどのように進入してダイアフラムに到達するかを考えてみる。

正面からの音は、先端からと側面のスリットから入りパイプの中を経由してダイアフラムに到達する。この場合、すべての経路は同一距離になるので、マイクに到達する時間は等しくなり、**位相干渉**は生じない。

側面からの音は、正面も含めて5箇所から入って、マイクカプセルに到達するまでに時間差（位相差）が生じ、位相干渉して打ち消し合い感度が低下する。

背面からの音は、位相差が1波長以上になる経路が発生して、位相干渉しないポイントができるので図6-11のようにタコ足の形になる。

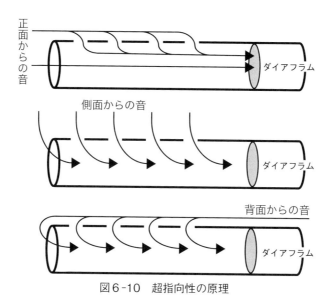

図6-10　超指向性の原理

| 位相干渉 | 位相が異なる信号を合成すると互いに影響して、周波数特性などを変形させたり、打ち消したりすること。同じ位相ならばレベルは大きくなる。遠回りした音は、到達時間が遅れるので、位相が遅れることになる。 |

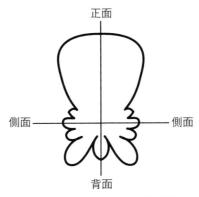

図6-11 ガンマイクの指向性

《ガンマイク（AT4071a／オーディオテクニカ製）》

スリットの間隔を細かくして多くすれば、滑らかで鋭い指向性になる。

位相差は周波数が高いほど大きくなるので、高い周波数に対しては鋭い指向性になるが、低い周波数になるにつれて指向性が緩くなる。

第3場　近接効果

マイクを音源に近づけると低音が強調される現象を近接効果という。この現象が現れる度合いは、次のように指向性で異なる。

　　双指向性＞単一指向性＞無指向性

ボーカル用の単一指向性マイクは、口に近づけて使用するので、初めから近接効果を見込んで150Hz以下の感度を下げてある。したがって、ボーカル用マイクを音源から遠ざけて使用すると低音が不足する。このように、音源に近づけたときに本来の性能を発揮するマイクと、遠くの音源を収音するのに適したマイクがある。

近接効果を活用して、低音域を強調するために、マイクを音源に近づけて使用することもある。

双指向性と単一指向性のマイクは、音源との距離を調整することで音質の調整が可能なのである。

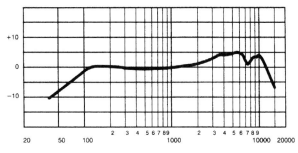

図6-12　ボーカル用マイク（SM58）の周波数特性

第4場　風雑音と振動雑音

　マイクに風が当たると「ボソ」、「ボコン」というノイズが発生する。これを風雑音（かざざつおん）という。スピーチやボーカルのとき、吐く息によりノイズを発生するが、これも風雑音の一つで、「ブレスノイズ」、「ポップノイズ」または「吹かれ雑音」と呼んでいる。

　風雑音の度合いは、次のように指向性で異なる。

　　双指向性＞単一指向性＞無指向性

　風雑音を少なくするには、**ウインドスクリーン**を被せて、マイクに当る風を弱くする。ただし、ウインドスクリーンを使用すると音質が少し悪くなる。ハウリングの心配がなければ、風雑音の少ない無指向性のマイクを使用するのもよい。

　マイクを握ったり、擦ったり、スタンドにつまずいたりすると「ゴソゴソ」というノイズが発生する。これは接触した振動がマイクのダイアフラムに伝わ

《スポンジ製のウインドスクリーンと装着した例》

ウインドスクリーン　マイクに風が当たらないように、マイクに被せる風よけの器具で、スポンジ製が一般的である。

《ガンマイクに装着したウインドジャマー》

るからで、これを振動雑音と呼ぶ。マイクケーブルに触れても、衣裳で擦れても発生する。床の振動はスタンドを経由してマイクに伝わる。振動雑音の発生度合いも、風雑音と同様に、指向性によって異なる。

ドラムなど床を振動させる楽器には、マイクスタンドまたは楽器の下に防振材を敷くとよい。また、マイクを天井から吊るのもよい。

第5場　特殊なマイク等

マイクは、スタンドに取り付けたり、吊ったりして使用するのが一般的な使用方法である。この他に、床や壁に設置するもの、体に装着して使用するもの、楽器の振動をそのまま電気信号に変換するものがある。

A）ピンマイク

ラペルマイク、ラベリアマイク、タイピンマイク、クリップマイクなど、さまざまな呼び名がある。無指向性と単一指向性のものがある。無指向性は数mmの超小型のものもあるが、単一指向性では10mm程度の大きさになる。

通常、ピンマイクは襟や胸に装着するが、頭を動かすと口との距離が変化するので、音質と音量が変化する。

《ピンマイク（MKE2／SENNHEISER製）》

《ピンマイクの一般的な装着例》

　セリフやスピーチに使用するには、衣裳に装着したときのノイズ、頭を動かすことによる音質とレベルの変化、口元に装着したときのブレスノイズなどを考慮すると、無指向性が適している。

B) **コンタクトピックアップ**

　楽器の振動を直接収音するマイクで、楽器に両面テープで貼り付けたり、器具で取り付けたりする。取り付け位置や方法で音色が異なるので、装着は演奏者の好みに応じることが多い。音質上は満足しないこともあるが、他の楽器が収音されないし、ハウリングを起こしにくいので大音量の SR に用いられる。

　普通のマイクによる収音と合成して音質を改善することもある。

《コンタクトピックアップ（YAMAHIKO 製）》

C）ダイレクトボックス（direct injection box／DI）

電気楽器の出力信号を分配する機器である。

図6-13のように、楽器の出力をダイレクトボックスの入力端子に接続して、出力端子から調整卓の入力と楽器アンプの入力に接続する。

電源が不要のトランス型（パッシブ型）と電源を必要とするアンプ型（アクティブ型）がある。電源は、電池方式とファンタム方式、併用式がある。

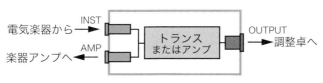

図6-13　ダイレクトボックスの接続方法

第6場　セッティングの要点

マイクの設置作業は、マイクをスタンドなどに取り付け、マイクケーブルで調整卓に接続して、マイクの出力信号を調整卓に送り込むことである。

A）マイクの接続

マイクには、ピンが突き出たコネクタが付いており、「オス」と呼ばれている。コネクタは、図6-14のように3個のピンがあって、①番がグラウンド（アース）、②番がホット（＋）、③番がコールド（－）になっている。

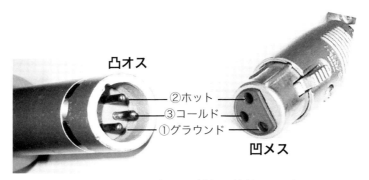

図6-14　マイクのコネクタ（左）と接続するコネクタ

マイクに接続するケーブルのコネクタは、ピンを差し込む穴が付いているコネクタである。

使用されるコネクタは、キャノンコネクタと呼ばれるものである。これは米

国のCannon Electric社（現在はITT Corporationの傘下）で開発したXLシリーズのXLR型コネクタで、現在はいくつかのメーカが互換品を製造しており、XLRタイプと称している。

　このコネクタは、接続時に1番ピン（グラウンド）が最初に接続する構造になっていて、接続時にノイズが発生しないようになっている。

　マイクケーブルは、図6-15のように信号を伝送する2本の線があり、その周囲を網状のシールド線で覆って外部からのノイズ進入を防いでいる。また、信号を伝送する線は極性を決めて接続するので、色分けされている。通常、黒または青の線をホット（＋）、白い線をコールド（－）にする。

図6-15　マイクケーブルの構造

　マイクケーブルの両端には、凸コネクタと凹コネクタが付いているので、繋いで延長できる。

　マイクから調整卓までの距離が短いときは、通常のマイクケーブルで接続するが、使用本数が多く長距離を配線するときはマイクケーブルを多数束ねた「マルチケーブル」を使用する。このケーブルをスネークケーブルと呼ぶこともある。

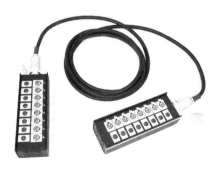

《マルチケーブルとマルチコネクタ（カナレ電気製）》

　マルチケーブルは、距離が長くなるにつれて高音域が減衰し、**クロストーク**も多くなるので、数10mが限界である。

　そこで、図6-16のようなLANケーブルを使用してデジタル伝送すれば、

| クロストーク | 目的以外の信号が混入すること。複数の回線を使用するとき、隣接する回線に信号が漏れやすい。 |

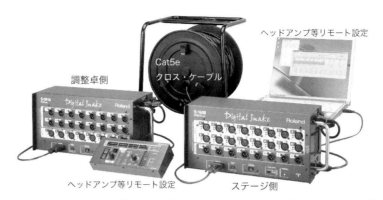

図6-16 デジタル伝送マルチ回線（デジタル・スネーク）／ローランド製

100mまで音質の劣化もなく、クロストークも改善できるし、外部からのノイズ混入もない。また、光ケーブルを使用すれば、音質を劣化させることなく、さらに長距離伝送が可能になる。

劇場では図6-17のように、舞台袖コネクタ盤〜調整卓まで配線されている既設の回線を使用している。

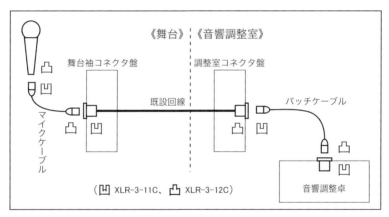

図6-17 既設のマイクのアナログ回線

B）スタンドへの取り付け方法

マイクは、スタンドに付けるか、吊るして使用する。テーブルの上に置いて使用する小型マイクは、スタンドに付いたものもある。

マイクスタンドには、次のような機種がある。

B-1　卓上スタンド／テーブルスタンド

卓上スタンドは式典、講演会などで演台やテーブルの上にマイクロホンを設置するためのものである。

邦楽では、山台（演奏者が乗る台）に座って演奏するので、卓上スタンドを使用することが多い。卓上スタンドには、引き伸ばして高さを20cm〜40cm

程度調整できるもの、床面に設置するための「ベタ」と呼ばれるものなどがある。

《卓上スタンド、左は2段伸縮型》

B-2　フレキシブル・シャフト

　フレキシブル・シャフトは、スプリング状になっていて、くねくねと自在に曲がるものである。略して、フレキと呼んでいる。グースネック（ガチョウの首）ともいう。卓上スタンドやフロアスタンドに取り付けて使用するものもある。

《フレキシブル・シャフト》

B-3　床上スタンド／フロアスタンド

　舞台の床に設置して使用するスタンドで、伸縮させて高さの調節ができるスタンドである。マイクスタンドの標準形で、式典、講演会だけでなく楽器の収

音にも多く使われ、使用頻度の高いスタンドである。フレキシブル・シャフトが付いたものもある。

《フロアスタンド（左）、ブームスタンド（右）》

B-4　ブームスタンド

　ブームスタンドは、フロアスタンドに横棒(アーム)を取り付け、横棒の長さと角度を自在に調整できるようにしたものである。高さも自由に調整でき、音源に対してマイクロホンを任意の位置から狙うことができる万能型スタンドである。音源の位置が低いものには、卓上スタンド程度の高さのミニブームスタンド（ショートブームスタンド）がある。

　三脚は演奏者に向けて広げた形にすると演奏者の邪魔にならない。また、楽器用に重たいマイクを取り付ける場合は、マイクの方向に脚を向けると倒れにくくなる。

図6-18　三脚の設置例

B-5　吊りマイク装置

　マイクロホンを天井から吊るための装置で、コンサートホールでは必需品である。3箇所からワイヤーで吊った3点吊り装置が標準的で、その他に2点吊り、1点吊りがある。電動で高さが可変でき、設定状態をメモリできるものもある。

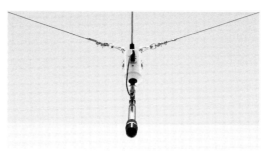

《3点吊りマイク装置》

B-6　スタンド取り付けネジ

　スタンドへの取り付けネジは、AKG規格（3/8インチ）、SHURE規格（5/8インチ）、BTS規格などが存在するので、合致するスタンドを選んだり、変換ネジを付けたりして使用する。

《スタンドネジ各種》

C）ケーブルの処理

　マイクに接続したケーブルは、スタンドを倒すことのないように、スタンドの足の下を通すか、ケーブル・フックに掛けるとよい。このようにすれば、スタッフなどがケーブルに足を引っ掛けてもスタンドが倒れることはない。

《ケーブルの処理例－1－》

また、ブームスタンドを用いてマイクを下に向けて取り付ける場合は、マイクがホルダから抜けても落下しないように、ケーブルをブームに1回〜2回巻き付けるとよい。《ケーブル処理例－2－》

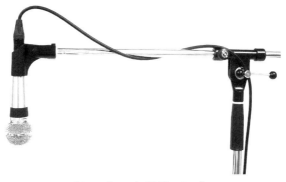

《ケーブルの処理例－2－》

マイクスタンドは観客席から見て、目立たないように、美しく、そして演者の邪魔にならないように整然と設置する。

また、ケーブルの処理は出演者や観客の安全を第一に考え、さまざまなアクシデントを想定して行う。

出演者や観客の通路をマイクケーブルで横切るのは避けたい。止むを得ず横切るときは、マットや保護カバーで**養生**（ようじょう）する。

ヨーロッパのコンサートホールでは、ケーブルを床に這わせることを禁止しているところもある。演奏者や指揮者が登場する際に、ケーブルにつまずいたのでは困るからである。吊りマイクは、この対策にもなるし、床からの振動雑

《ケーブル処理の例》

| 養生 | 危険な箇所などをシートやマットで保護すること。観客や出演者の通路などにケーブルを這わせるときや、観客の手が届く場所に機材を設置するときは養生して、安全を確保する。ケーブルの保護にもなる。 |

音の回避にもなるので、コンサートホールで多用されている。

　また、舞台は視覚的に美しくなければならないので、ケーブルは整然と処理する。ケーブルの本数が多いときは、できるだけグループごとにまとめる。

D）ケーブルの巻き方

　マイクケーブルの巻き方には様々な流儀があるが、図6-19のように巻く「8の字巻き」が標準である。8の字巻きにすると、ケーブルに巻き癖ができないので、作業しやすいからである。

図6-19　8の字巻き

　ただし、解す方法を間違えると、結び目がたくさんできてしまうので注意を要する。5m以下の短いケーブルは、ストレートに巻いたほうが扱いやすい。

　巻いたケーブルを片端で結わえるのは、ケーブルに癖が付き傷むので、ケーブルの片端に紐を付けて結ぶ方法が一般的である。紐は、メス側に付けると、マイクのところに紐がぶら下がり見映えが良くないので、オス側に付けるとよい。

　図6-20は、床に巻く8の字巻きで、マルチケーブルなど太いケーブルの巻き方であり、8の字巻きの原形でもある。

図6-20　8の字巻きの原形（床8）

E) 音質切り替えスイッチの設定

コンデンサ型マイクは、音質を切り替えるスイッチを内蔵しているものが多く、低音域を減衰させるものと、高音域を上昇させるものがある。

低音域減衰のスイッチは、近接効果による低音域の上昇や低音域の被り込み、**グラウンドノイズ**などを減少させるために使用される。切り替えスイッチの表示は「75Hz、150Hz」、「M、V1、V2」、「0、1、2、3、4」などとメーカによって異なる。

MはMusicの略で楽器収音のためのフラットな特性、VはVoiceの略で言葉の明瞭度を改善するために低音域を減衰させた特性で、V2はV1よりもさらに低音の減衰が大きい。数字で表示してあるものは、0がフラットで、数値が大きくなるほど低音域の減衰が増える。

Hzで表示されている場合は、その周波数以下を減衰させることを示している。

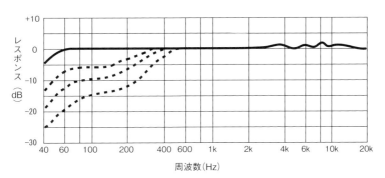

図6-21　低音域減衰3段切り替えの場合の周波数特性の変化

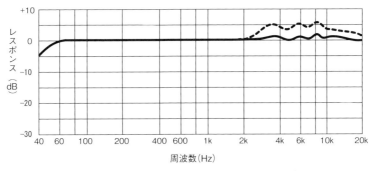

図6-22　高音域ブーストの周波数特性の変化

> **グラウンドノイズ**　人が発する音以外の、各種電気機器の動作音、空調の風音、外部から漏れてくる音などを総合してバックグラウンドノイズまたは暗騒音という。日常はあまり気にならないが、マイクを通すと際立って聞こえる。略してグラウンドノイズと呼んでいる。

高音域ブーストは、音色の補正に用いられるもので、輝く音にするという意味でブライトスイッチとも呼ばれる。

《音質切り替えのスイッチ（左）、出力レベル切り替えスイッチ（右）》

F) 出力レベル切り替えスイッチ

コンデンサ型マイクは小型のアンプを内蔵しているので、出力レベルをある程度、自由に設計できる。そのため一般的に、コンデンサ型マイクの出力レベルはダイナミック型に比べて大きくなっている。

また、コンデンサ型マイクには、出力レベルを切り替えできるものが多い。定格のレベルを減衰する形になっていて、－10dBなどと表示してある。

G) 指向性切り替えスイッチ

指向性を切り替えできるマイクがある。機械的な構造を切り替える方式と、電気回路で切り替える方式がある。機械的なものは、構造がデリケートなので、切り替え操作は丁寧にしなければならない。指向性の表示は「U・O・B」となっていて、それぞれ「単一指向性・無指向性・双指向性」を示している。Uはuni-directional、Oはomni-directional、Bはbi-directionalの略である。また、写真のように、記号で表示することもある。

《指向性切り替えスイッチ》

H) マイクの分岐

SR、はね返り、録音などでマイクを共用することがある。そのためのマイクの出力信号の分岐方法は、マイクの直後で分ける「ヘッド分岐（あたま分け）」と、ヘッドアンプの出力のラインレベルで分ける「ライン分岐」がある。

分岐方法には、次のような型がある。

H-1　パラ分岐

単純に回路を分岐したもので、途中に部品は挿入されていない。ハイインピーダンスの機器に接続するのに多用されるが、分岐先のトラブルの影響を受けやすい。純パラとも呼ばれている。

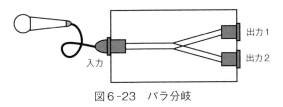

図6-23　パラ分岐

H-2　抵抗分岐

抵抗器を用いて分岐するもので、インピーダンス600Ωで使用するものである。6dBのレベル減衰がある。

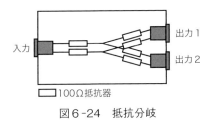

図6-24　抵抗分岐

H-3　トランス分岐

通常はインピーダンス600Ω用であって、トランスを使用しているので分岐先からのノイズの混入を防止できる。

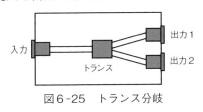

図6-25　トランス分岐

H-4　マルチケーブルによる分岐

図6-26はマルチケーブルを使用して、必要な箇所にケーブルを延長してコネクタボックスを設けて分岐する方法である。これはパラ分岐なので、インピーダンスが低下して低音域が減衰し、レベルも低下するので、3分岐が限度である。

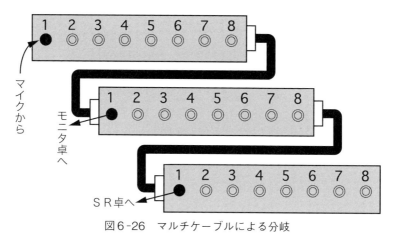

図6-26　マルチケーブルによる分岐

H-5　ラインレベル分岐

　録音クルーが高性能なヘッドアンプを持参して、舞台袖に設置することがある。その操作は調整卓位置からリモートコントロールで行うことができる。このようなヘッドアンプには、ラインレベルの出力が2～4付いており、分岐回路として使用できる。この場合、分岐先のトラブルの影響を受ける危険性はない。

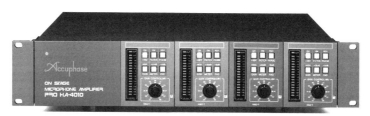

《出力が3回路ある4チャンネル・ヘッドアンプ／アキュフェーズ製》

第7場　マイク・チェック

　マイクの仕込みが完了したら、正しく接続されているか、故障していないか、ノイズが混入していないかなどをチェックする。

　この作業を他の分野と同時に行うときは、邪魔にならないように、手際よく済ませるよう心掛ける。

A）回線チェック

　回線チェックは図6-27に示す、回線番号表（線番表または回線リスト）のとおりに接続されているかをチェックすることである。

マイクの頭を指先で軽く擦って行うと、確実にチェックできる。

楽器が接続されていないダイレクトボックスのチェックは、楽器に接続するフォンプラグの先端を指で触れて、「ブーン」というノイズを発生させてチェックをする。これを「ホットタッチ」と呼んでいる。

回線番号	楽器名	マイク	スタンド	備考
1	B	C38B	ST-259	
2	B.Dr	MD421	ST-260	
3	S.N	SM-57	ST-210	
4	H.H	C451	ST-210	75Hz cut
5	Gt	SM-57	ST-210	
6	Pf-Low	C414	ST-210	
7	Pf-High	C414	ST-210	
8	Vo	WL	hand	

図6-27　回線番号表

B）動作チェック

マイク本来の音質が保たれているかどうかのチェックで、回線不良による音質劣化とマイクの故障を点検する。

いつもの人の声で『ワン、ツー』と発声して、いつもと同じ声が出ていればOKである。このとき、マイクの音質切り替えスイッチが指示どおりになっているかも確認する。

C）極性チェック

マイクの出力は、コネクタの2番ピンにホット、3番ピンにコールドを接続しているが、回線の都合で接続が逆になることがある。また、マイク自体の極性が逆になっていることもある。

極性が逆になっていることを逆極性といい、同じ極性のことを同極性という。逆極性のマイクを使用すると位相干渉で音質とレベルの変動を起こすことがある。

同音量で逆極性の音を調整卓でミックスすると、図6-28のように、打ち消しあう。調整卓には、すべてのマイクを同極性で接続するのが基本である。同極性で接続されているかどうかの点検を極性チェックという。

極性チェックには、音声で行う方法とフェーズ・チェッカを用いる方法がある。

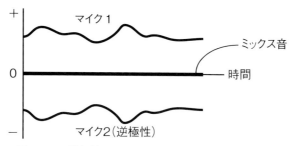

図6-28　逆極性のマイクで収音した信号のミックス

C-1　音声で行う場合

音声で行う場合は図6-29のように、2本のマイクを接近させて中央で「アー」などと発声しながら、双方のマイクを同一レベルにしたとき、「音声が消えれば逆極性」、「大きくなれば同極性」と判断する。

逆極性の場合は、調整卓の極性反転スイッチ（φと表記）で反転させて同じ極性にする。基準マイクを持ち歩き、この作業を繰り返して行い、すべてのマイクを同極性にする。

図6-29　音声で行う極性チェック

C-2　フェーズ・チェッカで行う場合

フェーズ・チェッカ（極性チェッカ）を用いる場合は、チェックするマイクに携帯型パルス音発生器を接近させてその音を収音し、調整卓の出力に接続したチェッカの表示を見て極性を確認する。表示は緑と赤のランプで、同じ色が点灯すれば同極性である。パルス発生器により簡単にチェックできるので、マイクの数が多いときに有効である。

D）誘導ノイズのチェック

ケーブルに入ってくるノイズがあるかどうかのチェックである。

一本ずつ順にマイクの音を聞いて確認し、ノイズが乗っている場合は音質の違いで発生源を突き止める。低いレベルのノイズも見逃さないように、ヘッドホンで行うとよい。

舞台では、調光器の **SCR ノイズ** を拾うことが多い。SCR ノイズは調光レベルを 50% 以下にしたときに大きいので、照明スタッフに協力してもらって行うとよい。

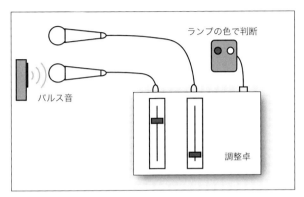

図 6-30　フェーズ・チェッカによる極性チェック

E) ハウリングレベルのチェック

このチェックはマイクを 1 本ずつハウリングさせて、ハウリングするレベルを確認することである。ハウリングレベルは SR レベルの限界である。

調整卓の入力レベル微調整ツマミ（トリム）を調節して、フェーダを上限にした状態でハウリングしないように設定してもよい。複数のマイクを使用すれば、ハウリングレベルは設定レベルよりも下がるので注意を要する。

この段階で、安易に調整卓のイコライザでハウリングしている周波数を下げてはならない。

ハウリングの多くは、位相干渉によって生じたピークで起こる。マイクの位置を変えたときにハウリング周波数が変化した場合は位相干渉によるもので、このハウリング周波数は刻々と変化する。

また、使用するマイクを増やせば、さらにハウリングする周波数が変化する。これでは、調整卓のイコライザでは抑えきれない。

スピーカシステムを正しくセッティングしてから、システムチューニングをしていれば、ハウリングはしにくくなる。

ハウリングのためにマイクごとのイコライザを調整してしまったのでは、音

SCRノイズ　　SCR は Silicon Controlled Rectifier の略で、舞台照明の調光装置に使用されている半導体。サイリスタともいう。SCR から発生するノイズは、照明器具のコードを経由してマイクケーブルなどに侵入し、「ジー」というノイズになる。照明コードにマイクケーブルを近づけると発生する。

源の音質に影響を与えてしまう。調整卓のイコライザは、収音した音（音源）の「彩り」を整えるための機能であると考えるべきである。

第8場　反射音の影響による音質の変化

A）マイクと音源の距離の違いによる音質の変化

舞台で使用するマイクは、音源から直進してくる直接音と床・壁などで反射してくる反射音を収音している。したがって、音源とマイクの距離の違いで直接音と反射音との干渉の具合が異なり、音質が変化する。

例えば図6-31のように、音源とマイクの距離が異なると、周波数特性は図6-32のようになる。

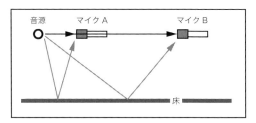

図6-31　距離の違いによる直接音と反射音

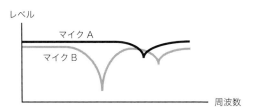

図6-32　距離の違いによる周波数特性の変化例

マイクを音源に接近させた場合、直接音のレベルが大きいため、反射音の影響（干渉）を受けない。音源からマイクを離すと、反射音と直接音のレベルが近づくので干渉して、周波数特性を変化させる。

ただし、反射音を少なくすれば良い音になるということではない。反射音は音色を形成するために重要な役割を果たしているので、適度に取りいれて彩りを付けることも大切である。

B）マイクの高さの違いによる音質の変化

マイクは床からの高さの違いによって、床からの反射音の影響を受ける度合いが異なる。

図6-33のように、音源と距離を一定にしてマイクの高さを3段階に変えたとき、周波数特性は図6-34のようになる。

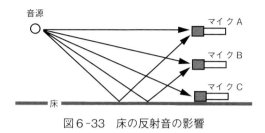

図6-33　床の反射音の影響

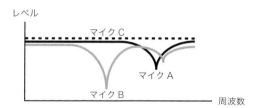

図6-34　スタンドの高さの違いによる周波数特性の変化例

AマイクとBマイクの場合は、床からの反射音の影響で音質が変化しているが、Cマイクは床面に密着させているため、床からの反射音をほとんど収音しないので周波数特性の変化は少ない。Cマイクの場合、音源が移動しても状態は変化しないので一定の音質が得られることから、音源が移動する演劇のセリフなどに適している。

B-1　バウンダリ・レイヤ・マイク

バウンダリ・レイヤ・マイクは図6-35のように、音を反射する板に超小型の無指向性マイクを埋め込んだもので、マイク近辺の反射音はマイクに到達しないようにしている。略してBLMと表記する。

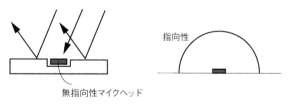

図6-35　バウンダリ・レイヤ・マイクの構造と指向性

スタンドに付けたマイクは、音源が移動すると反射音と直接音の到達時間差が変化するので、位相干渉状態が刻々と変化して音質も変化する。

BLMは近辺の反射音を収音しないので、反射音による位相干渉がなく、感度が上がるので室内騒音が減少したことにもなる。

指向性は図のように半円球状である。

マイクの取り付け方法の違いで、プレッシャーゾーンマイク（PZM）、フェーズコヒーレントカーディオイド（PCC）と称するが、通常はすべてを「バウンダリ」と呼んでいる。

《バウンダリ・レイヤ・マイク（03C／ショップス製）》

B-2　プレッシャーゾーンマイク（PZM）

図6-36のように無指向性マイクヘッドを反射板に密着させて取り付けたもので、指向性はBLMと同等である。

図6-36　プレッシャーゾーンマイクの構造

B-3　フェーズコヒーレントカーディオイドマイク（PCC）

反射板の上に単一指向性のマイクヘッドを載せたものである。

図6-37はスーパー・カーディオイドのマイクヘッドを使用したもので、後方の感度が下がっているので残響音と騒音を低減できる。そのため、セリフの収音に使用することが多い。

図6-37　フェーズコヒーレントカーディオイドマイクの構造と指向性

《PCC-160／アムクロン製》

第9場　マイクの周囲の影響による音質の変化

　ボーカルマイクがハウリングしたとき、マイクの頭部を手で覆うと、ハウリングはもっと激しくなる。

　単一指向性マイクは、側面の穴からも収音して指向性を形成しているので、側面の穴を塞ぐと無指向性の状態になるからである。

　したがって、ボーカルマイクの頭部を握って歌う歌手のときは、音質も変化し、ハウリングが発生しやすい。

　また、マイクを反射性の壁などに近づけると、音質が変化する。反射性の照明器具や舞台装置に近づけても影響がある。マイクの前で表彰状を読むときでも、表彰状をマイクの背後に持っていくと、ハウリングを起こすこともある。マイクの前に人が立っても、楽器が近づいても、微妙に音質が変化する。

　サウンドチェックの段階で良好であっても、本番になるとマイク周辺の音環境が変化するので、本番は慎重にフェーダを上げないと失敗する。

第10場　被り込みによる音質の変化

　ピアノのマイクにドラムが収音されたり、サックスのマイクにトロンボーンの音が入ったり、隣接する楽器どうし、または大音量の楽器音が弱音楽器のマイクに入り込むことがある。

　これを「被り込み」または単に「被り」という。

　被り込みのあるマイクをミクシングすると、時間差のある複数の信号が合成されるので、明瞭性を欠いた濁った音になる。そこで、明瞭性を失った音源のフェーダを上げても、被り込み音も同時に上昇するので良くならない。

　サウンドチェックで楽器を一つずつ演奏させてレベルと音質を設定した場合、いざ全員の演奏になると思いもかけない音になってしまうのは、被り込みを予測していないからである。舞台では必ず被り込みが発生するので、1本のマイクに拘り過ぎずに、全体の楽器が鳴ったときを想定してマイクの選定と設置をしなければ、よい音に仕上がらない。

　被り込みを少なくするには、図6-38のように音源とマイクを近づけ、音源どうしを遠ざけることが基本である。

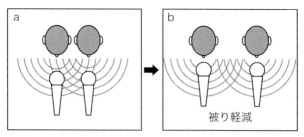

図6-38 マイクを近づけ音源を遠ざける

また、図6-39のように、マイクを共用して本数を少なくする。マイクの背後からの被りを少なくするならば単一指向性を、側面からの被りならば双指向性もよい。

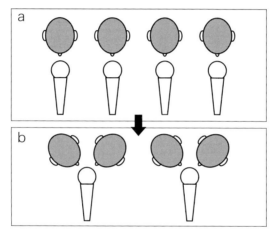

図6-39 マイクを共用して本数を少なくする

VIPのスピーチには、バックアップとして、2本のマイクを使用することがある。

このとき図6-40aのようにマイクを離して設置した場合、話し手が動くと2本のマイクとの距離が微妙に変化して、時差が生じる。このため、音質が変化し、ハウリングしやすくなる。これを改善するには、図6-40bのようにマ

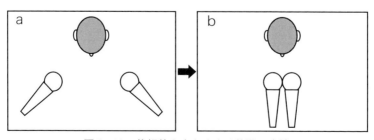

図6-40 位相差を少なくする仕込み方法

イクを接近させればよい。このようにすれば音源が動いても、2本のマイクへ到達する時間は常に等しくなるので、音質変化はなくなる。

第11場　ワイヤレスマイク

ワイヤレスマイクは無線方式のマイクで、ラジオマイクとも呼ばれている。マイクコードの代わりに電波を用いたものと考えればよい。マイクで収音した音声信号を電波に乗せて送り、その電波を受信機で受けて元の音声信号に戻す装置である。

ワイヤレスマイクは、動き回る音源のために開発されたもので、ボーカル用として最も多く使用されているが、ケーブルを配線することが困難な位置の収音にも便利である。

ワイヤレスマイクは、図6-41のように送信機、受信アンテナ、アンテナ分配器、受信機で構成されている。

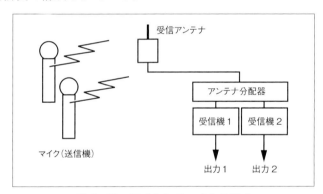

図6-41　ワイヤレスマイクの構成

アンテナ分配器は、アンテナで受信した信号を複数の受信機に分配するための装置である。

ステージ等で使用するワイヤレスマイクはA型とB型に分類されていて、A型は高品位の機器、B型は一般業務用である。そして、それぞれにアナログ方式のものとデジタル方式のものがある。

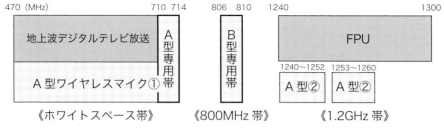

図6-42 ワイヤレスマイクの分類

図6-43は、A型とB型の標準規格の概要である。

アナログ方式	A型			B型
周波数帯	470〜714MHz（*1）	1240〜1260MHz（*2）		806〜810MHz
送信電力（空中線電力）	10mW以下	50mW以下		10mW以下
変調方式	周波数変調			周波数変調
コンパンダ	無	有	無あるいは有	有
占有周波数帯幅	330kHz	110kHz 160kHz	250kHz（ステレオ）	110kHz
免許	必要			不要

デジタル方式	A型		B型
周波数帯	470〜714MHz（*1）	1240〜1260MHz（*2）	806〜810MHz
送信電力（空中線電力）	50mW以下		10mW以下
変調方式	周波数変調、位相変調、直交振幅変調、直交周波数分割多重変調		周波数変調、位相変調、直交振幅変調
占有周波数帯幅	288kHz、600kHz（1.2GHz帯のみ）		192kHz
DU比	20dB以上		20dB以上
免許	必要		不要

*1：470MHz〜710MHzのテレビホワイトスペース帯および718MHz〜748MHzを使用している携帯電話と地上デジタル放送のガードバンド（710MHz〜718MHz）のうち、ラジオマイクと携帯電話との間で必要となるガードバンド（4MHz）を除いた710MHz〜714MHzを使用。
ホワイトスペースとは、テレビ放送用に割り当てられている周波数帯のうち、他の目的にも利用可能な周波数帯のことである。したがって、テレビ放送の影響により、地域によって使用可能なチャンネルが異なる。

*2：1240MHz〜1260MHzのうち、特定小電力無線局が使用している1252MHz〜1253MHzを除いて使用。ただし、この周波数帯は放送局が使用するFPU（無線中継伝送装置）と共用する。

図6-43 ワイヤレスマイクの標準規格

A）ワイヤレスマイクの形状

　ワイヤレスマイクは、送信機が組み込まれたハンド（handheld）型と、ピンマイクと送信機が別になっているベルトパック（belt pack／body pack）型がある。

　ハンド型は、主としてボーカル、司会、解説、挨拶などに用いられる。

　ボーカルが主な用途なので、近接効果を考慮して低音域を抑えてあるものが多い。そのため音源から遠ざけて使用すると低音域が不足することがある。

　ベルトパック型は、マイクと送信機が分離されているもので、ツーピース型（略して2P）、セパレート型、または仕込み型ともいう。通常は超小型のピンマイクで収音し、小型送信機を演者の身体に装着して使用する。通常のマイクを接続することも可能である。

　ベルトパック型は、ミュージカルや野外で上演する薪能（たきぎのう）など、マイクを見せたくないときに使用する。ポップス系のコンサートでは、バイオリン、トランペット、サックスなどに装着して使用する。エレクトリックギターなどは、楽器の出力信号を直接、送信機に接続して使用することもある。

　衣裳に付けて使用するときは、衣擦れ音が少ない無指向性が使いやすい。ミュージカルでは、頭を動かしてもマイクと口の距離が一定になるように、

《ハンド型》

《ベルトパック型》

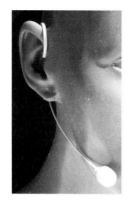
《ヘッドウォーンマイク》

ヘッドウォーンマイクを用いることが多い。この場合も、無指向性のほうが使いやすい。

ロック系では音質よりも大音量を考慮して、ハウリング対策で単一指向性を使用することが多い。

通常のスピーチでは、送信機をベルトに取り付けるか、ポケットに入れて使用するが、ミュージカルでは飛び跳ねるので、衣裳の裏側に収納のポケットを設けるなど工夫をする。

B) 使用するときの注意
B-1 アンテナのケーブル

受信アンテナに強い電波が入っていても、アンテナから受信機までのケーブルでエネルギーが損失して、受信状態を悪くする。

ケーブルによる損失を少なくするのに、次のような方法がある。
- ケーブルはできるだけ太いものを使用する。
- 受信機を受信アンテナに近づけて設置し、ケーブルを短くする。
- 受信アンテナの直後にブースタを挿入して、信号を大きくして伝送する。
- 周波数が低くなると損失率が小さいので、受信アンテナの直後にダウンコンバータを挿入して、周波数を低くして伝送する。

800MHz帯のワイヤレスマイクで使用するケーブルの距離の限界は、図6-45のようにケーブルの種類によって異なる。一般的に5D-2V以上を使用す

ヘッドウォーンマイク	後頭部に支持部を装着して、頬にマイクが来るようにして使用するマイク。ヘッドホンにマイクが付いたヘッドセットと区別して、このように呼んでいる。ハンドフリーマイクともいう。

る。D表示のケーブルは50Ω仕様で、（　）内のC表示は75Ω仕様である。低損失型のケーブルは屈曲に弱いので、仮設には適さない。

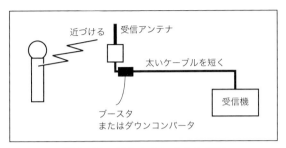

図6-44　損失を少なくする伝送

同軸ケーブルの種類	外径	距離限界
3D-2V（3C-2V）	φ5.4mm	20m以内
5D-2V（5C-2V）	φ7.4mm	35m以内
5D-FV（5C-FV）低損失型	φ7.5mm	50m以内
8D-FV（7C-FV）低損失型	φ10.4mm	75m以内

図6-45　ケーブルの種類による距離限界（800MHz帯）

B-2　デッドポイントとダイバシティー受信方式

　ワイヤレスマイクは、電波が途切れる位置が発生する。この位置をデッドポイントという。

　デッドポイントは、送信電力が弱いからだけでなく、壁などで反射した反射波が直接波と干渉するからである。

　そこで、図6-46のように2本の受信アンテナを使用周波数の1/4波長以上に離して設置し、別々の受信機で受信し、受信状態の良い方に自動的に切り替えれば、デットポイントは発生しない。この方式をトゥルーダイバシティーと

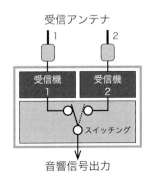

図6-46　トゥルーダイバシティーの概略図

呼んでいる。高品位のワイヤレスマイクは、この方式を採用している。

この他に簡易な手法がある。1つの受信機で2箇所に設置したアンテナからの信号強度を計って、強い信号の方にスイッチングする方法である。デュアル・アンテナ・ダイバシティーと呼び、受信機を小型化または安価にするのに適している。

受信アンテナを金属板、配電盤、照明器具、コンピュータ、テレビ、ビデオカメラ、調光器などに近づけて設置すると、ノイズが入ることや受信状態が悪くなることがあるので注意しなければならない。

B-3　コンパンダ方式の特徴

コンパンダは、図6-47のようにマイクで収音した音響信号をコンプレッサで「圧縮」して電波に乗せて送信し、チューナで受信してからエキスパンダで「伸長」して元の音響信号に戻す方式で、アナログ方式に用いられている。

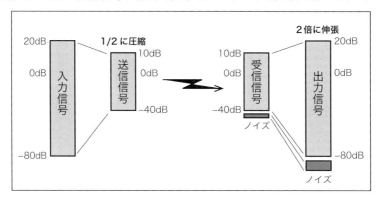

図6-47　コンパンダの原理

コンパンダを使用すると
- 1チャンネルの周波数幅が狭いので、多くのチャンネルを使用できる。
- ノイズリダクションの役目をするので、伝送途中で侵入した雑音を抑える。
- 受信状態が良くなる。

という利点がある。

欠点は音に伸びがなくなることと付加回路を付けるので形状が大きくなることであるが、現在では飛躍的技術の進歩で、これらの欠点は改善されている。

C）3次相互変調ひずみ

アナログ方式では、複数のチャンネルの電波を同時に受信すると、受信機の内部で他のチャンネルと同一周波数の信号が発生する。この現象を「3次相互

変調ひずみ」という。

3次相互変調ひずみで発生した周波数と同一周波数のチャンネルを使用すると、混信状態になって「ピュー、ピュー」というノイズを発生する。

このことを考慮すると、同一場所で使用できるのはB帯で6チャンネルとなる。このように3次相互変調ひずみによって、使用できるチャンネル数が制限される。

図6-48は、B型を同一場所で使用するために、3次相互変調ひずみを避けて組み合わせたチャンネル構成表である。

隣接する場所で別グループのチャンネルを使用するときは、それぞれの受信アンテナを30m以上離せば問題ない。

グループ＼ch	1 ch	2 ch	3 ch	4 ch	5 ch	6 ch
グループ1	806.125	806.375	807.125	807.750	809.000	809.500
グループ2	806.250	806.500	807.000	807.875	808.500	808.875
グループ3	806.625	806.875	807.375	808.250	808.625	809.250
グループ4	806.750	807.500	808.000	809.125	809.375	809.750
グループ5	807.625	808.125	808.375	808.750	809.625	-
グループ6	807.250	周波数＝MHz				

図6-48　アナログ方式B型のチャンネル構成表

D）電池の問題

乾電池が冷えると乾電池の中の化学反応（電極反応）が起こりにくくなり、電流が流れなくなる。爆発物の処理のときに液体窒素で冷やすのは、起爆装置の乾電池の働きを止めるためである。

雪祭りや氷の祭典など冷寒地でのイベントで、ワイヤレスマイクがトラブルを起こすのは、乾電池が冷えて正常に働かないからである。このようなとき、ベルトパック型は送信機部を体温で暖めるように装着し、ハンドマイクは保温材で包んで使用するとよい。

複数本の乾電池を使用する機種は、古いものが混在すると消耗が早くなるので、一斉に新品の同一品と取り換える。また同メーカ、同種、同製造日のものを使用する。

10mW出力のワイヤレスマイクの電池の稼働時間は、単3形乾電池1本の機種は3時間、2本の機種は約6時間が目安である。

E）混信を防ぐための要点

混信を少なくするためには、次のような対策をする。

- 受信アンテナに指向性のあるものを使用し、外来電波を受信しにくくする。
- 受信アンテナをできるだけマイク（送信機）に近づけ、外来電波と差を付ける。

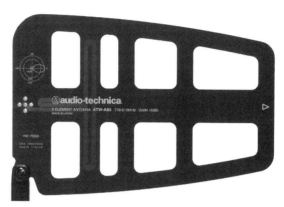

《指向性のあるアンテナ（オーディオテクニカ製)》

F) デジタル方式ワイヤレスマイクの特徴

　デジタル方式は、妨害電波に強く、弱電界時でも高いDU比を保つことができる。従来のアナログ方式ではDU比が40dB以上でなければクリアな音声を保つことはできなかったが、デジタル方式では20dB以上があればクリアな音声を保つことができる。

　DU比とはDesired to Undesired signal ratioの略で、受信したい電波と受信したくない妨害波とのレベル差のことである。

　また、アナログ方式では100m以上離れないと同一周波数を使用できなかったが、デジタル方式ならば数十メートルの距離であっても使用できる。

　そして、アナログ方式のような3次相互変調ひずみが生じないので、チャンネル構成をする必要がなくなり、同一エリアでB帯でも10波、A帯なら相当数同時使用できる。さらに、アナログ方式では必要としていたコンパンダも必要としないので、音質が向上した。

　デジタルの特徴を活用すれば、マイク側（送信機）の作動情報を伝送できるので、バッテリーの残量、周波数、ID、エラー情報などを受信側で監視でき、独自のデジタル符号伝送により、盗聴を避けることもできる。

　欠点は、アナログ信号をデジタル信号に、またデジタル信号をアナログ信号に変換する過程で、その作業時間がかかることから、数ミリ秒ほど遅れることである。

G）ワイヤレスマイクを使用するときのマナー

ワイヤレスマイクの電波帯は、多くの人が共用している。特に、A帯の一部は放送機器と共用している。

電源を入れる前に、これから使用するチャンネルを必ず受信機で確認する。すでに使用されているときは、別のチャンネルを使用する。

免許を必要としないB型であっても、悪質な利用をすれば違法となり、罰せられるので注意を要する。

第12場　マイキング

マイクを選定して設置することをマイキングと呼んでいる。選定することをマイクアレンジともいう。マイクは、音源に適切なマイクを探し出し、舞台の雰囲気を壊さないように注意を払い、最もよい位置に設置しなければならない。そのためには、巧い方法を真似ることから始め、経験を積んで独自の手法を編み出せばよい。

マイクの選定も大切であるが、音源との距離や角度などによる微妙な音の変化を把握できなければならない。録音のときも同様であるが、傾向として、伝統芸能（古典音楽）のマイクは遠めに、現代音楽は接近させて収音する。マイクを音源から遠ざけることを「オフマイク」、近づけることを「オンマイク」という。

特に伝統芸能は、隠しマイクにして、マイクが観客席から見えないようにすることが多い。オペラも歌舞伎も含めて、伝統芸能はマイクのない時代に生まれ育ったもので、音のバランスは演奏家が整えるものであって、その音楽に合った広さの会場で上演するもの、という考えがある。したがって、スタジアムで上演する以外は、オペラも歌舞伎も、歌とセリフは生で上演するのが常識となっている。SRに頼らず、必死に生で伝えようとするほうが、観客を感動させる力が大きい。そのことは演者も観客も心得ているので、彼らはSRを拒否するのである。

また、この楽器にはこのマイクと、決めつけることはできない。各自、拘っても構わないが、どのようなマイキングも正当である。基礎理論だけ習得していれば、後は自由なのがマイキングである。ボーカル用のマイクでピアノを収音することもあるし、ピンマイクを床に置いて三味線を収音することもある。

音質を犠牲にして大音量を優先する野外コンサートなどでは、通常とは異

なった手法が用いられる。琴の下面の穴にマイクを突っ込むのも、その手法の一つである。

また、同一楽器であっても、演奏者が違えば、マイクの最適な設置位置も変わってしまう。したがって、誰かのマイキングを外観だけ真似ても、同じ音にはならないのである。

いずれにせよ、出音(楽器から出てくる音)が良ければマイクに入ってくる音も良いし、そのような演奏家はマイクの使い方も巧い。音響技術者は、それを見分ける能力を身に付けなければならないのである。

ミクシングの良し悪しの90％は、マイキングで決まると言われている。この作業は、それほど重要なもので、経験豊富な音響技術者がやるべき作業である。

図6-49は、劇場に常備されているマイクの定番である。

A) ミュージカルと演劇

ミュージカルは、ステージ上を動きながら演技をし、歌うので、出演者の身体に超小型のピンマイクを搭載したワイヤレスマイクを取り付けて収音するのが一般的である。

チャンネル数が足らないときは、1つのチャンネルを、数人の俳優が共用することになるので、そのリストを作成する。

さらに補助手段として、図6-50のように舞台最前部の床に設置するフットマイク、または頭上の吊りマイクを使用するが、このときも目立たないことが最優先される。吊りマイクは、音源から遠くなるのでガンマイクを使用することが多い。

また、フットマイクはコーラスにも使用できる。

このとき、フットマイクはバウンダリが有効である。バウンダリマイクは、舞台上の奥行きに対して偏差の少ない収音ができる。単一指向性のものを使用すると使いやすい。バウンダリは、床にセットされ、しかも目立たないので、ときには出演者に踏まれて壊れたり、衣裳で擦られてノイズが収音されたりする。舞台稽古のときは、注意を促すために白テープでアピールするとよい。

歌の伴わない演劇(ストレートプレイ)は、基本的にSRを必要としないが、高齢の俳優のセリフをSRすることもあるが、この場合もバウンダリーが適している。

SM58・ダイナミック
カーディオイド・SHURE 製

SM57・ダイナミック
カーディオイド・SHURE 製

SM63L・ダイナミック
無指向性・SHURE 製

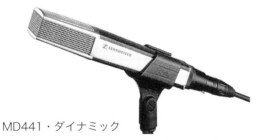
MD441・ダイナミック
スーパーカーディオイド・SENNHEISER 製

PCC-160・コンデンサ　CROWN 製

MD421・ダイナミック
カーディオイド・SENNHEISER 製

C451・コンデンサ
カーディオイド・AKG 製

C-38B・コンデンサ
指向性切替え・SONY 製

C414・コンデンサ
指向性切替え・AKG 製

図6-49　劇場常備の定番マイク

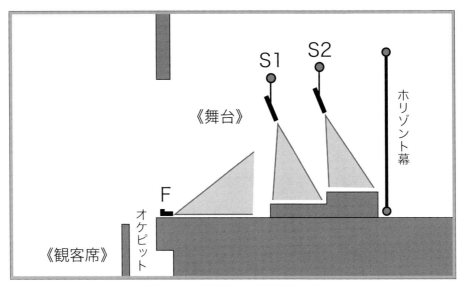

図6-50　演劇等のマイク仕込み例

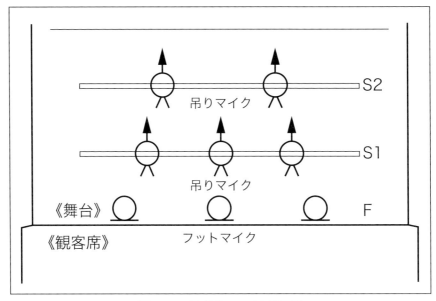

図6-51　演劇等のマイク配置例

B) ジャズ

　ジャズは演奏音を大切にして、味付けしないで出音（楽器から出た音）を忠実にSRするのが基本であるから、演奏音の微妙な色合いを忠実に捉えるオーソドックスなマイクを使用する。同じ楽器でも出音が微妙に異なるので、その点をよく観察してマイキングする。

EB/1	DI	Tp/1	C-55AC
EB/2	C-38B	Tp/2	C-55AC
Kick	RE-20	Tp/3	C-55AC
SN & H.H	SM58	Tp/4	C-55AC
O/H-L	C-451	Tb/1	C-38B
O/H-R	C-451	Tb/2	C-38B
EG/1	DI	T.Sax/1	C-48
EG/2	SM57	T.Sax/2	C-48
Pf/high	C-451	A.Sax/1	C-414
Pf/low	C-451	A.Sax/2	C-414
Per/1	SM57	B.Sax	C-414
Per/2	SM57	ソロ1	C-414
		ソロ2	C-414
		Vo	ATW-98
		Vo	ATW-98

図6-52　ビッグバンドのマイクアレンジ例

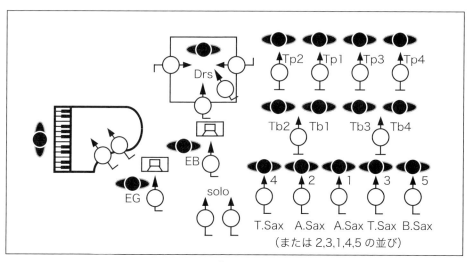

図6-53　ビッグバンドのマイク配置例

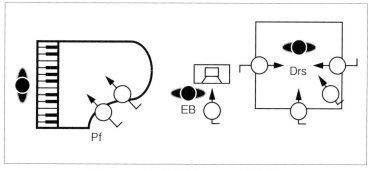

図6-54　トリオ演奏のマイク配置例

C) ポップス、ロック

重厚な音と堅牢さを優先して、ダイナミック型マイクが多用される。大音量を必要とするのでハウリングを避けることと被りを少なくするために、すべての楽器に単一指向性のものをできるだけ近づけて使用している。

ボーカルにはハンド型のワイヤレスマイクを使用し、ギター、ベース、トランペットなど移動しながら演奏する楽器にはピンマイク型をワイヤレスで使用することが多い。

ロック系は、出音に拘らず、イコライザやエフェクタを駆使して、個性的な音を創造するのが特徴である。その時代の流行に乗って、形にとらわれないで新技術を取り入れ自由に、聴衆がときめく音を作るのがこのジャンルの音楽である。

D) スピーチ

マイクは1〜2本だけであるが、簡単なものではない。プロではなくマイクの扱いに不慣れな人たちも使用するので、マイクの選定も操作も難しい。しゃべる前に必ずマイクの向きを直す人、マイクを叩いて確認する人、スイッチを探す人などさまざまである。これは不安や不信からくる行動なので、止めることができない。また、マイクがあるのを忘れて、そっぽを向いてしゃべる人もいる。

リハーサルもなく、さまざまな人物が登場することがあるので、臨機応変に対処しなければならないので、非常に面倒な仕事である。マイクはボーカル用を使用することが多いが、マイクの芯から外れると巧く収音できないことがあるので、そのときは楽器用マイクまたはバウンダリを使用するとよい。

明瞭度を高めるためには、歯切れの良いコンデンサ型が適している。VIPのときはバックアップ用を設置するが、そのときのマイクは同一機種にするか、または超小型ピンマイクやバウンダリを忍ばせる。

落語や漫才など演芸で使用するマイクは、演者がどのように動くかを観察して決める。落語は、身体を揺らしたり、横を向いたり、前のめりになったりして、マイクとの距離が絶えず変化するので、やや離すとよい。漫才は互いに斜めに向き合う形で1本のマイクを中心に喋るが、離れたり近づいたりすることと、マイクで顔を遮らないようにするために、スタンドをやや低めでオフにして、広角指向性のマイクを設置するとよい。

パネルディスカッションのように数名で喋るときは、マイクの扱いが慣れて

いる人たちならばハンドマイクにしたほうが操作しやすい。次に誰が喋るか予測できるし、口元にマイクが近づくので十分な音量が得られるからである。

E）日本の伝統音楽

600年以上の歴史を持つ能楽や400年以上の歌舞伎は、SRしないのが原則

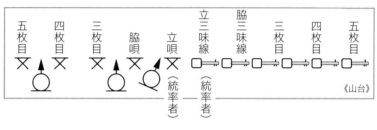

図6-55　長唄のマイク配置例

《長唄のマイク設置例（PC-30／プリモ製）》

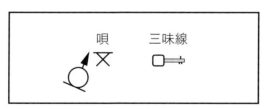

図6-56　小唄・新内などのマイク配置例

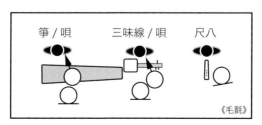

図6-57　三曲のマイク配置例

である。ただし、歌舞伎は部分的にSRすることもあるし、舞台袖で演奏する囃子方のためにモニタを用意することもある。

歌舞伎から派生した日本舞踊の伴奏音楽、義太夫節・常磐津節・清元節・長唄などは、2,000席程度の劇場ならば生演奏が可能な力量を持っている。長唄は、女性の唄のときや、日本舞踊の会で10曲以上伴奏するときに、喉を保護するためにSRをすることがある。なお、歌舞伎舞踊や日本舞踊の伴奏をする演奏者たちを地方と呼んでいる。

劇場音楽ではない座敷芸の、箏曲・地歌・小唄・端唄・三曲・大和楽などの場合は、500席程度でもSRが必要である。また、民謡と新内節はSRを要求する演奏者が多い。

演奏者は、山台に正座して和服で演奏するので、それに合わせた高さのスタンドを使用する。マイクのない時代の芸能なので、マイクは目立たないものがよい。唄（歌のことで、邦楽ではこのように書く）だけにマイクを立てて、楽器は被り音で十分である。小唄など、三味線を撥でなく爪弾きの場合は音量が低いのでSRを必要とする。楽器の収音は、ハウリングや被りとの兼ね合いもあるが、できるだけオフにしたほうが趣のある音になる。

いずれにしても、ディレイなどを用いて、生音として聞こえるSRが望まれる。

撥	弦をはじいて鳴らす道具。三味線や琵琶用はイチョウの葉形をしたもので、三味線は象牙または木製、琵琶は木製。太鼓の場合は、打ち鳴らす棒のことで、桴と書く。
爪弾き	弦楽器を指先ではじいて鳴らすこと。

第7幕

音響調整卓

| 第1場 | 音響調整卓の役目 |

　音響調整卓は、マイクロホンや再生機器などを接続して、それらの信号の音量や音質などを整えて合成させ、録音機またはSRスピーカなどに分配する装置である。音響調整卓は、ミクシングコンソール、ミクシングボード、ミクシングデスク、ただ単に卓、音卓、調整卓などと呼ばれる。

　調整卓の原形は数本のマイクの信号を合成するもので、図7-1は4本のマイクの音量を個々に調整して、さらに合成した信号の音量を調整する初歩的な調整卓である。

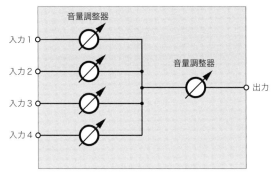

図7-1　調整卓の原形

　図7-2は、1つのマイク信号を2分配して2箇所に送出できるもので、配分する音量も調整できる。

　この原形に音質調整機能を設け、出力分配回路の数を増加して、きめ細かな調整を可能にしたのが、現在、一般的に使用されている調整卓である。

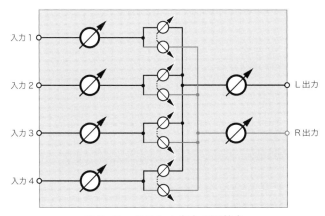

図7-2　ステレオ出力の調整卓

調整卓は使用目的の違いで、放送局用、録音スタジオ用、舞台用がある。ポップス系コンサートでは、演奏者のためのモニタを多用するので、モニタ専用の調整卓を使用することが多い。

　調整卓の入力数は、8回路、16回路、24回路、32回路、42回路が一般的である。回路や伝送路をチャンネル、略してチャンとも呼び、入力（インプット）16チャン、出力（アウトプット）4チャンなどという。

　大型の調整卓は、非常に多くのツマミ（ノブ）が並んでいるので、初心者は見ただけで圧倒され、どこから手を付けてよいか戸惑うが、同一の機能を持った回路が数多く並んでいるだけなので、1つの回路を理解することから始めればよい。

　したがって、操作するときは、1つの回路を頭に描いて順序良く操作すれば、間違いなくセットアップできる。

　一般的な調整卓は、さまざまな流儀の音響技術者が使用できるように、いろいろな操作方法を想定して多目的に設計されている。そのため、たくさんの回路（ツマミ）が付いているが、できるだけ余計な操作はしないほうがよい。調整卓を複雑に操作することが一人前のオペレータと思いがちであるが、経験豊かなオペレータは余計な操作をしていない。

　マイクの選定とセッティングによって音の良し悪しは決まってしまう。世界の一流の音響技術者は「調整卓をコントロールする前に、マイキングで90％は出来上がっている」と異口同音である。

第2場　調整卓の機能

　図7-3は、一般的なアナログ調整卓の1つの入力チャンネル（input channel）の音響信号の流れである。入力コネクタに繋いだマイクの信号は、レベルの調整・音質の調整・信号の分配などをして、最終的にミックスされて出力コネクタから送出される。

　この1つの入力チャンネルの回路を頭に思い浮かべることができれば、思うままに操作ができるようになる。これは音響調整卓の基本であるから、この音の流れを熟知していれば、デジタル調整卓の操作面に出ていない陰に隠れている部分を、容易に読み取ることができる。

A）入力コネクタ

　通常は調整卓の背面に付いていて、マイクまたは再生機器などを接続する。

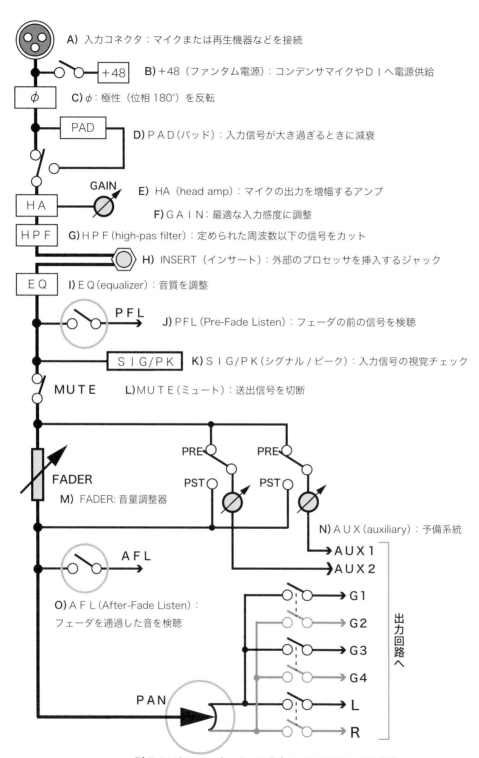

図7-3　1つの入力チャンネルの信号の流れ

図7-4　入力コネクタ

キャノンXLR型が標準である。再生機器などラインレベル機器を接続のために、フォンジャック（TRS）を設けた機種もある。

入力信号は、レベルの大きさでマイクレベルとラインレベルに分けられる。-60dB～-40dB程度がマイクレベルで、-20dB～+4dB程度がラインレベルである。マイクレベルとラインレベルと入力コネクタが別々になっているものもある。

B) +48

コンデンサマイクやダイレクトボックスを作動させるために供給する電源のことで「ファンタム電源」という。この電源は直流の+48Vで、これをマイクケーブルの2本の信号線を経由してマイクまで送る。

通常、スイッチをONにすると供給され、LEDが点灯する。1本のマイクを複数の調整卓に分岐している場合は、1つの調整卓からだけファンタム電源を供給すればよい。ファンタム電源は、ダイナミックマイクに供給しても問題はないが、アンバランス型のマイクや再生機器、リバーブマシンの出力などに供給すると損傷することがある。ファンタム電源を使用しているマイクの脱着は、ノイズを発生させないために、必ず入力フェーダを下げて、ファンタム電源をOFFにしてから行う。

C) φ（ファイ）

入力信号の極性を反転させるスイッチ、POLARITY（極性）と表記することもある。他のチャンネルに接続したマイクと極性が逆のときに、このスイッチをONにして極性を合わせる。ドラムの表と裏にマイクを仕込んだとき、ドラムの皮の表と裏は逆相になるので、裏側のマイクの極性を逆にする。

D) PAD

信号のレベルを低下させる回路で、入力信号が大きすぎてヘッドアンプのGAIN調整器では対応できないときに、このPADを挿入してレベルを下げる。20dB下げるのが一般的で、10dB／20dB／40dBに切り替えるものもある。

E) HA

ヘッドアンプの略でプリアンプともいう。マイクからの弱い信号を、処理しやすいラインレベル（−20dB〜＋4dB程度）まで増幅するためのアンプである。

F) GAIN

ヘッドアンプの増幅度を調整して、適切なレベルになるようにするツマミで、TRIMと表示することもある。ヘッドアンプに加わる信号のレベルが大き過ぎると音は歪み、小さ過ぎるとアンプのノイズが目立つようになる。フェーダを基準目盛にして、程よい音量になるようにGAINを設定すると、良好な状態になる。

図7-5では、外側の目盛りがPADを入れたときのレベルである。

図7-5　上からファンタム電源、極性反転、PAD、GAIN、HPF

G) HPF

ハイ・パス・フィルタのことで、表示してある周波数以上を通過させる回路で、低音域のグラウンドノイズや被り音などをカットするときなどに使用する。$\overline{100\text{Hz}}$と書いてあれば、100Hz以上を通過させることを表す。20Hz〜400Hzの間などで、境界周波数を変更できる機種もある。

H) INSERT

入力チャンネルごとに、外部プロセッサ等を挿入するフォンジャックである。接続はTRS（3P）型フォンプラグを用いて、T（チップ）とS（スリーブ）を外部プロセッサの入力端子に、R（リング）とS（スリーブ）を外部プロセッサの出力端子に接続する。

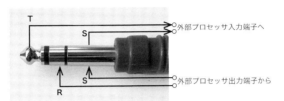

《INSERT機器との接続》

I) EQ（イー・キュー）

EQはイコライザ（equalizer）の略で、入力信号の音質を変化させる回路である。EQの種類には**シェルビングタイプ**と**ピーキングタイプ**がある。

シンプルな調整卓は、基準周波数がHF（High Frequency＝高音域）とLF（Low Frequency＝低音域）だけのシェルビングタイプが多い。

高性能調整卓は、HFとLFをシェルビングタイプ、MF（Mid Frequency＝中音域）をピーキングタイプにして、周波数を任意に設定できる。3点調整できるものを3バンドという。さらに、中音域をHigh MidとLow Midに分割して4点調整できるものもある。この場合、ツマミは2重になっていて外側のツマミは周波数設定で、内側がレベル調整になっている機種と、周波数設定とレベル調整のツマミが独立している機種がある。

リハーサル中に調整したい周波数を探すときは、次のようにする。

例えば、音声をクリアにしたいときには、2kHz周辺

図7-6　イコライザ

シェルビングタイプ	ある周波数から上または下を、ゆるやかな傾斜で持ち上げたり減衰させたりするフィルタのこと。
ピーキングタイプ	ピーキングは山のように尖った形に調整するフィルタのことで、任意の周波数を中心に調整できる。尖り具合（調整幅）も任意に設定できる機種もある。

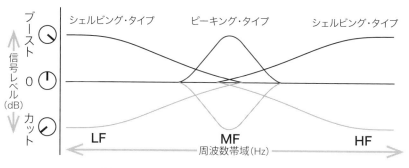

図7-7　イコライザの効果のイメージ

に合わせレベルを大きめにブーストさせてから、周波数をゆっくり移動させて効き目のある周波数を探る。周波数が決まったら適正なレベルまで下げる。

EQのON/OFFスイッチが付いている場合、使用しないときはOFFにすると、EQで発生するノイズを削減できる。また、EQを調整した後、スイッチをON/OFFすると、EQの効き目が確認できる。

J) PFL

プリ・フェーダ・リッスンのことで、フェーダ通過前の信号をモニタする回路なのでフェーダ操作の影響を受けないでモニタできる。開場した後のマイクチェック、音源の確認、トラブルを起こしているマイクを探すときなどに使用する。「AUD」または「SOLO」と表示することもある。

K) SIGNAL/PK

チャンネル・シグナル・インジケータのことで、信号が入力されていると点灯する。通常は、緑色の発光ダイオードを使用している。SIGと略記することもある。

通常は、過大レベルになると赤色のLEDが点灯して、クリッピングレベルであることを知らせるピーク表示が付いている。ピーク表示になったら、GAINを調整して赤が点灯しないようにする。ピークのインジケータはPKと表記される。

L) MUTE/チャンネル入力スイッチ

入力信号を断にするのがミュート・スイッチである。使用しないチャンネルは、このスイッチをONにするとノイズを軽減できる。チャンネル入力スイッ

チは、この逆で ON にするとつながる。

つまり、MUTE の場合はスイッチを ON にすると断、チャンネル入力スイッチの場合は ON にすると接続状態になる。

M) FADER

音量の調整器である。「チャンネルフェーダ」「入力フェーダ」と呼び、それぞれのチャンネルからのレベルを調整する。音量操作の重要な機構であって、ゆっくりレベルを上げたり、きれいに絞ったりするのに使用するので、滑らかに動くようになっている。単に「フェーダ」と呼ぶときは入力フェーダのことである。

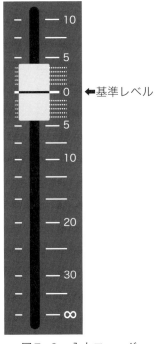

図7-8　入力フェーダ

図7-9　AUX

N) AUX
エー・ユー・エックス

予備（補助）という意味の auxiliary の略で、チャンネルごとの信号を、ステージモニタやエフェクタなどに送る出力である。スイッチで切り替えて、入力フェーダの前、または後から取り出して、レベルを調整して送出する。フェーダの前から取り出す場合をプリフェーダと呼び、PRE と表示する。フェーダを通過した後から取り出す場合はポストフェーダと呼び、POST と表示する。ステージモニタのようにフェーダの操作の影響を受けたくない場合はPRE に切り替えて使用する。

O) AFL

アフタ・フェーダ・リッスンのことで、フェーダの後の信号をモニタする回路で、入力フェーダの上げ下げの影響を受ける。

P) PAN

パンポットのことで、このツマミで入力モジュールで調整された信号をL（ステレオの左側）出力とR（ステレオの右側）出力に分配して、一方のレベルを大きくすると、片方が小さくなる仕組みになっている。ステレオのとき、左右の音量の差で音像を定位させるときに用いられる。

ステレオでないとき、LとRの両方を同一レベルにするときはツマミの位置を中央に、Lだけに送るときはツマミを左側いっぱいに、Rだけに送るときは右側いっぱいにして使用する。

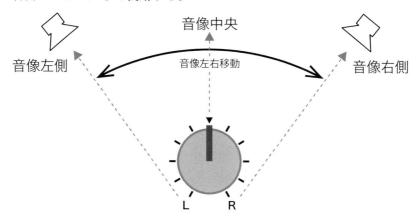

図7-10　パンポットのイメージ

Q) G

グループ出力のことで、任意のグループに送出できる。パンポット通過後から取りだす機種と、そうでない機種がある。パンポット通過後から取りだす場合は、奇数G1・G3はL側、偶数G2・G4はR側となる。

第3場　出力回路

各入力チャンネルの「L・R出力」、「AUX出力」、「G出力」は、図7-11のように合成される。合成された信号は、それぞれ任意にレベル調整をして、パワーアンプやプロセッサ、録音機器などに送出される。

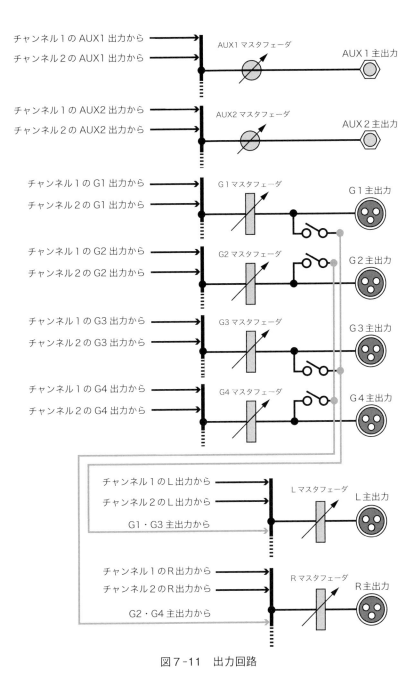

図7-11　出力回路

出力レベル調整のフェーダは、マスタフェーダと称し、
- Lマスタ（L主出力）
- Rマスタ（R主出力）
- AUXマスタ（AUX主出力）
- グループマスタ（G主出力）

と呼ばれる。

図7-12 出力系フェーダ

マスタフェーダはS/Nと歪みを考慮して、基準レベル（基準目盛）に設定する。マスタフェーダを非常に低い目盛に設定して入力レベルを大きくすると、歪みやすくなり、逆にマスタフェーダを基準より高くして入力レベルを絞って使用するとS/Nが悪くなる恐れがある。基準目盛は赤線、太線または0（ゼロ）で表示してある。G主出力を、L出力またはR出力へも送出できる機種もある。

図7-13 AUXマスタフェーダ

AUXマスタは頻繁に調整しないので、小さな丸形フェーダになっていることが多い。フェーダ通過後の音をモニタするためのAFLが付いた機種もある。

各種マスタの出力は、図7-14のように調整卓の背面に付いている。

図7-14 出力コネクタ

また、調整卓の出力はパワーアンプやエフェクタ、録音機器などにケーブルで直に接続するが、劇場の場合は図7-15のように、調整卓の出力とパワーアンプやエフェクタの入力が出力コネクタ盤に接続されていて、**パッチコード**で接続して使用する。

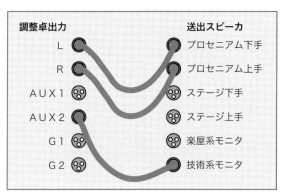

図7-15 出力コネクタ盤

調整卓と接続する機器との間に「マトリックス」を設けることもある。マトリックスは図7-16のようになっていて、送出したい箇所のフェーダを上げるだけでよい。複数の主出力を合成することも可能である。

マトリックス装置は、調整卓に内蔵されたものと、外付けのものがある。

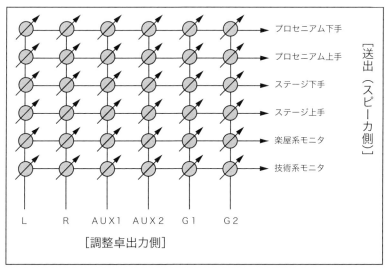

図7-16 マトリックス

| パッチコード | 出力コネクタ盤の端子どうしを接続するための、両端にプラグが付いたコードのこと。 |

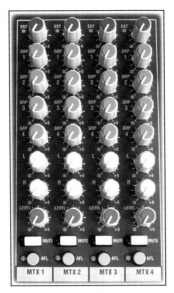

図7-17 音響調整卓内蔵の出力マトリックス

第4場 モニタ装置

　音響調整卓を操作するオペレータのためのモニタ装置は、音のバランスや音質の具合を監視する以外に、ノイズを発見したり、ノイズの発生箇所を探したり、マイクや回線のトラブルの原因を見つけるためにも用いられ、耳で聞くものと目で見るものとがある。

　耳によるモニタはスピーカとヘッドホンを使用するが、目によるモニタはレベルメータ、**ピークインジケータ**などを使用する。

A) レベルメータ

　信号レベルを監視するメータで、VUメータ（VU計）とピークプログラムメータ（ピークレベルメータ／ピークメータ）がある。

　レベルメータは、一般の計測用のメータとは違い、刻々と変化する音の状態を針の動きで読み取る道具であるから、針の動き方は重要な要素である。したがって、プロ用のものは規格で統一されている。

A-1　VUメータ

　VUはVolume Unitの略で音量の単位という意味である。

| ピークインジケータ | 入力信号が安全レベルを超えると赤色等のランプが点灯する計器。 |

VUメータは、耳で感じる音量感を、そのままメータに現れるように設計したもので、表示値は0.3秒間の平均値となっている。

元々、アメリカの放送局用として開発されたもので、放送や映画の「人の声」に適している。したがって、打楽器のように立ち上がりが速く0.3秒以内に終わってしまう瞬間音は、実際よりも低く表示される。このような**パルス性の音**の場合、VUメータの表示が低いのに「ひずむ」のはこのためである。

メータの目盛は2段になっていて、上段がVU目盛でdBmを表示し、下段は％目盛になっている。目盛は図7-18のように0VUを境にして、右に＋3まで、左に－20まで付いている。下段の目盛は0VUが100％になっていて、－6VUが50％になっている。

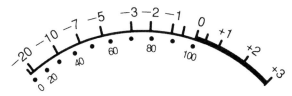

図7-18　VUメータの目盛

A-2　ピークプログラムメータ

ピークプログラムメータは、信号が加わったときに指針が瞬時に動作するもので、パルス性の打楽器の信号でもピーク値を表示できる。プロ用のものは、指針を読みやすくするために、動作速度は速く（数ミリ秒）、戻る速度は数秒遅くしてある。

このメータは、ヨーロッパのレコーディングスタジオや放送局で広く使われていたもので、楽器の収音が主体の音楽録音などに適している。現在は指針形のものに代わって、バーグラフのものが多く使用されている。

VUメータもピークプログラムメータも音の変化を完全に追従することはできないので、実際の音とはわずかに誤差がある。オペレータは経験を積んで、音源の特徴を良く理解して、この誤差を想定できる能力を身に付けなければならない。

音響調整卓のレベルメータは、出力系だけに付いている機種と、入力系にも付いている機種とがある。図7-19はアナログ信号用とデジタル信号用のピー

| パルス性の音 | ドラムや拍子木など叩いて音を出すものや、三味線のように弾いて音を出すものは、急激に最大レベルに達し瞬間に消えてしまう。これらの音はパルス波形に近いので、パルス性の音という。 |

クメータである。

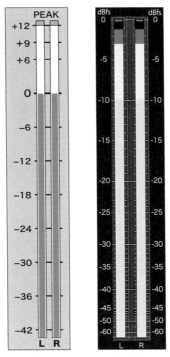

図7-19 アナログ信号用ピークプログラムメータ（左）、
とデジタル信号用ピークプログラムメータ（右）

B) ヘッドホンによるモニタ

　ノイズのチェックや1本ずつのマイクの収音状態の確認は、実際に音を聞かなければ分からない。観客席内でオペレーションするときは、スピーカでは観客席内に音が漏れるので、ヘッドホンを使用する。

C) エアモニタ

　音響調整室が観客席と音響的に遮断されている場合は、観客席の音の状態を監視するために、エアモニタを使用する。

　エアモニタは、観客席の天井部分に吊ったマイクなどで収音して、それを調整室のスピーカで聞いて観客席の音響状態を予測するものである。

　エアモニタは、オペレータの「代理耳」であるから、高性能マイクを最も適切な位置に設置して、高性能のスピーカを用いる。また、ステレオで収音すると聞きやすくなり、微弱音も埋もれずによく聞こえる。

　密閉形の調整室でも、SRとPBの操作を別人が行う場合は、互いに迷惑を掛けないように、ノイズのチェックなどはヘッドホンでモニタする。スピーカ

は機種によって音色が異なるので、オペレータは使用するスピーカの音響特性を把握していないと、間違った調整をしてしまうことがあるので注意する。

第5場　簡単な設定と操作

　音響装置の電源は、マイク側から順に電源を入れる。調整卓の入力に接続してある機器の電源を先に入れて、調整卓、調整卓の出力に接続してあるプロセッサ、パワーアンプの順に入れる。さらに、安全のためにパワーアンプは入力信号をOFFにした状態で電源を投入する。

　劇場のようにパワーアンプとスピーカとの間にON／OFFスイッチが付いている場合は、パワーアンプの電源を入れて数秒経過してからスピーカスイッチをONにする。このようにすることで音響機器に電源を入れたときの**ショックノイズ**をスピーカから出さずに済む。

A）送出レベルの設定例

　調整卓の送出レベル設定は、音響装置の電源を入れてから数分経過して、機器の動作が安定したところで開始する。

①チェック用マイクを入力コネクタに接続する。

②チェック用マイクを接続した入力チャンネルの入力スイッチをON、またはMUTEスイッチの場合はOFFにする。

③主となるスピーカ（メインスピーカ）に送出するスイッチ（ステレオ出力スイッチ、またはグループ出力スイッチ）などをONにして、マスターフェーダを基準レベル（基準目盛）に合わせる。

④GAINまたはTRIMのツマミで、入力レベルを最小に絞り込む

⑤入力フェーダを基準目盛まで上げ、マイクで喋りながらレベルメータが適度な振れになるようにGAINのレベルを上げる。適度なレベルとは、最大レベルになったときにレベルメータが振り切れない程度を想定したレベルである。

⑥この状態で「スピーカの音量が適度」になるように、パワーアンプのGAINを調整する。

⑦これで基本設定は完了。

ショックノイズ　アンプの電源を入れた瞬間に、アンプから発生する「ボツ」という雑音。

⑧同じ方法で次々に、別の出力に接続してあるパワーアンプのGAIN（スピーカの音量）を設定する。

劇場の設備は、すでにこれらの設定を完了している。

B) マイクロホンのチェック例

スピーカのレベル設定が終了したら、次はマイクのチェックを行う。

マイク・チェックを短時間で済ませるには、あらかじめチェックするすべてのチャンネルのMUTEをOFF、送出スイッチなどをONにして、入力フェーダを上げれば音が出る状態にして、GAINまたはTRIMのツマミを最小に絞っておいてから（または、いつものレベルで）、マイク・チェックを開始する。

これらの設定を、チェックを開始してから1チャンネルごとに行っていたのでは手際が悪い。

チェックの進め方は、次のとおりである。

① マイクを指で擦ってもらい、擦る音で仕込み図のとおりに接続されているかを確認する。
② 次に喋ってもらい、いつもの音質であるかを確認する。チェックのための言葉は「ワン、ツー」が国際標準で、ゆっくりと喋ると騒々しくない。この言葉を2回繰り返す程度でマイクが正常かどうかを判断できないと、オペレータとして通用しない。初めて使用するマイクでない限り、「ヘイ、ヘイ」「チッ、チッ」「ツー、ツー」という性能判定は無用である。
③ マイク回線にノイズが乗っていないかをチェックする。
④ マイクの極性が同一になっているかをチェックする。違っているときは「φ」のスイッチをONにして同一にする（いつも使用している機材のときはこのチェックを省略する）。
⑤ ハウリングを起こすレベルを調べる。このとき、ハウリングするレベル以上にフェーダを上げることはできないので、フェーダを最大にした状態でハウリングが起きないように、GAINを調整してもよい。

このよう1本ずつレベル設定しても、数本のマイクロホンを同時に使用すれば当然、設定レベル以下でもハウリングするので注意をしなければならない。
⑥ 同じ方法で、次々にすべてのマイクをチェックする。

これで設定とチェックは完了である。

この後は音合わせ（サウンドチェック）をして、リハーサルに臨むことになる。チェックと設定を確実にやっておけば、音合わせやリハーサルはスムーズに進行できる。

リハーサルをしないで、いきなり本番となる「ぶっつけ本番」の場合は、音響スタッフのチェックの声で本番の声量を想定するが、これは経験を積むことで可能になる技である。

C) サウンドチェック

サウンドチェックは、リハーサル前に実際に演者の協力を得て、レベル、音質、バランスを設定する作業である。

コンサートのサウンドチェックには、次の2つのスタイルがある。

一つは、1人ずつ演奏してもらい、音を決めていく方法である。最後に全員で演奏してもらうが、このとき予測してない音になることがある。これは「被り込み」を想定していなかったからで、楽器を1つずつ演奏したのでは被り込みが分からないからである。

もう一つのサウンドチェックは、いきなり全員による演奏をしてもらい、「被り込み」がある状態で音質とバランスを設定する方法である。補助的なSRのときはこの方法が適している。ジャズなどでは、この方法により1コーラスでサウンドチェックを完了させないとエンジニアの技量を疑われることになる。順序は「低音から」などといわれ、ベース→ドラムス…という具合に、一度設定するとそのままで済む楽器から決めていくと上手くバランスがとれる。当然、この順にマイクを接続しておくとよい。

図7-20　入力フェーダを基準レベルで一直線

音合わせのとき、入力フェーダを基準目盛にして、レベル調整はGAINで行うと入力フェーダが一直線に並ぶので操作しやすくなる。このようにすることで調整卓内のレベルマッチングも良好になる。

第6場　モニタ調整卓

簡単なステージモニタは、調整卓のAUX回路を使用して行うことが多いが、大掛かりなコンサートなどではモニタ専用の調整卓を舞台袖に設置して、専門のエンジニアがミキシングする。

演奏者に近い位置で操作するので、演奏者の合図（目配せによる合図＝アイコンタクト）がよく分かり、エンジニアからの合図も届くのでコミュニケーションがよくなり、トラブルが少なくなる。

モニタ卓は、たくさんのモニタを、それぞれ異なったバランスにするために使いやすくしたもので、直感的にバランス変更ができるように考慮されている。

第7場　デジタル調整卓

デジタル調整卓は、図7-21のように、マイクからのアナログ信号をADCでデジタル信号に変換して、その信号をデジタル・シグナル・プロセッサ（DSP）でアナログ調整卓と同様の処理をして、その後、DACによりアナログ信号に戻してパワーアンプなどに送出される。

レベル操作、音質調整、出力切り替えなど、アナログ卓と同様の操作部分（操作卓）は、DSPのリモートコントローラであって、操作卓内を音響信号が通過しているわけではない。DSPを操作卓に内蔵させた機種や、デジタルマルチケーブルを用いて舞台上でデジタル信号にしてしまう機種もある。

デジタル化された信号は容易に様々な処理ができるので、デジタル卓にはリバーブやディレイ、ダイナミックスと呼ばれるコンプレッサやゲートなども内蔵されている。

ADC	Analog to digital converterの略記号で、アナログ信号をデジタル信号に変換する電子回路のこと。
DAC	digital to analog converterの略記号で、デジタル信号をアナログ信号に変換する電子回路のこと。

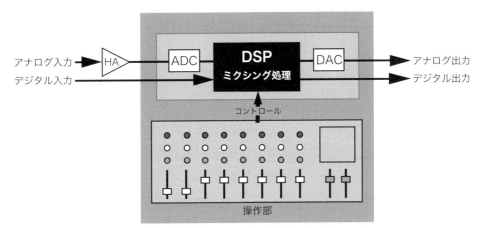

図7-21　デジタル調整卓の概略図

　プリセットで済む調整箇所は陰に隠れていて、設定のときだけ呼び出して調整するので、操作卓に付いているツマミやボタンは少なくなっている。

　その設定は図7-22のチャンネル・パラメータ操作部であって、出力回路の選択や各種エフェクタの設定をして、次々に全入力チャンネルを設定する。1つの入力チャンネルの設定を行い、それを他のチャンネルに一瞬にコピーもできるし、入れ替えも一瞬にできる。そして、入力フェーダを一斉にAUXフェーダに切り替えることもできる。

　また、全体の設定をメモリできるので、再演に便利であるし、自分流の設定を保存しておいていつでも呼び出せる。PCソフトを用いて事前に余所で設定作業をし、そのデータをデジタル卓に取り込むこともできる。

　デジタル卓は、同一のフェーダやツマミを幾つかの機能と共用しているので慣れないと戸惑うこともあるが、アナログ卓の音響信号の流れを思い起こせば操作しやすい。

　デジタル卓の設計理念は、操作ツマミを減らし部品を少なくして、安価で、シンプルで、小型でありながら、多機能、多チャンネルの回路を有することである。

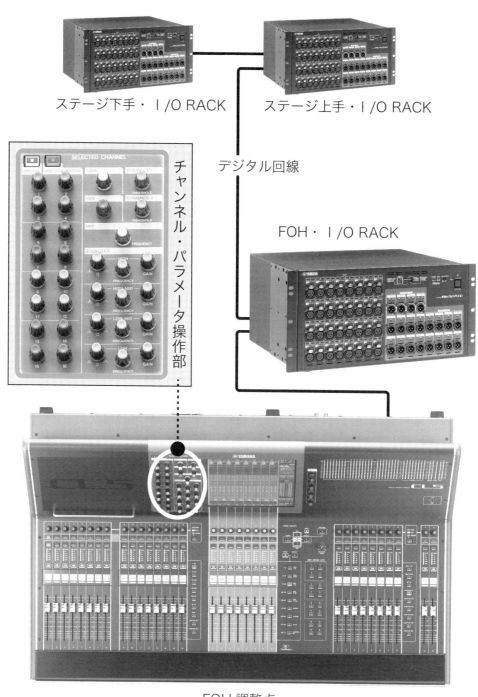

図7-22 デジタル調整卓

第8幕 パワーアンプ

第1場　パワーアンプの性能表示

　パワーアンプは、音響調整卓から出力された電気信号を増幅してスピーカを作動させるためのアンプで、電力増幅器ともいう。パワーアンプとスピーカは正しく接続しないと、本来の性能を発揮できず、スピーカを破損させることもある。

　パワーアンプの性能は定格、規格、仕様などとカタログに表示され、さまざまな用語・基準で書かれている。国内の規格にはJISとJEITAがあり、国際規格としてはIEC、AES、ISOがある。その他にアメリカのANSIやMIL、英国のBS、ドイツのDINなどがある。

　したがって、メーカによって基準や表記方法が異なっているので、カタログを見ただけでは正当に比較することはできない。

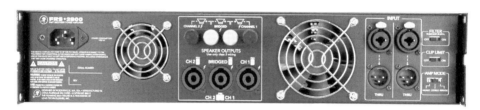

《パワーアンプの裏面（AMCRON製）》

A）定格出力

　定格出力とは、表示されたインピーダンスの負荷（スピーカ）を接続したとき、規定の全高調波歪率（THD）以内で、長時間連続して取り出せる最大出力レベルをW（ワット）で表示したものである。「実効出力」「連続出力」ともいう。また、2チャンネルのアンプを合体してモノラルで使用する方法を「ブリッジ接続」といい、「ブリッジモノラル出力」、「BTL出力」とも表示する（第4場に詳細）。

　パワーアンプの出力はスピーカのインピーダンスによって異なるので、スピーカのインピーダンスを併記する。

　「20Hz～20kHz両ch動作THD 0.1％」という但し書きが付いて、8Ω・240W＋240W、4Ω・400W＋400Wとあるときは、20Hz～20kHzにおいて、両方のチャンネルを同時に0.1％の歪率以内で駆動させたとき、負荷8Ωでは片方のチャンネルが240W、負荷4Ωでは400Wの出力が得られることを示している。

「1kHz、THD 0.1%」と測定条件を書いてある場合は、歪率0.1%を許容範囲として、1kHzのサイン波で測定している。当然、1kHzによる測定の方が好成績になるので、両データを単純に比較することはできない。

接続するスピーカのインピーダンスを小さくすると出力は増すが、機種によって接続可能な最小インピーダンス値が決っているので、それ以下のスピーカを接続するとアンプを破壊させることもあるので注意を要する。

B）周波数特性

周波数特性は、±0.25dB（20Hz～20kHz）などと数値で表すが、これは1kHzを基準として、20Hz～20kHzの範囲内で出力レベルの偏差が＋0.25dB～－0.25dB以内であることを示している。この表示で音質の善し悪しを判断するのは難しいので、プロ用機器としての基準をクリアしている証明と考えればよい。人の聞こえる周波数範囲で、特性が平坦であるということである。

C）入力感度

定格出力を出すために必要な入力信号レベルのことで、「定格入力」と表示することもある。デシベル値（dBu）または電圧値（V）で表示され、数値が小さいほど感度が高い。

パワーアンプに過大信号が加わると、過大な出力でパワーアンプやスピーカを破損させることがあるので、音響調整卓の出力レベルとパワーアンプの入力感度はマッチング（整合）させる。

「＋4dB（可変）」と表記されている場合は、基準は＋4dBで、入力信号レベルを調節ツマミで調整することが可能である。

D）入力インピーダンス

アンプ入力のインピーダンスである。

10kΩ～50kΩが一般的で、接続する調整卓やプロセッサの出力インピーダンスは150Ω～600Ωのものが多い。この状態で接続することを「ローインピーダンス送り、ハイインピーダンス受け」といい、略して「ロー出し、ハイ受け」と呼んでいる。この接続方法は、1つの出力に数台のアンプを接続するときに有効である。

E）SN比

定格出力レベル（signal）と残留ノイズレベル（noise）との比率である。カタログなどには、S／Nと表記され、dBの値で表示される。この数値が大きいほどノイズが少ないことになる。

F）クロストーク／チャンネルセパレーション

クロストークは、ステレオ方式のパワーアンプの場合に、L側の信号がR側へ、またはR側の信号がL側へ漏れる程度である。dB値で表示され、dB値が低くなるほどクロストークは小さくなる。つまり－60dBよりも－65dBの方がクロストークは小さいことになる。

クロストークは、信号の周波数が高くなるほど悪化するので、周波数を特定して「－60dB以下（20kHz）」などと表示する。

また、クロストークのことを、左右のチャンネルが分離している度合という意味で、チャンネルセパレーションと表記することもある。

G）全高調波歪率／THD（Total Harmonic Distortion）

アンプに信号を入れると、入力信号以外に整数倍の周波数の信号（高調波）が発生し、それらが合成されて信号が変化する。これを「高調波歪」という。例えば、アンプに1kHzの信号を加えたとき、出力に1kHzだけでなく、2kHzや3kHzなどの信号がわずかに発生するのである。

高調波歪には、奇数高調波歪、偶数高調波歪などが存在するので、これらすべてを合わせたものを全高調波歪と呼んでいる。

また、入力信号と全高調波との比率を％で表示したものが全高調波歪率である。数値が小さいほど歪が少ない。単に「歪率」と書いてある場合は、「全高調波歪率」のことである。

H）混変調歪率／IMD（Inter Modulation Distortion）

アンプに2種以上の信号が加わると、互いに影響し合って、入力した信号以外の成分が発生し、耳障りな音になる。

これを「混変調歪」と呼び、この割合を％で表示したものが混変調歪率である。

残留ノイズ　　　アンプの入力信号を切るか、入力をショートした状態で出力に現れるノイズ。

I）ダンピングファクタ

アンプの出力信号どおり、スピーカを正確に動かせる度合いを推測する値のことで、damping factor を略して DF 値ともいう。単位はない。

ダンピングファクタが良いと、歯切れのよい音になる。

第2場　保護回路（プロテクタ）

保護回路とは、部品不良による異常動作、使用方法の間違いなどからパワーアンプを破損させ、さらにスピーカを破損させないようにする回路のことである。

A）過電流保護回路

出力回路または電源回路に**ヒューズ**や**サーキットブレーカ**、または**リレー**を入れて切断する回路を過電流保護回路という。

アンプのスピーカ端子がショートしたときに出力トランジスタに過大電流が流れるのを防ぐものと、AC電源に過大電流が流れたときに作動するものとがある。

B）DC保護回路

出力トランジスタの故障で、スピーカに直流（DC）が流れるとスピーカを破損させる。

その防止回路がDC保護回路である。DCを検出する回路とリレーで構成されている。

C）温度保護回路

パワーアンプに連続して過大信号が入ったときなど、出力トランジスタが過熱して破損しないようにする回路である。

トランジスタまたは**ヒートシンク**に温度センサーを取り付けて、温度が

ヒューズ	過大電流が流れると溶けて回路を遮断する、薄い板状、または細い線状の金属。
サーキットブレーカ	定められた以上の電流が流れると回路を自動的に遮断する装置。
リレー	電気回路を接続したり切り離したりする装置。
ヒートシンク	トランジスタの熱を放射させる放熱板。

90℃〜100℃位まで上昇すると電源または出力が切れるようになっている。

これらの保護回路は、機器が正常に戻ると自動的に復帰するものと、ヒューズやサーキットブレーカを使用していて手動で復帰させるものとがある。

D）電源を入れたときの保護回路

アンプの電源を入れてから内部回路が安定するまで、スピーカ端子を切り離してスピーカを保護する回路である。

アンプの電源を入れた直後は、内部回路が不安定で出力に直流が流れることもある。この直流でスピーカを損傷させないために、電源を入れて5秒ほどしてからスピーカを接続させる回路である。リレーなどを使うことが多い。

また、電源を切ったときには、リレーがオフとなり、スピーカを切り離しノイズの発生を防ぐ。

第3場　クリッピングの影響

パワーアンプが限界を超えて使用された場合、**クリッピング**が発生する。アンプのクリッピングは、図8-1のように先端が切り取られて平坦な波形になる。

このため、直流成分と共に高調波が多くなり、スピーカの**ボイスコイル**を加熱させて破損させることがある。特にマルチスピーカシステムの場合は、高音域スピーカへの影響が大きい。

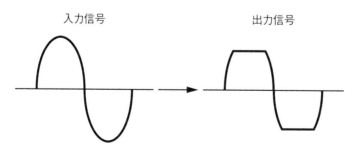

図8-1　アンプのクリッピング波形

クリッピング	アンプやスピーカへの入力信号が規定レベルを超えると、出力信号の波形の先端（規定を超えた部分）が削り取られた状態になること。クリッピングされた波形には無数の高調波が含まれ、圧迫感のある濁った音になる。
ボイスコイル	スピーカに与えられた電気信号を、振動板を動かす力に変換するためのコイルのこと。

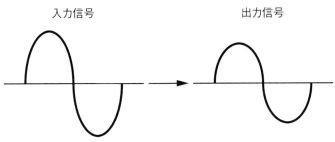

図8-2　スピーカのクリッピング波形

　図8-2は、スピーカのクリッピングの様子である。スピーカの場合は波形の頭が丸くなるので聴感上は問題ないが、アンプのクリッピングは角張った波形になるので、ザラザラした耳障りな音になる。
　クリッピングを避けるには、あまり大きな音を必要としないときでも、定格出力の大きいアンプを用いて余裕を持たせ、入力レベルを抑えて使用するとよい。または、アンプ入力にコンプレッサを入れる。

第4場　ブリッジ接続

　ブリッジ接続は、図8-3のようにしてステレオアンプをモノラルアンプとして使用する方法である。そのためには、片側のチャンネルの極性を反転させて入力し、両出力の＋側にスピーカを接続する。
　このようにして使用すると、理論上は4倍のパワーを得られるが、実際には

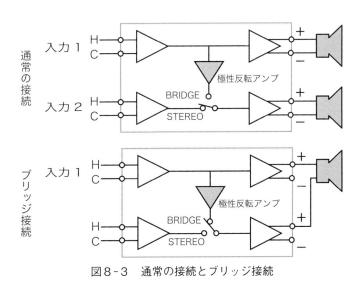

図8-3　通常の接続とブリッジ接続

電源容量の制約で2倍程度である。

また、最低負荷インピーダンスは2倍になるので、スピーカのインピーダンスに注意が必要である。

通常はブリッジ接続に切り替えるスイッチが付いていて、入力端子のL側に入力信号を接続すれば、R側に逆極性の信号が入力される。

第5場　パワーアンプとスピーカの接続ケーブル

パワーアンプとスピーカを接続するケーブルは、その材質の違いで音質に大きな影響を与える。アンプからスピーカまでの距離が長く、ケーブルが細いなど、抵抗値の大きいケーブルを使用すると、伝送するエネルギーを減衰させるだけでなく、ダンピングファクタにも大きく影響を与える。

パワーアンプとスピーカの選定は重要であるが、それにも増してケーブルの選定は重要である。

A）スピーカケーブルの抵抗値／線間電力損失

細いスピーカケーブルを使用するとケーブルの線間抵抗値が大きくなり電力損失が増加して、音質を劣化させ、ケーブルが熱を持ち被覆を破損させることもある。

ケーブルの抵抗値は材質にもよるが、細くなると大きく、また、長いほど大きい。

パワーアンプの出力に接続される負荷のインピーダンスは、「スピーカのインピーダンス」だけでなく、「ケーブルの抵抗値」を加えたものになる。

例えば、200Wのアンプに8Ωのスピーカを接続すると、出力端子の電圧は、

$$W = \frac{V^2}{R}$$

$$200 = \frac{V^2}{8}$$

$$V^2 = 8 \times 200 = 1600$$

$$V = 40 [V]$$

になる。

図8-4　パワーアンプとスピーカの接続

ケーブル抵抗値の合計が0.132Ω（往復）のケーブルを使用して、8Ωのスピーカをアンプに接続したとき（図8-4）、アンプに接続される負荷R'は、

$$R' = 8 + 0.132 = 8.132 [\Omega]$$

になる。

このときの実質的な出力W'は

$$W' = \frac{V^2}{R'} = \frac{1600}{8.132} = 196.7 [W]$$

になる。

この196.7Wの内、ケーブルで損失する電力W"は

$$I^2 = \frac{W'}{R'} = \frac{196.7}{8.132} = 24.19$$

$$W'' = I^2 R = 24.19 \times 0.132 = 3.19 [W]$$

となり、これは熱となる。

スピーカに入力される電力Wiは

$$Wi = [実質出力] - [ケーブル損失電力] = 196.7 - 3.19 = 193.5 [W]$$

となる。

B）ダンピングファクタへの影響

スピーカは、ダンピングファクタが良いと、信号の変化に対して正確に動作するので、力強い低音とクリアな高音が得られる。

次の計算式のように、スピーカ側からみたアンプ側のインピーダンスは、アンプの出力インピーダンスにケーブル抵抗値が加算される。したがって、ケーブル抵抗値が大きいとダンピングファクタは低下する。

$$ダンピングファクタ = \frac{アンプの標準インピーダンス（8\Omega）}{[アンプの出力インピーダンス] + [ケーブル抵抗値]}$$

アンプとスピーカを一体化したパワードスピーカは、スピーカケーブルが極端に短くなるので、ダンピングファクタを向上させるのにふさわしい。

C) 接続コネクタ

ケーブルそのものが良くても、両端に取り付けたコネクタの接触点の面積が狭ければ抵抗値が大きくなり、スピーカケーブル全体の抵抗値が大きくなる。

また、ケーブルをコネクタのピンに接続するのにハンダを用いると、ハンダによって抵抗値が増加するので、圧着などにするとよい。

《スピーカ・コネクタの定番、スピコン、左が機器側、右がケーブル側》

第6場　デジタルパワーアンプ

デジタルパワーアンプはスイッチング技術を応用したアンプである。

アナログのアンプは、増幅の方式の違いにより、A級、B級、C級がある。これらに対してデジタル方式を採用したものをD級アンプと呼んでいる。

スイッチングという動作はスイッチを入れたり、切ったりする動作のことで、この制御を高速で行うものであり、PCの外部電源や照明器具、テレビなどの家庭電化製品、エレベータ、エスカレータなどのモータ制御などの電子機器として広く利用されている。

この技術は電力の利用効率が良く、アンプにスイッチング技術を応用すると、大きな放熱器が不要になり、アンプの小型軽量化と大出力化などの利点がある反面、スイッチングによるノイズを発生して周囲の機器に影響を与えることがある。

デジタルパワーアンプの概略は図8-5のように、入力部の「PWM信号生

成回路」、パルス信号を増幅する「パルス増幅回路」、アナログ信号に変換する「LPF（ローパスフィルタ）」で成り立っている。PWM（パルス幅変調）はpulse-width modulationの略で、アナログ信号を0と1に記号化するための単純なスイッチ回路である。スイッチは閉じると最大の電力が供給され、開くとゼロとなる。ただON／OFFだけではなく、ONとOFFの時間（パルス幅）を信号の大きさと対比させている。PWMで生成されたパルス信号は増幅され、最後にLPF（ローパスフィルタ）でアナログ信号に変換される。

アナログ信号の入力だけでなく、デジタル信号も入力できる機種もある。

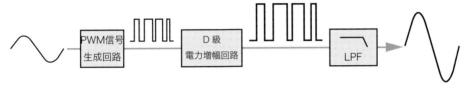

図8-5　デジタルパワーアンプの概略図

第9幕

スピーカシステム

| 第1場 | スピーカの構造と種類 |

スピーカは、音の電気信号を音波に変換するためのトランスジューサ（変換器／ユニット）である。正しくはラウドスピーカ（loudspeaker）というが、日本ではスピーカで通用する。また、エンクロージャ（筐体）に組み込まれたものをスピーカシステムとも呼んでいる。

スピーカシステムは、トランスジューサとエンクロージャ、場合によってはクロスオーバにより構成される。

トランスジューサにはコーン、ドーム、コンプレッションドライバ、リボン、コンデンサなど、さまざまなダイアフラム（振動板）の形式のものがあるが、一般的にコーンとコンプレッションドライバが用いられる。また、電流によりコイルが動いてダイアフラムを動かすムービングコイル方式が一般的であるが、コイルが固定されていてコーンに接続されたマグネットが動くムービングマグネット方式のものもある。

エンクロージャには、コーンスピーカのユニットの前に何もない直接放射方式のダイレクトラジエータ型、スピーカユニットの前面がホーンになっているフロントロードホーン型、スピーカユニットの背面がホーンになっているバックロードホーン型などがあるが、一般的にはダイレクトラジエータ型が主流である。

コーンのトランスジューサとダイレクトラジエータのエンクロージャと組み合わされたものをコーン型スピーカ、コンプレッションドライバがホーンと組み合わさったものをホーン型スピーカと呼んでいる。

A）コーン型スピーカ

コーン型は、図9-1のようにダイアフラム（diaphragm）を円すい形（cone）にしたものである。ダイアフラムはボイスコイルに直結していて、アンプから送られてくる信号によりボイスコイルが動き、ボイスコイルの動きにつれてコーンが振動し、コーンの動きで空気を振動させて音波を発生させる。

B）ホーン型スピーカ

ホーン型は、図9-2のようにドライバとホーンで構成されていて、ドライバのダイアフラムで発生した音波は、フェーズプラグ（位相調節）のスリット

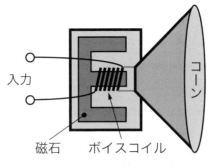

図9-1　コーン型スピーカ

(すき間)を経由して、ダイアフラムの径より小さい円形のドライバの出口に到達する。スリットはダイアフラムの各場所から出たエネルギーが出口に同位相で届くように設計されている。ダアヤフラムの面積に対し、ダイアフラムに面するフェーズプラグ上のスロットの開口の総面積は小さいため、通常、5倍から10倍の圧力が生じ、ダイアフラムの振動は抑制される。この圧縮された位相の揃った振動が、ラッパ形をしたホーンを通して空中に放射させるものである。

ダイアフラムを動かす方法はコーン型と同じであるが、ドライバの効率の高さとホーンによる指向特性の制御によって比較的高い音圧が得られるのが特徴である。反面、コーン型に比べて再生できる周波数帯域が狭くなる。低音用は極めて大形となるので実用的ではなく、中・高音域用として用いられている。

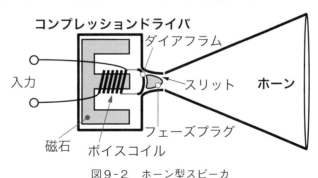

図9-2　ホーン型スピーカ

第2場　エンクロージャ

エンクロージャは、キャビネットまたはスピーカボックスとも呼ばれ、コーン型スピーカを正常に動作させ、性能を改善する役目をしている。

コーン型スピーカは図9-3のように、前方と後方ではダイアフラムが逆に

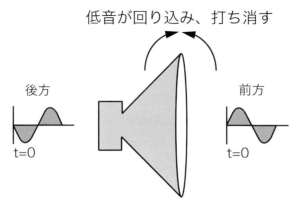

図9-3　コーンスピーカの前と後の位相関係

動いているので、放射される音波の位相は全周波数で逆になる。

音は周波数が低くなるほど回り込みが多いので、スピーカユニットから放射された音は、「前方に放射された低音」と「後方の逆位相の低音」が合成され打ち消されるので、低音不足の音になる。

エンクロージャの役目の一つは、この位相干渉をなくすことである。

音の回り込みを阻止するための板（**バッフル板**）は、阻止したい音の波長より大きくなければならない。したがって低音域を遮断するには、かなり大きな遮音板が必要になる。例えば、50Hzを阻止するには、7mもの大きなバッフルが必要になる。

図9-4は、スピーカの前後を隔離するための手段で、(c)のように背面を密閉したボックスにすれば、スピーカの前と後は完全に遮断できる。この形のエンクロージャを密閉型という。密閉型のエンクロージャは周波数が低くなるとエネルギーが低下する。

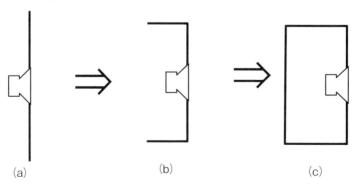

図9-4　エンクロージャの役目

| バッフル板 | baffleは「隔壁、仕切り」という意。コーンスピーカの前後の音が合成されないように仕切る板をバッフル板という。 |

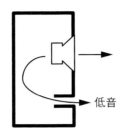

図9-5　バスレフレックス型エンクロージャ

図9-5は、コーンスピーカの後方から発生した低音をボックスの中に閉じこめないで、位相を反転させてポートと呼ばれる穴から出して低音を補強する構造である。これをバスレフレックス型、略してバスレフと呼んでいる。

第3場　スピーカシステムの基本特性

スピーカのカタログやマニュアルには、次のような項目について説明が書いてある。スピーカを破損させないために、またはスピーカ本来の性能を発揮させるために、諸特性について理解しておく必要がある。

A）感度とパワーレベル

スピーカの最も基本的な特性の一つが「感度（センシティビティ）」である。感度とは、スピーカに1ワット（8Ωのスピーカでは2.83V）の電気エネルギーを加えたとき、スピーカの正面の音圧レベルをデシベルで表したものである。

通常は、スピーカ正面1mの距離の音圧レベルを用いる。

スピーカは、トランスデューサ（エネルギー変換装置）としては非常に効率が悪く、入力されたエネルギーの1％程度が音になり、99％は熱などになってしまう。感度は、一般的にスピーカの口径が大きいほうが高くなる。

一般的な目安としては、コーンスピーカの感度は80dB～90dBで、コンプレッションドライバは100dB～110dBである。

スピーカの感度で注意すべきことは、データの測定条件である。現在はAESやIECなどの基準により、測定に使うノイズなどは統一されているが、メーカの都合の良い信号を使っている場合やインピーダンスの定義が異なる場合もあるので注意しなければならない。ただし、このような場合は、仕様書に測定条件が記載されているはずである。

感度は、スピーカのチューニングをする上で重要であるが、スピーカの正面

で測定されるので、スピーカ正面以外へ放射される音のエネルギーに関する情報は表していない。

図9-6の2つのスピーカ(1)と(2)の感度に、6dBの違いがある。6dBを電気エネルギーに換算すると4倍の差になるので、BでAと同じ音圧レベルを得るには(3)のように4倍のパワーを投入しなければならない。

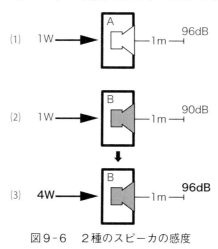

図9-6　2種のスピーカの感度

B) インピーダンス（ノミナルとミニマム）

スピーカのインピーダンスは、通常8Ωや4Ωという値で表される。周波数によりインピーダンス値が異なるのに1つの値で表示されているのは、スピーカの再生周波数帯域で最も小さいインピーダンスがスピーカの特性を調べる上で重要だからである。

この最小インピーダンスを「ミニマム・インピーダンス」という。それはオームの法則から分かるように、インピーダンス値が小さくなるとスピーカへ流れ込む電流が最も大きくなるからで、これが「スピーカの耐入力」と関係するのである。

しかし、図9-7のように最小となるのは特定の非常に狭い範囲の周波数だけで、その周囲は比較的広い範囲で、それよりもわずかに高いインピーダンスとなっている。

これを「ノミナル・インピーダンス（公称インピーダンス）」という。実際はこの値が仕様書やカタログに記載されている。

このノミナル・インピーダンスに整合するパワーアンプの選定を行う。

しかし、スピーカを何台もパラレル（並列）に接続してインピーダンスを2Ωなどにして1台のアンプで鳴らす場合、仮にパワーアンプが2Ω対応であっ

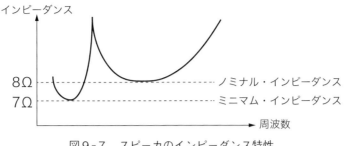

図9-7　スピーカのインピーダンス特性

たとしても、並列接続されたスピーカのミニマム・インピーダンスが1Ω以下になる可能性もあり、これがパワーアンプ破損につながることがあるので注意が必要である。

C) 許容入力と最大音圧（リニアリティ）

スピーカの許容入力は、50Wや200Wなどと電力で表示される。

電力を音圧レベルに換算するには、対数を使えばよいが、1Wに対し、

　　10W　→　10dB

　　100W　→　20dB

　　1000W　→　30dB

のように、電力が10倍でそれぞれ10dBずつ音圧レベルが増加すると覚えておくと便利である。

そして、電力（W）が2倍になるごとに3dBずつ音圧が増える。

例えば、

　　20Wは10Wの2倍　→　10dB ＋ 3dB ＝ 13dB

　　40Wは20Wの2倍　→　13dB ＋ 3dB ＝ 16dB

　　200Wは100Wの2倍　→　20dB ＋ 3dB ＝ 23dB

となる。

スピーカの許容入力はスピーカに加えることのできる最大の電力であるから、スピーカの最大音圧レベルはスピーカの感度（1Wのときの音圧レベル）に、1Wに対する最大許容入力の比のデシベル値を加算すれば得られる。

例えば、感度90dBのスピーカの許容入力が100Wの場合、

$$90\text{dB} + 20\text{dB}\ (100\text{W} = 110\text{dB})$$

が、このスピーカの最大音圧レベル（1m）である。これは日常、行われている計算方法である。

しかし、ここで注意しなくてはならないのが「リニアリティ」である。

リニアリティとは直線性のことで、スピーカにおいては「入力されたエネルギーに対し、スピーカの出力がどれだけそのまま直線的に増加するか」を表すものである。スピーカへ大きなエネルギーが入力されると、ボイスコイルが過熱するため、インピーダンスが高くなり、電流が流れにくくなることにより、そこへ入力された電気エネルギーが音響エネルギーに変換される効率が低下する。

1Wに対して100W入力されても100倍の音響エネルギーは出ない。すなわち20dBプラスとはならないということである。この事実を把握していないと、単純な計算で110dB得られるはずが、実際には3dB程度低くなることがあるので注意しなければならない。

D）周波数特性

周波数特性は、音質を数値的または視覚的に表すための最も一般的な方法である。その代表的なのが「スピーカの音圧レベルの周波数特性」である。

カタログや仕様書に記載されているスピーカの周波数特性は、一般的に無響室においてスピーカ正面で測定された周波数ごとの音圧レベルであり、フラットであることが望ましい。スピーカの周波数特性がフラットでないと、入力された音が変化して、色付けされたことになる。

したがって、スピーカにかぎらず、音響の再生系に用いられる機器は、すべてフラットな周波数特性を持つことが望ましい。

E）指向性（指向角度、QとDI）

スピーカから放射された音は、後方で聴くよりも正面で聴いたほうが大きい。すなわち正面へ放射される音のほうのエネルギーが大きいということである。

そして、後方で聴く音は低音が過多になる。

このように、方向と周波数によって音の放射が異なる性質を指向周波数特性（指向性）という。この指向性は、スピーカの種類と放射する周波数によりそ

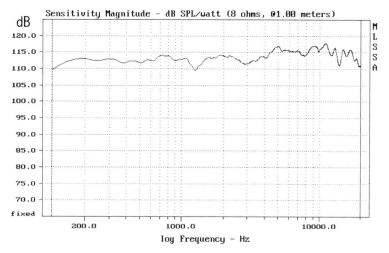

図9-8　中高音域スピーカの音圧レベルの周波数特性

れぞれ異なる。

例えば、コーン型スピーカの指向性は、口径が大きくなるほど、また周波数が高くなるほど指向性は狭くなる。

図9-9は、口径20cmの場合の、周波数の違いによる指向角度である。125Hzより低くなると無指向性になる。

スピーカの指向性を表す手法としてポーラレスポンスがある。ポーラレスポンスはスピーカの指向性を視覚的に捕らえるには都合の良いデータである。

そこで仕様書やカタログで用いられるのが、指向角度とQまたはDI（Directivity Index）である。

指向角度は、正面の音圧レベルから6dB下がったところまでの角度で、水平90°／垂直40°などと表記される。ただし、通常は定指向性で動作する帯域の

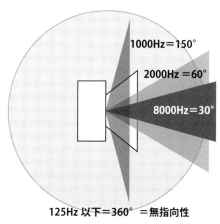

図9-9　周波数の違いによる指向角度

値を示しているので、特に小型のワンボックススピーカなどは対象周波数が4kHz以上の場合があるので、一概に適切に表記しているとは限らない。

さらに、QやDIもスピーカの指向性を表すのに良く用いられる。

そして、QやDIの値が大きいほど指向性が鋭いことを意味する。

指向角度はスピーカの正面方向への放射の様子を表すもので、正面以外への放射特性については全く関係ないのに対し、QやDIは指向角度を知ることはできないが、全体的な放射の特性を把握するのに役立つ。

QとDIは、スピーカ（音源）の全方向へ放射するエネルギーの平均と正面方向へ放射するエネルギーの比率である。

具体的には、無指向性音源はスピーカの全方向へ放射されるエネルギーが等しいことが定義である。したがって、全方向の平均に対する正面方向の比は1である。これをQ＝1という。

これに対し、無指向性音源を床の上に置いた場合、音は半球面方向にしか広がらない。床の下となる部分はエネルギーがゼロになるから、全方向へのエネルギーの平均は、正面の半分（正面方向は全方向の平均の2倍）であることから、Q＝2と表現される。

DIは単にQをデシベルに変換したもので、

$Q = 1 \quad DI = 0dB$

$Q = 2 \quad DI = 3dB$

$Q = 10 \quad DI = 10dB$

となる。

DIは、全方向に放射されるエネルギーの平均に対し、正面では何dB高いエネルギーが放射されるかである。

例えば、60°×40°のホーンスピーカのQは1kHzで12程度になり、それは主軸上で他の方向より平均して11dB程度、高いエネルギーが得られるということである。

したがって、QやDIは図9-10のように正面に放射されるエネルギーが高ければ高い値となり、指向角度とは直接の関係はない。ただし一般的に、指向角度が狭いほど正面方向のエネルギーも高くなるので、指向角度が狭いスピーカのほうが、広いスピーカよりもQやDIが高いと考えてよい。

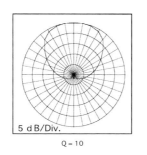 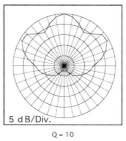

図9-10　同一Qでも異なった指向特性になる例

第4場　スピーカシステムの構造と種類

　コーン型スピーカの口径が小さいと高音は出やすいが低音は出にくい。口径を大きくすると、その逆になるし、ホーン型スピーカで低音を出すのは難しい。したがって、1個のスピーカで人間の可聴周波数全体の音を出すことは難しい。通信用またはスピーチならば、これでも通用するが、音楽の再生やSRでは満足できない。

　それを改善するために、低音に優れたスピーカと高音に優れたスピーカを組み合わせて、再生周波数帯域の広いスピーカシステムに仕上げる。

A）フルレンジ型スピーカ

　フルレンジ型は、低音から高音までを1種類のスピーカユニットで再生するものである。

　図9-11のように接続して使用する。通常、コーン型スピーカを使用するが、

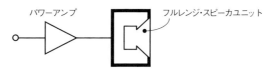

図9-11　フルレンジ型スピーカの接続

《フルレンジスピーカ（101MM／BOSE製）》

口径を大きくすると低音の再生には有利であるが、高音を再生しにくくなる。また、周波数が高くなるほど指向性が狭くなるので、スピーカの中心から外れると高音が低下する。

B）マルチウェイ型スピーカ

マルチウェイ型は、再生する周波数帯を分割して、帯域ごとに専用のスピーカユニットを使用するものである。再生周波数帯域は、一般的に図9-12のように分割される。

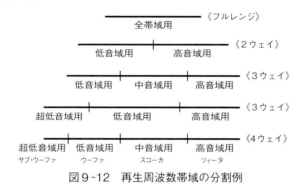

図9-12　再生周波数帯域の分割例

再生周波数帯域を2分割して、それぞれ専用のスピーカシステムを使用するものを2ウェイ（way）と呼び、3分割したものは3ウェイという。

マルチウェイ型は、次のような利点がある。

- 再生できる周波数帯域が広くなる。
- 許容入力が大きくなる。
- 帯域ごとに指向性を制御することも可能になる。

マルチウェイ型は、再生周波数帯域を分割する**クロスオーバネットワーク**をアンプの後に挿入する方式と、チャンネルディバイダをアンプの前に挿入する方式がある。クロスオーバネットワークはパッシブクロスオーバと呼ばれ、電源を必要としない反面、自由度が限られる。チャンネルディバイダはアクティブクロスオーバと呼ばれ電源を必要とするが、ラインレベルでの複雑な回路構成が可能となり、現在はデジタル化されている。

図9-13のように、各帯域が交差する周波数をクロスオーバ周波数といい、この周波数や交差点のレベル、またはハイパスとローパスのフィルタの減衰傾斜や種類、さらには各帯域の極性を変えることで、音質が変化する。

| クロスオーバネットワーク | 再生周波数帯を分割する装置で、電源を必要としないが、その反面、回路構成の自由度は低く、大型になる。 |

つまり、使われるトランスデューサの種類やスピーカに用いられるアプリケーションにより異なるため、一概にどのように設定すれば正しいとは言い切れない。パッシブスピーカはメーカが既に最良のネットワークを製品に組み込んでいるので、それをそのまま使うのが正しい。また、アクティブスピーカはメーカにより指定されたスピーカセッティングをそのまま使うべきである。自分でクロスオーバを設定する際の大原則は、フィルタの減衰傾斜や位相変化を把握して、クロスオーバ周波数で著しくレベルや位相が変化するのを避けるようにする。

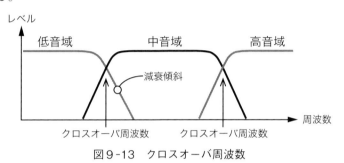

図9-13　クロスオーバ周波数

B-1　パッシブクロスオーバ方式（シングルアンプ）

図9-14のように、パワーアンプの出力をクロスオーバ・ネットワーク（デバイディングネットワーク）で周波数帯を分割して、それぞれ独立したスピーカを用いる方式である。

クロスオーバ・ネットワークは、一般的にコイル（L）とコンデンサ（C）を組み合わせた**LCネットワーク**を使用し、通常はスピーカボックスの中に組み込んでいる。

この方式は、アンプとスピーカの間に電子回路を挿入するのでインピーダン

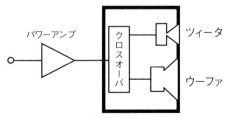

図9-14　パッシブクロスオーバ方式（2ウェイ）

LCネットワーク	コイルとコンデンサを用いたクロスオーバ・ネットワークのことで、電源を必要としない。パワーアンプを通過した後に周波数帯を分割する方式のときに、スピーカボックスに内蔵して使用することが多い。コンデンサは高い周波数の交流信号をよく通過させ、コイルは逆に周波数が高くなると通過させなくなるという性質を応用している。

スが増加して、ダンピングファクタが劣化することがある。

B-2　アクティブクロスオーバ方式（マルチアンプ）

図9-15のように、再生する周波数帯を分割して、帯域別に独立したアンプとスピーカを使用する方法である。再生帯域を分割するチャンネルディバイダは、パワーアンプの前に挿入され、クロスオーバ周波数と交差点のレベルは任意に設定できる。また、図9-16、図9-17のような組み合せもある。

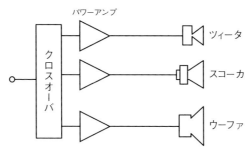

図9-15　アクティブクロスオーバ方式（3ウェイ）

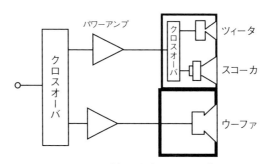

図9-16　併用型（バイアンプ）

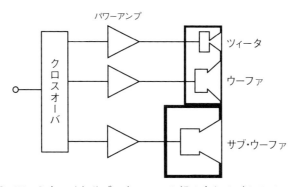

図9-17　2ウェイとサブ・ウーファの組み合わせ（トライアンプ）

この方式は、大型のSRシステムを構成するときに用いられる。利点は次のようになる。

- 帯域別にアンプのレベル調整ができる。
- アンプの受け持ち帯域が狭いので、アンプの混変調歪が小さい。
- 急しゅんなスロープや違ったタイプのフィルタにより、多様なクロスオーバが構成できる。

また、マルチ方式の場合はそれぞれのスピーカのダイアフラムから、聴取者までの距離が異なるので時間差が生じて、クロスオーバ周波数で位相干渉が発生する。

これを改善するには、図9-18のようにスピーカユニットの取り付け位置を調節するか、図9-19のようにディレイ回路を用いて近いほうのスピーカの音を遅らせる必要がある。

このようにして時間差をなくすように対策することを、タイムアライメントという。

同様に、2つのスピーカシステムを接近させて設置するときも、タイムアライメントを行う必要がある。

ただし、タイムアライメントは、あくまでも1つの聴取点のみで完全になる

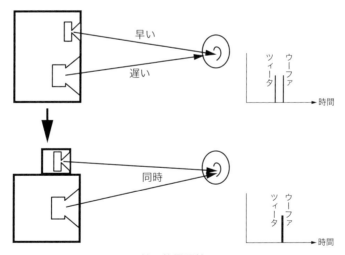

図9-18 ユニットの取り付け位置調節によるタイムアライメント

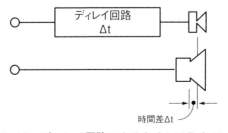

図9-19 ディレイ回路によるタイムアライメント

が、他の場所ではずれが生じて位相干渉が出ることは避けられない。レコーディングスタジオのように聴取点が1箇所の場合を除き、劇場のように広い範囲を対象とする場合は、他の場所の特性も考慮する必要がある。

第5場　スピーカから出た音の周波数特性の変化

いかに高性能なスピーカシステムを使用しても、設置場所と設置方法が不適切な場合、そのシステムは本来の性能を発揮できない。

例えば、次のような要因で、スピーカから出た音の周波数特性を変化させていることがある。

A) 振動で不必要な音を発生

スピーカから出た音が、スピーカを載せた台や舞台の床を振動させ、ノイズが発生することがある。

これを防ぐには、スピーカシステムの下に防振材を敷くか、スピーカ台を重たくて頑丈なものにして振動を防ぐ必要がある。

また、スピーカの音で、スポットライトや楽器を振動させてビリ付き（**共振**）ノイズを出すことがある。オペラやミュージカルにおける効果音再生による楽器の共振は、共振周波数のレベルをイコライザで下げて改善することもある。

B) 回り込みによる周波数特性の変化

スピーカを壁や床に近づけると、低音域が上昇することがある。

これは、図9-20のようにスピーカの裏側に回り込んだ音、床面に回り込もうとする音が反射して合成されるからである。この現象は、回り込みやすい低音域で顕著である。

これを改善するには、スピーカを台に載せて床から離したり、壁から離したり、吸音材を施したりする。

振動または反射による音質劣化を回避するには、スピーカを吊るのが有効で、三脚スタンドを使用するのもよい。また、壁に近づけることで回り込み音を利用して低音のレベルをかせぐこともできる。

共振	振動する物体に、その物体の固有（特有）の振動数（周波数）と等しい振動を外部から加えたとき、その物体が非常に大きく振動する現象。電気的または機械的な振動の場合であって、音の場合は共鳴ともいう。

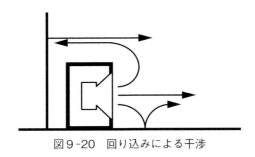

図9-20 回り込みによる干渉

C）反射音による周波数特性の変化

スピーカから放射された音は、図9-21のように壁・天井・床で反射して観客席に戻ってくる。

この反射音は、反射面の**吸音率（吸音量）**が周波数によって異なるので、周波数特性が変化する。ある周波数を吸音しやすい材質の壁で反射した場合、その周波数のレベルが低下した周波数特性になった反射音となるのである。つまり、反射によって周波数特性が変化するのである。さらに、音源から放射される音は、放射方向によって周波数特性が異なる。

このように、反射音はすべて異なった周波数特性を持っていると考えられる。

観客席では、音源から直接到達する直接音と、さまざまな周波数特性を持った反射音が合成され、観客の耳に届くのである。さらに、直接音と反射音、または反射音どうしが時間差を持って到達する。したがって、反射音の周波数特性と時間差は、すべての座席で異なっている。

このように反射音の影響で、観客席の周波数特性は一様にはならないのである。

例えば、図9-22のように、A点とB点の**ディップ**の周波数は異なるので、

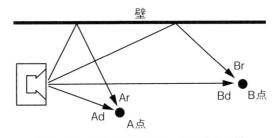

図9-21 壁などの反射による干渉の模様

> **吸音率（吸音量）** 音は壁に当たると反射する。壁の材質によって反射量は異なるが、反射が少なければそれだけ吸音されたことになる。壁に入射した音のエネルギーと反射音のエネルギーの比が反射率で、[1－反射率]が吸音率である。

図9-23のようにA点のディップをイコライザでチューニング（補正）すると、B点ではその周波数にピークが生じてしまう。A点を改善するとB点が悪化してしまうのでは、反射音の影響による周波数特性の変化をイコライザでチューニングするのは不可能である。

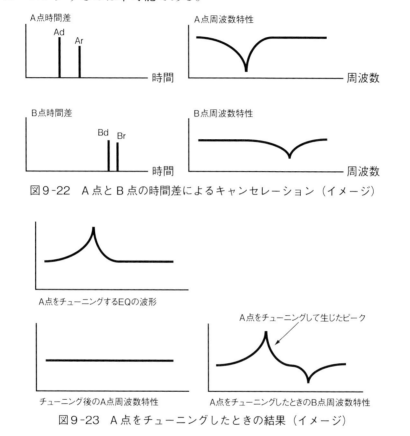

図9-22 A点とB点の時間差によるキャンセレーション（イメージ）

図9-23 A点をチューニングしたときの結果（イメージ）

さらに、複数の音の時間差により生じる位相干渉で、ある周波数のレベルが変化した場合は、原因がレベル差ではなく時間差なので、電気的なイコライザで修正することはできない。むしろ、位相がさらに乱れて、耳障りな音になる場合が多い。

D) 劇場固有の音響特性による音質変化

部屋には固有の音響特性があり、その影響でスピーカから出た音の周波数特性は変化する。

ディップ	dipは「くぼみ、凹み」という意。周波数特性の凹んだ部分のこと。
キャンセレーション	位相の異なる複数の信号が合成されて、打ち消されること。

劇場においても、スピーカから出た音が正常であっても残響周波数特性の影響を受けて、観客席で聞く音の周波数特性はさまざまに変化する。

例えば、残響周波数特性の高音域が上昇している場合は、スピーカから出た音も高音域過多になる。

このような場合は、イコライザでチューニングしても差し支えないが、そのためには原因が残響周波数特性であることを究明しなければならない。そのためには、観客の数箇所で測定して、すべて位置の波形が同様な傾向であれば、残響周波数特性によるものと判断できる。

しかし、数箇所の測定結果が異なる箇所はチューニングしてはならない。

第6場　複数のスピーカを使用したときの周波数特性の変化

同一空間に2個以上（2箇所以上）のスピーカを設置して同一音を出すと、必ず位相干渉を起こして周波数特性、指向特性、音圧分布を変化させる。

舞台では、多くのスピーカを使用するので、いかにして位相干渉から逃れてスピーカの本来の性能を発揮させるかが、音響技術者の課題である。

A）離して設置した場合

図9-24のように2つのスピーカを離して設置した場合は、聴取する位置が異なると、2つのスピーカからの到達時間が異なるので、位相干渉の具合も違ってくる。したがって、この状態でモノラル音を出したときは、座席の違いで周波数特性が異なることになる。ステレオ音源で鳴らしたときは、干渉の症状は軽い。

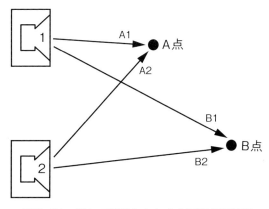

図9-24　離して設置したときの聴取点到達音

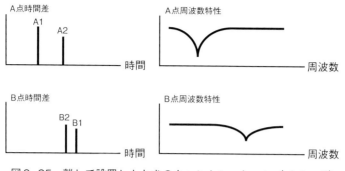

図9-25 離して設置したときのキャンセレーション（イメージ）

これらの周波数特性の変化も、聴取する位置で異なるので、イコライザでチューニングしてはならない。

なお、ステレオで鳴らすときは、図9-26のように双方のスピーカが観客席全体をカバーするようにしなければ、観客席全体でステレオにならない。ボーカル等はセンターからモノラルで送出する。

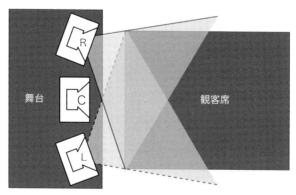

図9-26 ステレオの場合の設置例

B) 密着させて設置した場合

図9-27のように2つのスピーカを密着させて設置した場合、波長よりもスピーカ間隔が短いときは双方のエネルギーが合成されて、音圧レベルが上昇する。これをカップリングという。

カップリングは、双方の音量と位相が完全に一致した場合は6dB上昇し、それ以外は6dB未満となる。

高・中・低音域のスピーカを一体化したワンボックス型スピーカでアレイを組んだとき、高音域は指向性を制御してあれば合成されないが、中低音域ではエネルギー合成が行われ、中低音域の一部が上昇する。

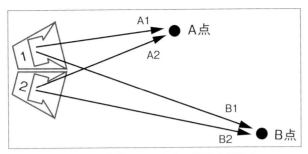

図9-27　密着させたときの聴取点到達音

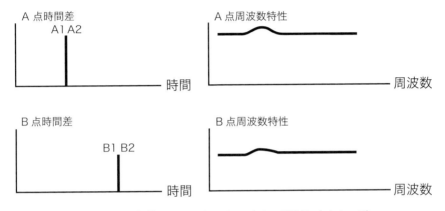

図9-28　密着させたときのカップリング特性（イメージ）

　この場合は、イコライザでチューニングしてよいが、このカップリングが観客席全体で一様に起きていることを確認してから行うべきである。カップリングの度合いが場所によって異なるときは、平均値をチューニングする。

　後方の幅が狭くなった台形スピーカの多くは、密着させたときにスピーカユニットのダイアフラムが密着するようにしたもので、周波数によっては、合成による音圧の上昇が中心部の狭い範囲で起きるので、注意が必要である。

　このようなシステムは、密着させて設置したとき、カバーエリアが均一になるように指向性をコントロールしたラインアレイ用のシステムであっても、アレイの組みかたによって特性が変化する。

D) モニタスピーカとの干渉

　ポップス系コンサートでは図9-29のように、多くのモニタスピーカを使用するので、SRスピーカの回り込み音とモニタの音、またはモニタどうしが邪魔しあっている。

　回り込みが多ければ、さらにモニタ音を大きくするので、ますます状態が悪

化する。この状態でモニタの音量を上げても効き目がない。

　また、特に低音はマイクにも回り込み音が飛び込んで、拾いたい音は埋もれ、位相干渉で生じたピーク成分でハウリングを起こしやすくなる。

　モニタの音が大きければ観客席にも漏れ、観客はモニタの音も聴くことになる。

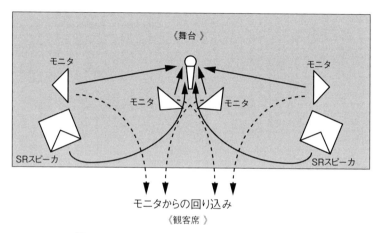

図9-29　モニタスピーカからの回り込み状態

　当然、観客席は時間差のある多くの音が合成されるので、高性能SRスピーカを使用しても、その能力を発揮できないことがある。

　モニタスピーカを余所に漏れないように配置して演奏者に近づければ、モニタの音量を抑えることができる。それぞれのスピーカの音量が小さくなれば、全体にクリアな音になる。

　この問題を一気に解決できるのは、ヘッドホンモニタである。ヘッドホンを付けても見苦しくない公演ならば使用するとよい。

　他に図9-30のようなワイヤレス方式のインイヤモニタがあるので、動き回る場合でもイヤホンを使用できる。ただし、ミックスバランスが非常に重要で、高度なミクシングを要求される。

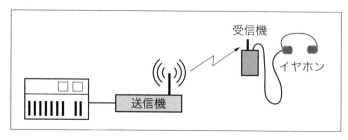

図9-30　インイヤモニタ概略図

両耳にイヤホンを装着するときは、ステレオで聞かせるのが望ましい。そうでないと、長時間の使用でストレスを与えてしまうことがある。また、レイテンシー（遅延）を避けるためには、アナログの装置を使用するとよい。

第7場　時間差の補正

私たちは、2つの耳に到達する音のわずかな時間差を聞き分け、先に聞こえた耳の方向に音源があると認識する（両耳効果）。

したがって、図9-31aのように2箇所にスピーカを設置し、両方のスピーカから同一音を再生して中央で聞くと真ん中から聞こえる。

次に図9-31bのように右側のスピーカを後に移動して、遠くなった分だけ音量を大きくしても、少し左側に寄って聞こえる。

今度は、図9-32aのようにスピーカを設置して、「話者の生の音」と「SRの音」を同一音量にしたときは、スピーカの方向から聞こえる。

次にbのように、話者が前に出てくると話者の方向から聞こえるようになる。スピーカの音量を少し大きくしても同様である。

図9-33のように、天井に設置したスピーカを用いてスピーチをSRすると、L1は音源に近いのでスピーカの音を意識しにくい。

ところが、L2は音源よりもスピーカに近いので、天井から音が来ていると認識する。

このとき、ディレイ装置を用いて「SR音」を「生音」よりも少しだけ遅れて聞こえるようにすると、L2でも音源の方向から聞こえるようになる。これをハース効果という。ただし、SRの音量が大き過ぎるか、生声が小さ過ぎると、この効果はない。

遅延させる時間は、L2より後方で不自然さを感じさせない長さで、観客L1にはエコー（音が2つ聞こえる状態）にならない範囲の時間に設定する。

遅らせる時間（遅延時間）は、次のように計算する。
- 観客からAとBの距離を測定
- ［A距離－B距離］で距離差を計算
- ［距離差×2.94msec］でAとBを同時に到達させる遅延時間を計算

（2.94msecは15℃で1m進むのに掛かる時間）

この遅延時間に5msec～15msecを追加した時間をディレイ装置で遅らせれば、L2の位置でも音源の方向から聞こえるようになる。追加する時間は試行

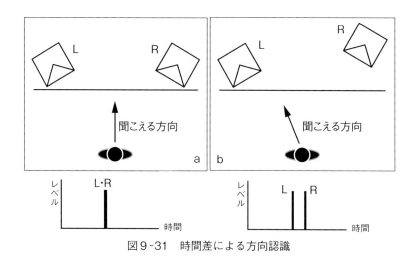

図9-31　時間差による方向認識

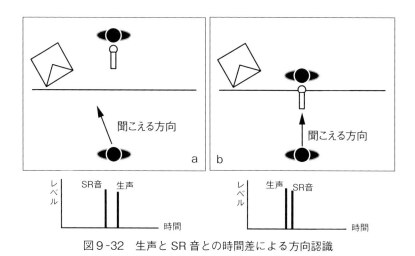

図9-32　生声とSR音との時間差による方向認識

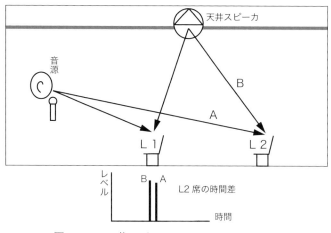

図9-33　天井スピーカシステムを用いたSR

錯誤で決定する。付加する時間を試行錯誤するので、1m進むのに掛かる時間を3msecにして計算してもよい。

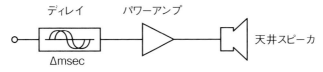

図9-34　ディレイ装置の接続方法1

図9-35のようにプロセニアムスピーカと天井スピーカを併用したとき、観客L2は天井の方向から音が聞こえる。

このような場合もディレイ装置を用いて、「音源」に対して「プロセニアム」と「天井」のスピーカの音を遅らせれば、音源の方向から聞こえるようになる。このとき、L1の位置でも試聴して、プロセニアムからの音で違和感が生じないかチェックをする。また、プロセニアムの遅れた音が演者に聞こえると、邪

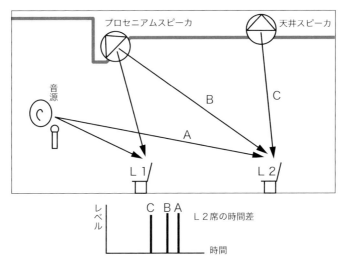

図9-35　プロセニアムと天井のスピーカを併用したSR

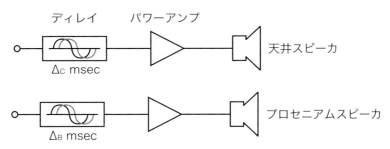

図9-36　ディレイ装置の接続方法

場内の温度は、観客の体温と空調の影響で変化するので、リハーサルと本番では変化し、音速も変化する。遅延時間は、温度変化を見込んで設定する。

第8場　ハウリング（フィードバック）

ハウリングは、図9-37のようにマイクで収音した音をアンプで増幅してスピーカから出したとき、スピーカの音がマイクで収音され、再び増幅されてスピーカから出るという状態が繰り返されて起こる発振現象のことである。また、ハウリングが発生することを「ハウる」という。海外では「フィードバック」と呼ばれている。

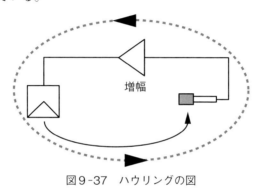

図9-37　ハウリングの図

周波数特性にピークの部分があると、その周波数でハウる。キーンという音の場合は高い周波数で、ブーンという音の場合は低い周波数でハウっている。マイクとスピーカが近過ぎるときや、マイクの本数が多いときはハウリングしやすくなる。

マイクとスピーカを同一空間に設置するSRでは、音量をどんどん上げて行けば必ずハウリングを起こす。ハウリングするレベルまで、音量を上げる必要がなければ問題はない。もっと大きい音にしたいのに、そこまで上げる途中でハウリングしたのでは困る。大出力のシステムを設置しても、ハウリングするレベル以上でSRをすることは不可能である。つまり、ハウリングするレベルがSRの限界レベルになる。

マイクからスピーカまでの機器によって、どこかの周波数にピークが発生すれば、その周波数でハウリングしやすくなる。これは、イコライザで周波数特性を補正して、改善できる。しかし、次に別の周波数でハウリングが起こるので、イコライザによる改善には限界がある。

また、位相干渉で発生したピークによるハウリングもある。マイクに人が近

づいたときや、マイク位置のわずかな移動、気温と湿度の変化、観客数の変動でも、ハウリングを起こす周波数は変化する。この場合、ピークの周波数が絶えず変化するので、イコライザでは改善できない。したがって、調整卓のイコライザで、やみくもにハウリングしている周波数を下げるのは危険である。

ハウリングを起こしにくくするには、次のような対策をする。
- 位相干渉が少なくなるようにスピーカを設置する。
- 単一指向性のマイクを使用し、スピーカからの被りを小さくする。
- 音源にマイクを近づけ、スピーカからの被り音とのレベル差を大きくする。
- 完全なシステムチューニングをする。

第9場　イコライザによる音場補正（システムチューニング）

マイクからスピーカまでの回線や機器で、そこを通過する音響信号の周波数特性は変化する。また、スピーカから出た音は、建物の音響特性などで変化する。

これを修正して本来の周波数特性に戻すことを**音場**補正、またはシステムチューニング、略してチューニングという。

音場を補正するには、パワーアンプの前にイコライザを入れて、出過ぎている周波数のレベルを下げ、落ち込んでいる周波数を上げる。このようなチューニングは、劇場が完成した時点で行うのであるが、仮設の音響装置の場合は仕込みが完了した時点で行われる。

チューニングの方法は、パワーアンプに入力した測定信号の波形と、スピーカから出た音の波形を比較して、変化したところをイコライザで補正して、元の測定信号の波形に近づけることである。

なお、チューニングする前には各々のスピーカの極性を合わせておくことが重要である。設置されたスピーカの極性を一つ一つ耳で判断するのは難しいので、**極性チェッカ**（受信側）を使用するとよい。チェッカはマイクの極性チェッカと同じものを使用する。

パルス信号発生器を調整卓の入力に接続し、その音をチェックするスピーカから出し、チェッカ（受信側）をスピーカに接近させ、表示されたランプの色で判断する。それぞれのスピーカで、同じ色が点灯すれば同極性である。

音場	音が存在する空間。音を出している場所ことで「おんじょう、おんば」という。
極性チェッカ	極性を点検する装置。フェーズチェッカともいう。

A）位相干渉によるピークとディップ

「スピーカどうしの位相干渉」、「反射音による位相干渉」で生じたピークやディップは、補正してはならない。この波形の変化は、一部の場所で発生していて、正常な場所もある。したがって、一部の場所に合わせて補正すると、今度は正常な場所で悪くなってしまうからである。

また、ディップは位相干渉による場合が多いので、特に大きなディップは、基本的にブーストを行うべきでない。打ち消されて無くなっている信号をイコライザで上げても、それは見た目だけで、実際の音は変化しないし、正常な場所で大きなピークが発生してしまう。

位相干渉を見分ける方法は、図9-38のように客席内の3箇所以上で測定した波形を比較し、「全箇所で発生しているピークとディップ」を有効と判定し、「1箇所だけで発生しているピークとディップ」は位相干渉によるものと判定する。測定結果（図9-39）の○印は有効で、×印は補正しないほうがよい。

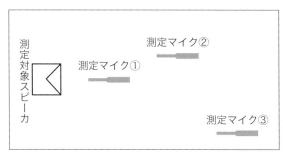

図9-38　測定点

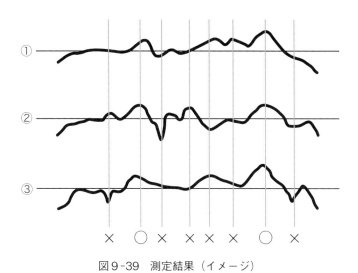

図9-39　測定結果（イメージ）

また、スピーカから遠い位置では、高音成分が低下するので、このことも想

定してチューニングをする。

ハウリングを起こさせて、その周波数をイコライザで抑える方法は、位相干渉のピークを補正している恐れがあるので、行うべきでない。

チューニングは、大きなピークを抑えるようにして、変化量は最小限にとどめるよう心掛ける。補正ポイントを増やせば必ずしも音がよくなるということでなく、むしろ位相特性が変化して、耳障りになることが多い。チューニングは「心地よい音」にするのが目的であることを忘れてはならない。

以上のことを考慮すると、補正ポイント（対象とする周波数のピーク）は2ポイントか3ポイントで十分である。

グラフィックイコライザ（GEQ）は、一定間隔の周波数ポイント（1/3オクターブバンドなど）を調整する方式なので、補正したい周波数と一致しないことがあり、余計な周波数まで変化させてしまうので音場補正には適していない。

チューニングには、周波数と調整幅（Q）を任意に設定できるパラメトリックイコライザ（PEQ）が適している。

B) チューニングの作業

チューニング作業は次のように進める。

図9-40のように測定装置を接続して、チューニングするスピーカから測定用の信号（ピンクノイズ）を出し、観客席に設置した測定用マイクで周波数特性を測定する（c信号）。

測定した周波数特性を音源の周波数特性（a信号）と比較し、さらに数ヶ所で測定した周波数特性を比較もしくはエネルギー平均して、イコライザでチューニングする箇所を決定する。

チューニング箇所が決まったら、そこにPEQの照準を合わせて、PEQの特性（b信号）をチューニング箇所の特性と同じようにする。

図9-41は、チューニングする前の特性、PEQのチューニング特性、チューニングした後の特性である。

チューニング作業は、このようにして行うが、平坦にし過ぎると逆に異質な音になることがあるので、実際に音楽を鳴らしてみて確認しながら、繰り返しチューニング作業を行なう。

このようにシステムチューニングをすることで、俄然、音が良くなった場合は正しいチューニングを行ったことになる。もし音が悪くなったら、補正してはいけない箇所を補正したのである。

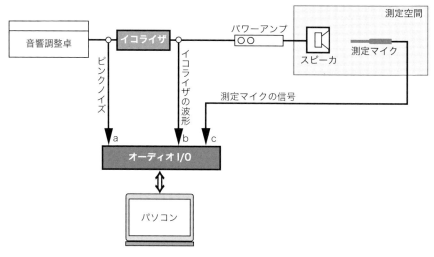

図9-40 チューニングの装置

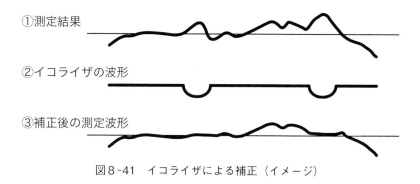

① 測定結果

② イコライザの波形

③ 補正後の測定波形

図8-41 イコライザによる補正(イメージ)

第10場　スピーカの接続と合成インピーダンス

1台のアンプで複数のスピーカを鳴らすとき、図9-42のようにシリーズ（直列）接続とパラレル（並列）接続の方法がある。

そのときの合成インピーダンスの値は、次の計算式で得られる。

（Rは個々のスピーカのインピーダンス）

シリーズ接続

$$R_1 + R_2 + \cdots \to 8 + 8 = 16\,[\Omega]$$

パラレル接続

$$\cfrac{1}{\cfrac{1}{R_1} + \cfrac{1}{R_2} + \cdots} \to \cfrac{1}{\cfrac{1}{8} + \cfrac{1}{8}} = 4\,[\Omega]$$

通常は、同一のインピーダンスのものを2台パラレルにすればインピーダンスは半分になると、覚えておけばよい。

[アンプの規定インピーダンス]＝[スピーカの合成インピーダンス]

になるようにする。

[アンプの規定インピーダンス]＞[スピーカの合成インピーダンス]

になるとスピーカ出力が低下し、アンプのプロテクタが作動（アンプの電源が切れる）することもある。しかし、スピーカケーブルが長ければ、ケーブルの抵抗値も加味されるので、スピーカ出力は低下するものの、プロテクタは作動しないこともある。

シリーズ接続、パラレル接続の両方ともそれぞれ個々のスピーカには、インピーダンスの値に応じてパワーが配分され、供給される。

したがって、インピーダンスの異なるものを接続すると、どちらかに定格以上のパワーが加わって破損することもある。

また、異なる機種（異なるメーカのもの）を接続すると、周波数特性に影響を与えたりすることがあるので、必ず同一機種、同一インピーダンスのものを使用する。また、極性を逆に接続しないように注意する。

パラレル接続は、片側のスピーカが故障しても、もう1つのスピーカは作動する。このとき、パワーアンプの出力を2台のスピーカで分け合っていたのが、1台で受け持つことになり、インピーダンスが1台分に戻って、パワーアンプの出力は小さくなる。

シリーズ接続の場合は、片側が故障すれば、回路が切断されて、シリーズに接続されている他のスピーカは全て鳴らなくなる。

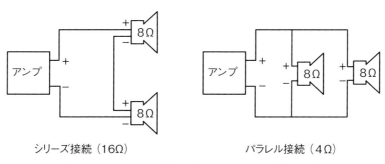

図9-42　シリーズ接続（左）とパラレル接続（右）

第11場　音響システムの電源の入り切り

音響システムの電源は、原則として次のように信号が流れる順にゆっくりと入れる。

> 調整卓の入力に接続してある各種機器
> ↓
> 音響調整卓
> ↓
> 調整卓の出力側に接続してあるプロセッサ（エフェクタ）
> ↓
> パワーアンプ

プロセッサとパワーアンプの電源を先に入れておいて、調整卓の電源を入れると大きなノイズがスピーカから出たりする。電源投入時のノイズが出力側に接続した機器に影響を与えたり、また過大ノイズがスピーカから出たりするのを防ぐために、マイクに近い機器から順に電源を入れる。

電源を切るときは、逆順にする。

音響電源が事故で突然に停電したら、即座にパワーアンプと調整卓の電源スイッチをOFFにする。そして、電源が復帰したのを確認したとき、調整卓→パワーアンプの順に電源を入れると、観客席にノイズを発生させることなく静かに復帰できる。

劇場の設備は、スピーカのON／OFFスイッチがあるので、パワーアンプの電源を入れて、数秒経過してからスピーカのスイッチを入れる。また、パワーアンプの電源を切るときは、スピーカのスイッチを切ってからにする。

最近の劇場設備は、一つの電源スイッチの操作で、自動的に調整卓、プロセッサ、パワーアンプの順で、少しずつ遅延して電源が入るようになっているものもある。

第12場　仕込み後のチェック

スピーカの仕込みが終了した後、間違いなく接続されているかをチェックする。音声でチェックするのが一般的で、併せて「ノイズが出ていないか」も確

認する。正常に動作しているかどうかを確認するには、いつも使用している録音音楽を用いて、「音質はいつもと同じか」、「大きい音でひずまないか」を確認する。音に異常がある場合は、スピーカを確認するとともに、機器間のレベルマッチング、インピーダンスマッチングにミスがないかをチェックする。

また、スピーカからの音でスポットライトや楽器など、周辺の器具が振動してビリ付き（共振）ノイズを発生していないかをチェックする。

このようなチェックは、長期公演の場合でも毎日、作業の始めに必ず行う。

大音量で使用したときは、終演後にチェックをして、破損したものはその日のうちに、または翌日の本番までに修理または代替品と交換する。本番中や舞台転換中のスピーカ回線チェックは、観客席に音が漏れないように、アンプノイズ（シャーという音）で確認する。ピンクノイズを低い音量にして用いるのもよい。

第13場　劇場のスピーカ設備と使われ方

劇場には図9-43、図9-44のようなスピーカが設置してあり、上演するイベントに応じて、さまざまな形で使用される。メインスピーカはイベントによって替わり、仮設の小型スピーカがメインスピーカになることもある。このスピーカ設備があれば、演劇、ミュージカル、ジャズコンサート、民謡ショー、歌謡ショーなどに対応できる。

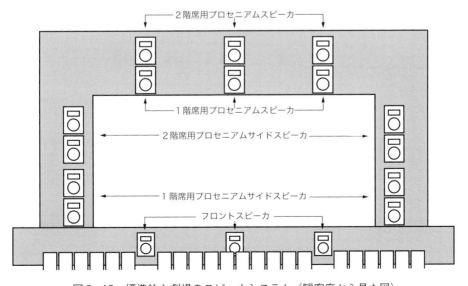

図9-43　標準的な劇場のスピーカシステム（観客席から見た図）

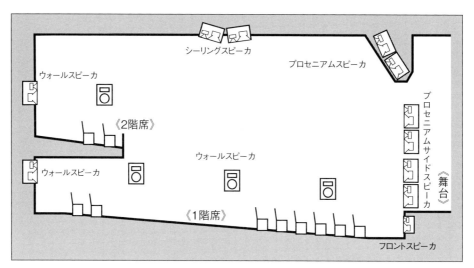

図9-44 標準的な劇場のスピーカシステム（側面図）

ポップス・ロック系の場合は、スピーカばかりでなく、すべての音響装置を持ち込んで、劇場の設備は補助的に使用するのが一般的である。

A) プロセニアムスピーカ

プロセニアムアーチの上部に設置してあるスピーカで、プロセニアムサイドスピーカと組み合わせて使用する。中央にまとめて設置してある場合と、右と左の2箇所、または中央と左右の3箇所に設置してある場合がある。メインスピーカとして、最も頻繁に使用される。

演劇のセリフや伝統音楽の楽器のSRのときは、ディレイ装置で時間を遅らせて、音像を舞台面に下げて使用することもある。

B) プロセニアムサイドスピーカ（カラムスピーカ／ポータルスピーカ）

プロセニアムアーチの両サイド、またはポータルに設置したスピーカである。

プロセニアムスピーカの補助として使用することが多いが、ステレオで音楽再生するときはメインスピーカになる。

C) ステージフロントスピーカ（フロントスピーカ）

舞台の最前部の框（かまち）の下に埋め込んであるスピーカで、観客席の最前部をカバーするのが目的である。

| 框 | 舞台床の最前部に設けた、奇麗に見せるための横木。 |

観客席の最前部は、プロセニアムスピーカやサイドスピーカではカバーできないので、SRの補助としてフロントスピーカを用いる。特にスピーチのSRの補助として使用することが多い。

また、波音などのSEを再生するのにも使われる。

D）ウォールスピーカ（壁スピーカ）

客席の左右および後部の壁に設置したスピーカで、主に効果音の再生や映画のサラウンドに使用する。順々に音を出して、音像を移動させることもある。

《ウォールスピーカ》

E）シーリングスピーカ（天井スピーカ）

観客席の天井に設置したスピーカである。センターに集中して設置したものと、分散して設置したものがある。ウォールスピーカと同様に、主に効果音の再生に用いられる。雷鳴や亡霊の声などの音に使用される。

演劇やオペラを上演するときに必要になる。

F）ステージスピーカ（可動型／移動型）

目的に応じて使い分けする可動型のスピーカである。SR用、モニタ用、音楽や効果音再生用などがある。

虫など体形の小さな効果音は超小型のスピーカ、物陰に忍ばせるモニタ用小型スピーカ、舞踊の音楽を再生するためにホリゾント幕両端などに仕込む大型スピーカなどがあり、目的に応じて選択して使用する。大型スピーカはキャスタが付いている。

《大型ステージスピーカ（PX2122＋PX2181／Electro-Voice 製）》

《中型ステージスピーカ》
（左・SRM450／Mackie 製）（右・sx300／Electro-Voice 製）

G) モニタスピーカ

出演者のためのハネ返り用スピーカは、演者の足元に置くフットモニタ（フロアモニタ）、舞台袖から聞かせるサイドフィル、演者に近接して設置する小型モニタなどがある。

フットモニタは「三角モニタ」や「転がし」などとも呼ばれる。

サイドフィルは、通常、大型のステージスピーカや、三脚スタンドに取り付けた中型のステージスピーカを使用することが多い。

小型モニタは、マイクスタンドに取り付けたり、専用の床置き用スタンドに取り付けたりして使用する。

この他に、ポータルやプロセニアムアーチの左右に取り付けた常設のモニタ

《アンプ内蔵のフットモニタ（mjf-212a／meyer 製）》

スピーカがある。奥行きのある舞台では、天井から吊るすこともある。式典や挨拶などのときの簡便なモニタとして使用するのが主目的であるが、音響調整室からのトークバックや演出家の指令用（ガナリマイク）にも利用する。

また、劇場の常設設備として、楽屋、楽屋通路、照明室など出演者やスタッフが舞台進行を把握するためのモニタがある。

H）ホワイエスピーカ（ロビースピーカ）

観客向けの案内放送、開演前や休憩の BGM を流すためのスピーカである。

観客が劇場に来て最初に耳にする音なので、明瞭と心地よさが求められ、舞台のスピーカと同様に音量、音質の設定は重要である。

第14場　ジャンルごとのスピーカ設置プラン

舞台芸能で使用するスピーカは、どれがメインになるかはジャンルごとに異なるし、音響デザインで異なる。したがって、一般論としてどれがメインであるかは決められない。場面ごとに、どのスピーカを主にして音作りをするか違ってくるし、演劇などの効果音は音ごとに異なる。

スピーカの設置形式は、大きく分けて演劇系と音楽系に分けられる。

演劇系の音楽や効果音の再生は舞台奥をメインにして、演者の後方から音が来るようにし、音質をクリアにするために舞台前のスピーカを補助的に使用するプランをする人が多い。これは、舞踊やバレエにもいえることであるが、観客を俳優や踊り手に注目させることが重要であるから、演者と音が一体化しているほうが良いからである。また、舞台の情景を壊さないように、スピーカは見えないように工夫して仕込むことが求められる。

ポップス系の音響はSRであるから、ハウリングのことを考慮して、ボーカ

ルよりも前に設置したスピーカをメインにする。音の方向（**音像定位**）よりも、音質を損なわないで大音量を出すことを優先に考える。したがって、スピーカは観客席から見えてもよく、音の条件を優先して設置することが多い。

伝統音楽などは、観客にSRを意識させないように、スピーカだけでなくマイクも観客席から見えないように設置する。

いずれにしても、演じるエリアと観客席が一体化される音空間を創造すべきである。

A）演劇系のスピーカ配置

演劇やバレエ、日本舞踊などの音楽や効果音の再生の場合は、通常、図9-45のようにスピーカを配置する。

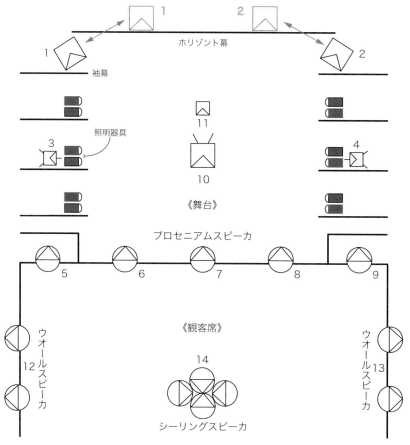

図9-45 演劇やバレエ、日本舞踊などのスピーカ配置例

| 音像定位 | 音像の位置を設定すること。スピーカから出た音を、どの位置から聞かせるかを決めて、その位置から聞こえるように調整すること。 |

1と2のスピーカがメインとなって、その他のスピーカを補助的に使用することが多い。1と2は、音が通り抜けるホリゾント幕の場合に、ホリゾント幕の後ろに設置することもある。

袖幕のところには照明器具を設置することもあるが、3、4は照明器具の後ろから三脚で高くしたスピーカを照明器具越しに設置する。

この他に、プロセニアムやシーリング、ウォールのスピーカも使用して、場面によって、観客席に音を広げたり、**音像移動**をしたりもする。また、演劇の場合は、小型のスピーカを物陰に隠して設置することもある。

舞踊の場合は、1、2のスピーカで音像を舞台の後ろに定位させ、アクティングエリア内の音量を3、4で平均化させて踊りやすくすることを第一に考え、観客席の音の劣化はプロセニアムスピーカ5、6、7、8、9で補うようにするとよい。

B) 音楽系のスピーカ配置

ポップスなどのコンサートでは、SRのために図9-46のようにスピーカを設置する。

1と2は観客席のSR用で、モニタと区別してFOH（Front of House）またはハウス用と呼んでいる。ステレオでSRするときは、それぞれが観客席全体をカバーしていなければステレオ効果は出ない。

3と4は、サイドフィルと呼ばれるモニタスピーカで、演奏者たちも観客席

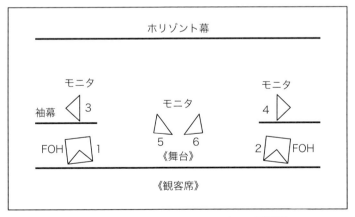

図9-46　コンサートSRのスピーカ配置例

| 音像移動 | 馬が走る音やパトカーの音など、効果音を芝居の進行に合わせて移動させること。いくつものスピーカの音量を次々と変化させて、音が動いているように聞かせる手法。 |

内にいる雰囲気にするものである。したがって、FOHに匹敵するグレードのシステムを使用する。「横当て」ともいう。

《大規模なコンサートのスピーカシステム／音響特機提供》

《旧い劇場にラインアレイを設置した例／Electro-Voice 提供》

5と6は、メインボーカルやメインプレイヤのためのモニタで、フットモニタと呼ばれる。

その他、各演奏者にもフットモニタが設置され、演奏者それぞれが要望するバランスで聞かせる。モニタは、単に聞かせるというものでなく、心地よく歌えて演奏できる音空間を作ることであり、ミュージシャンと同次元に居てこそ創造できるものである。

FOHは、小さな会場では舞台前の両側の床上に設置されるが、大規模なコンサートでは**アレイ・システム**を吊って使用することが多い。

C）伝統演劇等のSRシステム

歌舞伎やオペラなどは基本的にSRしないが、会場の都合で必要なときがある。

図9-47、図9-48は、国立劇場が長年培ってきたSR手法で、生のセリフ（俳優）を一次音源として、ディレイ装置を駆使してSRの音像を俳優の位置に定位させるものである。

演技（生の音源）エリアを5つに分割して、それぞれのエリアから5箇所の

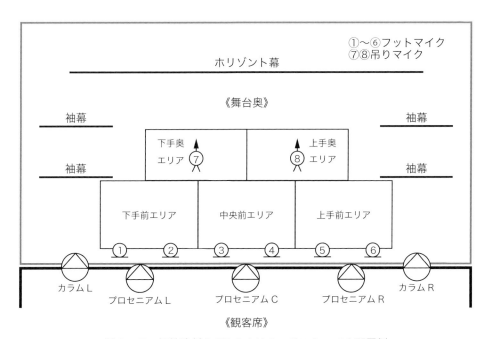

図9-47　伝統演劇のSRのためのエリアとマイク配置例

| アレイ・システム | 配列または整列の意。広いエリアをカバーするため、または伝送効率を高めるため、複数のスピーカを組み合わせて配列したシステムのこと。縦に配列して距離減衰を少なくしたものは、ラインアレイという。 |

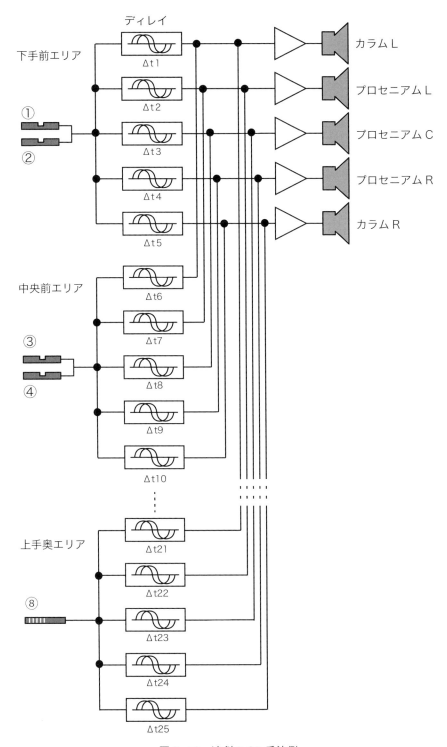

図9-48 演劇のSR手法例

スピーカへの時間差を設定してある。このようにすると、上手奥のエリアの音源に対して⑧のマイクを使用すれば、上手奥のエリアから聞こえてくるようになる。

　スピーカは、プロセニアムスピーカとカラムスピーカを使用している。

　5エリアから、それぞれ5箇所のスピーカへの信号の時間差を設定するので、25台のディレイ装置が必要になる。

　操作は、SRが必要なセリフに対するマイクだけを活かすようにする。すべてのマイクを活かしたままにすると、被りにより緻密な音像定位が損なわれる。

第**10**幕

周辺機器

第1場　エフェクタ

　周辺機器とは、主たる音響機器であるマイク、調整卓、パワーアンプ、スピーカ以外のエフェクタや録音再生機など、付属品の総称であり、アウトボードともいう。

　エフェクタは、電気信号になった音声や楽器の音を様々に変化させ、いろいろな効果を生み出す機器のことである。音響技術者がミクシングのときに使用するものと、演奏者が演奏しながら手元で操作するものとがある。

　私たちが使用するエフェクタは、グラフィックイコライザ、パラメトリックイコライザ、ディレイ、リバーブレータ、リミッタ／コンプレッサ、ゲートなどである。これらの機能のいくつもを組み込んだ万能型のマルチプロセッサもある。

　多くのデジタル音響調整卓は、これらのエフェクタ類を内蔵している。それらは、パラメトリックイコライザ、ゲート、コンプレッサ、ディレイは入力チャンネルごとに装備されている。また、出力チャンネルにも同様のエフェクタが組み込まれている。

A) グラフィックイコライザ

　グラフィックイコライザ（略してGEQ）は、周波数特性を変化させ音質を調整するもので、周波数帯域を幾つかに分割して、帯域ごとに独立してレベルを調整できる装置である。

　上下スライド形のレベル調整ツマミを使用して、ツマミの並びで視覚的に調

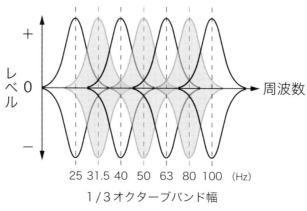

図10-1　グラフィックイコライザの調整波形

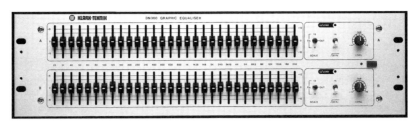

《グラフィックイコライザ（DN360／KLARK 製）》

整状態が分るようになっている。一般的に、1オクターブまたは1/3オクターブごとに帯域を分割している。調整する周波数が固定されているために、調整したい周波数とずれることがある。また、調整する帯域幅（Q）も固定なので、調整したくない周波数までも変化させてしまうこともある。

調整する周波数帯の中心周波数は、1オクターブの場合は31.5Hz、63Hz、125Hz、250Hz…、1/3オクターブの場合は25Hz、31.5Hz、40Hz、50Hz、63Hz、80Hz、100Hz、125Hz…となる。

B) パラメトリックイコライザ

パラメトリックイコライザ（略してPEQ）は、操作する周波数と帯域幅、増幅度（レベル）を任意に設定できるイコライザである。そのため、この装置には周波数を調整するツマミ、帯域幅（Q）を調整するツマミ、レベルを変化

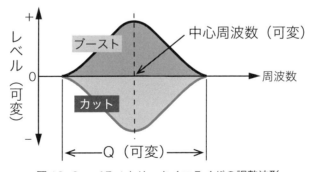

図10-2　パラメトリックイコライザの調整波形

《パラメトリックイコライザ（DN410／KLARK 製）》

させるツマミが付いている。これにより、修正したい部分だけを正確に調整できるので、きめ細かな音質補正が可能である。

高級な音響調整卓には、各入力チャンネルに3バンドまたは4バンドのパラメトリックイコライザが装備されている。周辺機器（外付け）のパラメトリックイコライザには、複数の回路が組み込まれていて、数ポイントを調整できる。

また、デジタル式パラメトリックイコライザは、周波数特性の曲線が画面上に表示される。

C) ディレイマシン

音響信号を遅らせる装置で、ディレイユニット、ディレイライン、遅延装置とも呼ばれる。

複数のスピーカシステムを使用したときの音速による時間差や、ワンポイントマイク録音におけるメインマイクと補助マイクの時間差の修正など、用途はさまざまである。

ディレイ専用機の他に、デジタルリバブレータにもディレイのプログラムが組み込まれている。また、デジタル調整卓の多くは、入出力の各チャンネルごとに装備している。

D) コンプレッサとリミッタ

音のピアニシモからフォルテシモまでの幅をダイナミックレンジという。このダイナミックレンジを一定のレベル比率で小さくするものとしてコンプレッサとリミッタがある。この2つは基本的には同じものであるが、目的とする動作により呼び名が変わる。

圧縮の動作を開始するレベルを**スレッショルドレベル**という。このスレッショルドから急峻に圧縮してピークを制限するのがリミッタである。

対して、コンプレッサはダイナミックレンジ全体を圧縮するような動作を目的とする。大きな音は小さく、小さな音は大きくという動作を目指す。小さな音を大きくするのはメイクアップゲイン（単にゲインともいう）を利用する。

したがって、リミッタの圧縮比は高く8：1〜∞：1で、コンプレッサでは2：1〜4：1位で多く使われるが、目的によりさまざまである。

この装置は、打楽器やボーカル、スピーチのときの咳払いや笑い声など、予

| スレッショルドレベル | threshold は出発点という意味で、作動する（させる）起点のこと。コンプレッサでは圧縮を開始するレベル。 |

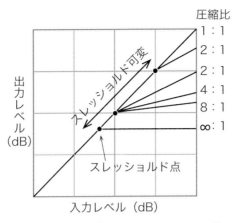

図10-3　コンプレッサ／リミッタの圧縮

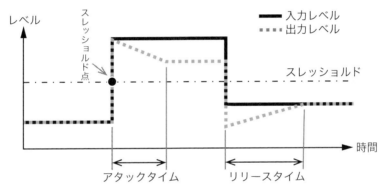

図10-4　アタックタイムとリリースタイム

期しないレベルオーバーに対して効果がある。特にデジタル機器はレベルオーバーにより信号が途切れることがあるので、コンプレッサ／リミッタの活用は不可欠である。

　打楽器の場合は、信号の立ち上がりが非常に速いので、**アタックタイム**は短かくする。また、次の音のレベルが低い場合、**リリースタイム**を長くすると、圧縮した状態で次の音に掛かるので、次の音が聞こえにくくなる。スレッショルドレベルとレシオ（比率）、アタックタイム、リリースタイムとメイクアップゲインを調節して、最適の状態に設定する。

　また、パワーアンプの前に挿入して、過大入力によるひずみを抑制し、パワーアンプとスピーカユニットの破損の保護に用いられる。

| アタックタイム | 装置が作動するまでの時間。 |

| リリースタイム | 装置が作動を停止して元に戻るまでの時間。 |

この他、リリースタイムを上手に活用して楽器の余韻を強調するなど、楽器音に彩りを付ける目的でも使用される。

E) ゲート

ゲートはノイズゲートとも呼ばれ、音響信号が入力されると、設定したレベル以上の信号は通過させ、設定レベルに達しない信号は通過させない（レベルを低下させる）装置である。

例えば、エレクトリック・ギターの演奏音がなくなると目立って聴こえてくるノイズ音があるとき、そのノイズレベルを作動レベル（スレッショルド）に設定すれば、ノイズは聞こえなくなる。また、マイクの被り音の対策としても使用する。また、ノイズのカットに用いるだけでなく、バスドラムやタムタムなどの輪郭をクッキリさせるなど、音色創りにも使われる。

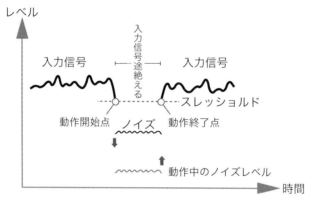

図 10-5　ゲートの動作

F) リバーブマシン

人工的に響きを付ける装置で、残響付加装置、リバブレータ、エコーマシンとも呼ばれている。現在はデジタル方式になっているが、以前はエコールーム、鉄板方式、テープ方式、スプリング方式などが用いられていた。

エコールームは、響きの多い部屋に設置したスピーカから音を出して、響きが伴った音をマイクで収音する方法である。

鉄板方式は、振動しやすい大きな鉄板の一方に**ドライバユニット**を取り付け、音の信号で鉄板を振動させ、鉄板の片方に取り付けたピックアップで振動音を収音するものである。

ドライバユニット	作動させる部品のこと。スピーカやリバーブマシンでは、電気信号の変化を振動の変化に変換させる部品。

テープ方式は、オープンテープレコーダを応用したものである。間隔を開けて数個の再生ヘッドを取り付け、時間差のある音を再生ヘッドから取り込み、それを合成して響きを得るものである。

スプリング方式は、音で振動するスプリングの一端にドライバユニットを取り付け、音響信号でスプリングを振動させ、もう一方の端に取り付けたピックアップで響きの伴った音を収音する方式である。

デジタル方式は、ハードウェア的には特殊なディレイマシンであって、ソフトウェアによって、いろいろな形の響きを作るものである。エコールームや、スプリング方式、鉄板方式の特長を生かした響きをつくることも可能で、100パターンものプログラムが内蔵されている。内蔵されているプログラムの設定を変更できるので、好みのリバーブに作り替えることができる。

第2場　無停電電源装置

入力電源（商用 AC100V）に停電などの異常が発生したとき、瞬時にバッテリに切り替えて、一定時間だけ電力を供給し続ける電源装置である。UPS（Uninterruptible Power Supply）とも呼ばれる。

デジタル機器を使用するときは、瞬間停電（瞬停）でデータが失われるなどのトラブルが発生しないように、UPSを通過させて電源を供給するとよい。また、電源を経由して侵入するノイズを遮断するのにも使用される。

UPSには、次の方式がある。

A）常時商用給電方式

通常運転時は商用電源からの電力をそのまま供給し、同時にバッテリーへも充電していて、異常時にバッテリー供給に切り替えるのが、常時商用給電方式である。

切り替わるまで10ms程度、供給が途切れるが、通常時、**インバータ**が動作していないので消費電力が少ないのが特徴で、OA機器などの保護に適している。

インバータ	直流を交流に変換する回路。
整流器	交流を直流に変換する回路。

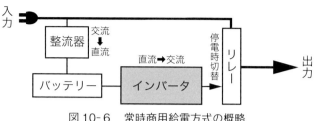

図 10-6　常時商用給電方式の概略

B）常時インバータ給電方式

　通常の運転時は商用電源からの電力を「インバータ経由」で供給し、同時にバッテリーへも充電をしていて、異常時にはバッテリー供給に切り替わるのが常時インバータ給電方式である。切り替わる際に、供給が途切れることはない。また、通常時はインバータによって、電源に含まれるノイズを取り除き、常に電圧値を調整するので安定した電圧を供給できる。

　出力電圧・周波数の安定性が求められる音響機器などに適している。

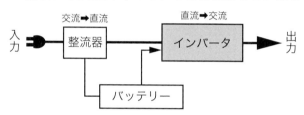

図 10-7　常時インバータ給電方式の概略

第3場　　録音再生機器

　演劇でオープンテープレコーダを使い始めたのは、1950年頃である。当初のテープレコーダは、スタートしてから正常な速度になるまでに時間がかかって、演技にタイミングを合わせるのは困難であったと思われるが、それでも画期的な出来事であった。それ以来、テープレコーダは、通称テレコと呼ばれ、演劇音響にとって非常に重要なものとして扱われていた。

　その後、カセットレコーダが開発され、取り扱いが簡単なので民生機として普及はしたが、プロ用レコーダの標準機は50年にわたりオープンレコーダであった。

　デジタル時代の初め、1982年に開発されたのはCD（Compact Disc）である。高音質で扱いやすいということで、それまでのレコード盤に代わるものとして急速に普及した。ただし、このときのCDは再生メディアであって、録音

はできなかった。

1987年には、DAT（Digital Audio Tape）が開発され、2時間録音が可能なことから、特にクラシック音楽関係者たちに歓迎された。

1992年に、カセットテープ並の使いやすさを求めて、MD（Mini Disc）が開発され、簡単な編集もできることから、劇場でも使用するようになった。

1995年頃、録音可能なCD-Rが開発された。データ圧縮方式のMDの音質に不満な人たちはCD-Rを使用するようになった。

A）再生機としての機能

演劇では、1人で数台の再生機を操作するのが一般的である。再生機の故障で上演が困難になることもあるので、再生機の性能と機能に対するオペレータの要望は、非常に厳しい。

再生機は、次のような条件を満たす必要がある。

①素早く頭出しができる。

②キッカケでタイミング良く音を出せる。

スタートボタンを押したら、瞬時に音が出なければならない。

③途中でストップして、ストップした箇所から再スタートができる。

④途中でストップして、次に再生する箇所へすぐに移動できる。

⑤それぞれの音に名称を付けて、頭出しと同時に表示され、走行中も表示される。

⑥リハーサルのときは、任意の箇所から再生できる。

《4台のオープンテープレコーダを使用した操作風景（1970年代）》

| 頭出し | 録音された音の先頭の部分を「音頭」といい、音頭から再生できるように準備することを「頭出し」という。 |

⑦スタート、ストップ、頭出しなどの操作音が小さい。
⑧リハーサルのとき、簡単な編集ができる。

B）録音機としての機能

　録音機は、性能の良し悪しだけでなく、録音メディアの保存性と収録時間も重要である。

　収録したメディアは、できる限り長期間、保存できなければならない。また最低限、交響曲1曲、演劇の1場面が丸ごと収録できるとよい。そして、確実に、原音に忠実に、収録されなければならない。

　ライブでは、録音機のトラブルは許されないので、並行して2台の録音機で収録することもある。本番中に異常なく収録されているかを把握するには、録音している音を同時に再生して聞けることが必要である。

C）各種機器の特徴

C-1　オープンテープレコーダ

　プラスチック製のテープに磁性体を塗布し、そこに音の信号を磁気として記録するもので、音の電気信号を磁気の変化に変換する「ヘッド」に磁気テープを接触走行させて記録させる。

　ヘッドの上を、一定速度でテープを通過させるのであるが、通過させる速度が速ければ録音精度が高く、テープの幅が広くなれば高性能で収録できる。

　テープが剥き出しになっているので、オープンリールテープと呼ばれた。

　劇場などで使用するテープは、6mm（1／4インチ）幅のものが一般的である。

　テープをハサミで切ってスプライシングテープで繋ぐ「手切り編集」という簡便な編集ができ、故障も少なく、舞踊の音楽や演劇のSEの再生機として使用された。2005年頃、国内メーカがテープの製造を中止したので、使用されなくなった。

C-2　コンパクトカセットデッキ

　コンパクトカセットの録音再生機のことで、単に「カセットデッキ」、「カセット」と呼ばれ、一般向けとして圧倒的に普及した。

　記録方法は、カートリッジの中に収容したテープを用いたもので、オープンテープレコーダと同様である。

　頭出しが難しい上に編集も不可能などの欠点はあるが、取り扱いが簡単で手

軽に録音、再生ができるので、舞踊やバレエの稽古事など、広く利用されている。

C-3　CDレコーダ

CDは、直径12cmのディスクにデジタル信号を光学的に記録するものである。

CDは、記録する信号をパルス波形に変換し、パルスの凸凹をレーザ・ビームでディスクに刻印する。このようにしてできた窪みをピットと呼ぶ。

再生は、ピットをレーザ・ビームで照らして、凸凹による反射光の強弱を検知し、記録されているパルス波形を読み取る。収録時間は74分で、当時、ヘルベルト・フォン・カラヤンが指揮したベートーベンの交響曲第九番の収録時間を基準にしたと言われている。

簡単に音の順番を瞬時に変えて再生できるし、再生順も設定できる。欠点は、外部からの衝撃に弱いことである。また、収録されている音を任意の箇所から、自在に再生することはできないので、リハーサルで使用するのは難しい。そして、紫外線を長時間浴びるとデータが消えてしまうので、直射日光や蛍光灯に弱い。また、高温・多湿はディスクを変形させることがあるので、注意を要する。

録音できるCD-R（CD Recordable）の記録方法は、通常のCDとは異なっていて、ディスクに塗布した有機色素をレーザで焼くことで反射の度合いを変化させ、音の信号を記録・再生している。CD-RW（CD Rewritable）は、何度も録音し直すことが可能なものであるが、保存期間は短い。

CD-RとCD-RWを再生できないCD再生機もあるので、注意が必要である。

CD-R等に使用されている有機色素には、シアニン系色素、フタロシアニン系色素、アゾ系色素がある。シアニン系色素は、他の色素に比べて光や熱などによる化学的安定性が低い。フタロシアニン系色素は、化学的変質が比較的安定している。アゾ系色素は裏面が青くなるのが特長で、最も化学的安定性が高く、耐久性や耐光性に優れているといわれている。

C-4　MDデッキ

MDは、CDの1/2の小型ディスクを組み込んだカートリッジ型である。

収録時間を延ばすため、デジタル圧縮技術を用いている。録音時間は約70分で、音質はCDに比べて劣るが、民生機器として開発されたものでアナログのカセットテープのように取り扱いが簡便で、外部からの衝撃に強く安定度も高い。

収録音に音の文字データを記載でき、頭出しも確実である。また、自動ストップやスキップも可能なので一時、演劇の再生機として普及した。

C-5　DAW

　DAWはDigital Audio Workstationの略で、音響信号をデジタル信号にして、ミキシング、録音、非破壊編集などの作業をする装置である。作業データはHDD（ハードディスクドライバ）などに記録・保存する。非破壊とは「元のデータを直接加工しない手法」のことで、復元が可能である。

　HDDは、磁性体を塗布した円盤を回転させ、磁気ヘッドを用いてデータを書き込む記憶装置のことである。瞬時にデータの書き込み、呼び出し、消去ができる。性能は進化し、書き込み容量は益々増大し、小型化され、頑丈になっている。しかし、円盤と磁気ヘッドの両方をモータで回転させているので、寿命は短く、トラブルも多い。

　したがって、編集が必要な録音の場合はDAWに収録し、編集後にCD-Rなどに書き込んで保存するとよい。長時間の収録の場合は、HDDの大容量を活かしてDAWで一旦収録し、後にDVD-RやSDカードなどにコピーすることもある。

C-6　パソコンによる録音・編集

　ミキシングした信号またはマイクの出力を、インターフェースを経由して、パソコンの録音・編集ソフトに取り込み、編集した信号はAIFF、WAV、MP3などの音声ファイルとして、内蔵のHDDやSSDなど、または外付けのUSBメモリやSDメモリカードなどに記録する方法である。

　USBメモリやSDメモリカードは、回転機能がないので、故障や寿命に関する心配は少ない。記録するための機構も簡素であるし、電源が切れてもそれまでのデータは残る。

D）音声ファイル形式と特徴

　音声ファイル形式（オーディオファイルフォーマット）には非圧縮方式、可逆圧縮方式、不可逆圧縮方式の3種類がある。元の音に最も近いのは非圧縮方式であるが、ファイルのサイズ（容量）が大きいのが欠点である。そこで、ファイルサイズを小さくするために考えたのが圧縮方式である。この場合の圧縮とは、あくまでもデータ量のコンパクト化である。したがって、コンプレッサ等による圧縮とは異なる。

　不可逆圧縮は、実際に人間の耳には聞こえていない部分を捨ててしまって、

小さなデータに作り替えることで、圧縮したデータを元の状態に戻すことは不可能である。例えば、大きな音が出た後の小さな音は聞こえないので、この音のデータを削除したりする。圧縮は、音は劣化するがファイルサイズを1/5〜1/10まで小さくできるメリットが大きい。

可逆圧縮は、圧縮したファイルを圧縮前のファイルと同じに復元できる方式である。

一般的なフォーマットは次のとおりである。

D-1　AIFF（非圧縮）

Audio Interchange File Format の略で、アップルコンピュータが開発したフォーマットである。主として Mac で使われている。拡張子は「aiff」、「aif」である。

通常は非圧縮であるが、圧縮データ用のフォーマットもある。

D-2　WAV（非圧縮）

Waveform Audio Format のことで、WAVE とも表記され、ウェーブ、ウェブ、ワブ、ウォブと呼ばれる。マイクロソフトと IBM が開発したフォーマットである。RIFF（Resource Interchange File Format）の一種で拡張子は「wav」である。RIFF は AIFF を参考にして作られている。

D-3　MP3（不可逆圧縮）

MPEG-1 Audio Layer-3 の略称で、エムピースリーと呼ばれる。デジタル化された音響信号を圧縮させるフォーマットの一つである。拡張子は「mp3」。

MP3 型式のデータはパソコンで使用されるものであるが、MP3 データを CD-R に書き込んで、MP3 対応の機能を持った CD プレーヤで再生することもできる。

D-4　AAC（不可逆圧縮）

Advanced Audio Coding の略で、MPEG-2 において規格化された圧縮形式で、高音質・高圧縮を目的に MP-3 を改良して標準化されたものである。また MPEG-4 AAC の拡張子は「mp4」、「m4p（プロテクト付）」の他、いくつかのバリエーションがある。

アップル社の QuickTime や iTunes をはじめ、iPod などに使用されている。MPEG-2 AAC は、DVD やデジタル放送（地上波、BS）で使用されている。

D-5　FLAC（可逆圧縮）

Free Lossless Audio Codec の略で、フリーソフトウェアとして開発配布されている音声ファイルフォーマットである。

D-6　Apple ロスレス（可逆圧縮）

Apple Lossless Audio Codec の略で、アップル社の可逆圧縮方式のフォーマットである。iTunes 等で使用されていて、非圧縮ファイルの WAV や AIFF を音質の劣化なく 70％〜50％ほど圧縮する。通常は QuickTime の MOV ファイルか MP4 ファイルに格納される。

E）編集作業

従来のアナログ・テープレコーダは、ハサミと接着テープで簡単に編集作業ができた。しかし、磁気テープを一度、切ってしまうと元どおりに復活するのは容易でないので、オリジナルテープにハサミを入れるには決断を要した。そのため、オリジナルテープからコピーしたテープを編集して、それを本番で使用するのが一般的であった。

しかし、このようにすると音質劣化やノイズの増加になってしまう。

パソコンの録音ソフトの場合は、画面の波形を見ながら、領域を指定して削除、指定した領域をコピー、指定箇所に他の音を挿入などが簡単にできる。音量の上げ下げは、折れ線グラフのように線を書き換えて設定する。これらの操作は、失敗すれば、何度でも元に戻すことができる。

F）劇場における録音

劇場の録音の仕事は、公演記録が主である。学習のために稽古を収録することもある。簡単に**エアモニタ**用マイクで収録することもある。また、エアモニタに SR 用マイクを加えてミキシングするときもある。

外来の主催者から依頼された場合は、**終演**した後すぐに渡すので、編集などしないでそのまま依頼者に渡せるのが好ましい。

いずれにしてもバックアップは必要で、2 台並行して収録するか、他のメディアの録音機にも収録する。収録後に編集をして完全なパッケージにする場合は、DAW か、またはパソコンの HDD に収録して、編集後に CD-R や USB メモリなどにコピーする。

エアモニタ	客席内の音響状態を監視するモニタ装置。通常、客席の天井から吊り下げたマイクで収音する。
終演	公演が終わること。

第11幕 アース

第1場　アースの役目

アースは地球または大地の意味であるが、電子機器などに溜まった不要（危険）な電気（帯電）を逃すために、その物体を電線で大地に接続することを「接地」または「アース」、「グラウンド」という。

元々、アースは避雷のためのものであった。高い建物の屋根の上に金属棒を設置し、これを電線で大地に繋いで、意図的に金属棒へ落雷させて落雷電流を大地に逃すのが「避雷針」である。避雷針のアースは、建物に落雷させないで、別なルートを作って、迂回（バイパス）させて、排出（ドレーン）させるのが役目である。

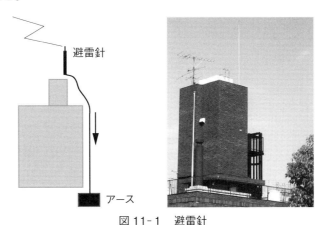

図11-1　避雷針

また、洗濯機や冷蔵庫などの金属ケースをアースすることがある。このようにすると、電気回路が絶縁不良になり金属ケースに電気が漏れたとき、漏れた電気を大地へ逃すことができるので、感電の防止や火災を回避できる。これは保安用アースという。

音響システムのアースは、ノイズの混入を防ぐことや、ノイズを発生させないようにするためのもので他の設備のアースと共用すべきでない。

回路図に書くアースの記号は、目的に応じて図11-2のように決められてい

大地に接続　　　電気回路をフレームに接続　　　保安用のアース

図11-2　アースの記号

る。電気回路では、機器のフレーム（ケース）やシャーシ（部品を取り付ける金属板）をアースとみなしている。

第2場　機器の接続

音響機器の接続用のケーブルは、外部からノイズが侵入しないように、音の信号を伝送する信号線をシールド（遮へい）線で覆ってある。

図11-3のように、2本の信号線をシールド線で覆ってあるものを「2芯シールド」と呼び、「バランス型回路」に使用される。

図11-4のように、信号線の片側をシールド線と共用する形のケーブルを「単芯シールド」と呼び、「アンバランス型回路」に使用される。

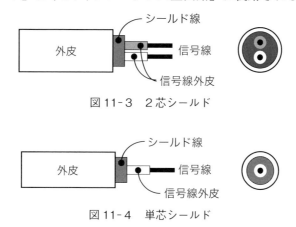

A）バランス型回路

図11-5のように、2芯シールドを用いて信号を送る方法をバランス型（平衡型）回路という。

バランス型回路は、信号線のホット側に［＋V］、コールド側に逆相［－V］

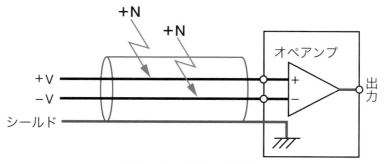

図11-5　バランス型回路

《バランス型回路用キャノンコネクタ（XLR）》

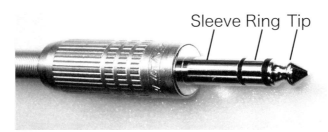

《バランス型回路用フォンプラグ（3P または TRS）》

の信号を伝送しているので、ヘッドアンプにオペアンプを用いていると

　　　オペアンプの出力＝［ホット側の信号レベル］－［コールド側の信号レベル］

であるから

　　　（＋V）－（－V）＝ 2V

がアンプの出力になる。

　外部から侵入するノイズ［N］は、2本の信号線に同相で入るので、アンプの出力は

　　　出力 ＝（V ＋ N）－（－V ＋ N）＝ V ＋ N ＋ V－N ＝ 2V

となり、ノイズは打ち消される。

　よりノイズのキャンセル効果を高めるため、信号線を4本にして撚った4芯

《4芯シールドのケーブル》

シールドのケーブルを使用するのが定番になっている。

ただし、長距離伝送に用いると、2芯ケーブルよりも高音域の減衰が著しくなる。

B) アンバランス型回路

図11-6のように、単芯シールド線を用いて信号を伝送する方式をアンバランス型（不平衡型）回路という。

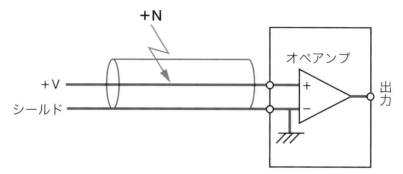

図11-6　アンバランス型回路

アンバランス型回路の場合は、信号線にノイズ［N］が侵入すると、アンプの出力は

$$出力 = V + N$$

となり、ノイズはそのままアンプの出力に現れる。

ただし、アンバランス型でもケーブルを短くすれば、ノイズを拾うことは少ないので、民生機器で使用されている。

《アンバランス型回路用フォンプラグ（2PまたはTS）》

《アンバランス型回路用ピンコネクタ（RCA）》

第3場　ノイズの要因

必要とする音以外はノイズであり、ノイズの要因を知ることで対策ができる。アースは「ノイズの発生と侵入」を防止するためのもので、ノイズの要因には次のようなものがある。

A) 電位ノイズ

図11-7のように音響機器を接続したとき、双方の電位が異なるとシールド線に電流が流れて、シールド線の抵抗成分で電圧が発生して、信号線にノイズを誘発させることがある。これが電位ノイズである。

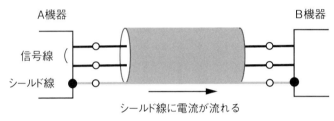

図11-7　双方の機器の電位が異なる場合

大地の電位は0Vなので、機器をアースすれば機器の電位は0Vになる。

図11-8のように両方の機器をアースすれば、両機器とも電位0Vになる。このように、それぞれの機器から別々にアースするのはアースの原則で、「たこ足配線」「1点集中配線」「スター型配線」と呼ぶ。

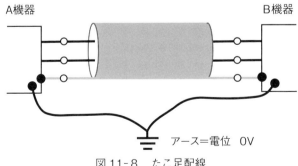

図11-8　たこ足配線

図11-9のアース方法は、「渡り配線」「送り配線」「バス型配線」と呼ばれているもので、機器の設置場所が近いときに有効である。2つの機器が非常に離れていると、片方のアース線が長くなって、抵抗値が大きくなり、機器間に電

位差を生じアースの効力はなくなる。

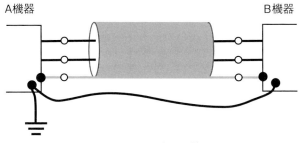

図 11-9　渡り配線

接続する機器が非常に離れている場合は、大地はどこでも基準電位 0V なので、図 11-10 のように別々にアースを取る。

このとき注意したいのは、アースによる大きなループ（環）が形成されて、かえってノイズが発生することである。ループとは、接続ケーブルのシールド線を機器の金属ケースに接続しているとき、ケースをアースすると大地を経由してシールド線の両端が接続され、a→b→c→d→e→f→a という大きな回路ができることである。この状態になると、ループに電流が流れ、ループ回路の抵抗成分で電圧が発生し、信号線にノイズを誘発させる。

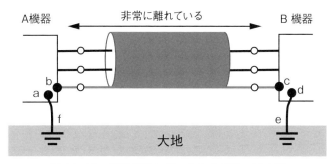

図 11-10　機器が離れているときのアース方法

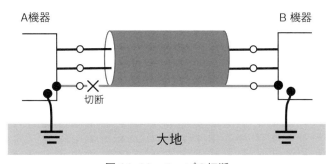

図 11-11　ループの切断

ループをなくすには、図11-11のように接続ケーブルのシールド線の片側を切断する。切断は、インピーダンスの高い機器側がよい。または、接続ケーブルの両端にトランスを入れて、アース回路を分離することもある。この場合、トランスにより多少の音質劣化がある。

B) 外来ノイズ

外来ノイズは、離れた場所で発生して空中を伝わって飛び込んで来るもので、ほとんどが高周波の電磁波である。電磁波は機器内に飛び込んできて、機器内の部品（トランジスタ、ダイオード、IC、コイルなど）に入り込み、**検波**されて低周波に変換されノイズとなる。

外来ノイズは、シールドを完全に行えば防御できる。

接続ケーブルに飛び込む電磁波は、質の良いシールド線を用いて、シールド線で捕らえてアースで排出する。また、機器本体を金属ケースで覆って電磁波を捕らえ、金属ケースをアースして電磁波を大地に排出する。

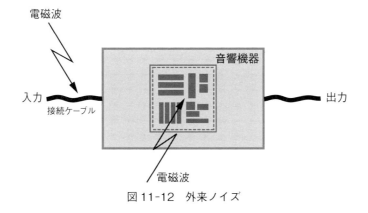

図 11-12　外来ノイズ

C) 誘導ノイズ

誘導ノイズは、音響機器本体や接続ケーブルに近い場所から放射される低周波の電磁波で、機器本体に入り込むものである。商用電源による50Hzまたは60Hzの電磁波、インバータを使用した機器の電磁波、SCR調光器の高調波などによるもので、これらの機器から発生したノイズが電源に混入して電源ケーブルから放射されることが多い。混入したノイズは音響機器で増幅され、スピーカからノイズとして聞える。したがって、誘導ノイズを防ぐには音響機器や接続ケーブルを、ノイズ源となる機器またはその電源ケーブルに「近づけな

検波　　　　電波に乗せて送られてきた音声信号を元の音声信号にもどすこと。

い」、「並ばせない」、「同居させない」ようにすればよい。

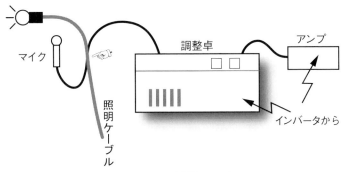

図 11-13　誘導ノイズ

　電源ケーブルやマイクケーブル、スピーカケーブル、舞台照明ケーブルは、撚ることで、誘導ノイズを拾ったり自己ノイズを放出したりすることを防げる。キャブタイヤケーブルなどは、撚ったコードを使用しているのでノイズに強い。

《撚ってある電源ケーブル》

D）AC 電源からの流入ノイズ

　これは AC 電源へ入り込んだノイズが電源ケーブルを伝わって音響機器へ入り込んでくるノイズである。音響機器の電源部が侵入口で、高周波、低周波の双方を含んでいる。

　電源スイッチの接点の火花による高周波ノイズは、電線にパルスの形で乗ってくるので、フィルターで除去して、アースして排出すれば解決できる。

　問題なのはインバータ機器からの高周波ノイズである。特にエレベータや空調器などの制御ノイズ（インバータノイズ）は難物である。電源部の性能が良い音響機器を使用するか、音響専用の電源にするかなどの方法もあるが、ノイズ発生源の対策をしないと根本的な解決にならない。仮設の音響システムの場合は、誘導ノイズの対策も含めて、音響単独の電源車を用いるとよい。

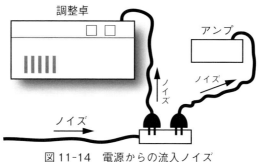

図 11-14　電源からの流入ノイズ

第4場　アース配線の注意

音響機器を安定に動作させ、外来ノイズからの影響を少なくするために、確実にアースをすることが重要で次のことに注意する。

A）2つの端子がついている場合

パワーアンプは、図11-15のようにF.G端子とS.G端子の2つのアース端子が付いているものがある。

F.G端子はFrame Groundの略で、保安のために機器の金属ケースをアースするためのものである。

S.G端子はSignal Groundの略で、機器内部電子回路（基板など）のマイナス側である。

グラウンド・リフト・スイッチが付いている機器はS.G端子がなく、S.Gがスイッチを通してF.G端子につながっていて、スイッチで切り離すことができる。

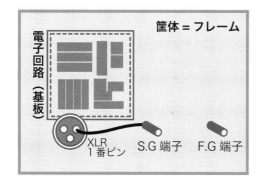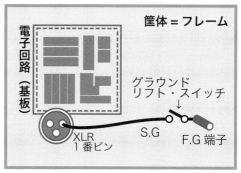

図 11-15　S.G端子とF.G端子（右側はS.G端子が無い場合）

電位ノイズのときは、グラウンド・リフト・スイッチによってアースを切り離す。

SCRのノイズのような誘導ノイズのときは、グラウンド・リフト・スイッチによってアースに接続する。

漏電したとき、回路に異常な電流が流れることがあるので、S.G端子だけをアースするのは止めるべきである。

B）アース端子のない場合

アース端子のない機器は、ケースを改造して端子を設ける。部品を取り付けているネジを利用すると、部品が外れることがあるので止めたほうがよい。

C）アース線

アース線はできるだけ太いものを使用して、最短距離で配線する。

D）専用アースを使用

音響専用のアースを使用して、動力系や照明系からのノイズを避けるため、他系統と共用しない。他系統との混同を避けるために、丸札などで音響用と明記するとよい。

E）アース線の区別

保安用アース線の色は「緑」または「緑と黄の縞」である。これと区別するために音響用アース線は「黄色」の電線を使用する。

F）アース端子

機器への接続は、必ず圧着端子を使用する。またY型は外れやすいので固定設備の場合は丸型（だるま形）がよい。

図11-16 丸型端子（左）とY型端子（右）

G) 接地抵抗値

音響用アースは、**接地抵抗値**が10Ω以下の**A種アース**が望ましい。

第5場　アース線の配線例

A) 同一場所にすべての機器がある場合

音響調整室内に調整卓からパワーアンプまで設置されているときは、機器数が多くなり、たこ足配線をすると末端のアース線数が多くて処理が難しいので、「渡り配線」と「たこ足配線」を併用する。機器間の距離が短いので問題は少ない。

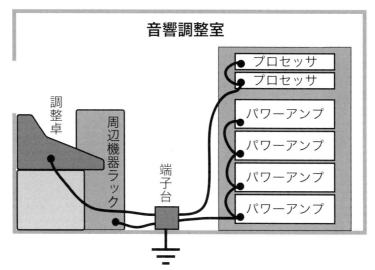

図11-17　同一室内のアースの取り方

B) 設置場所が離れている場合

調整卓とパワーアンプの設置してある部屋が離れているときは、それぞれで渡り配線をして、それぞれの末端を1箇所にまとめてアースする。この場合、パワーアンプ室の末端は、保安を優先して図11-18のようにパワーアンプ側にするとよい。

接地抵抗値	大地とアース板の間の抵抗値。
A種アース	アースの性能の等級で、A種からD種まである。A種は接地抵抗値が10Ω以下のもので最良のアース。

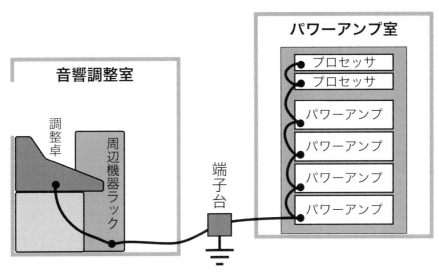

図 11-18　場所が離れている場合のアースの取り方

第6場　電源の極性

電力会社から送られてくる AC 電源は、2本の電線を用いる「単相2線式」と3本の電線を用いている「単相3線式」とがある。

単相2線式は、電線の色が「黒と白」で 100V が供給される。

単相3線式は、赤と黒と白の3本の電線があり「赤と黒」に接続すると

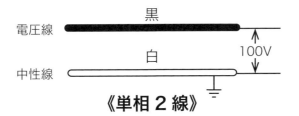

《単相2線》

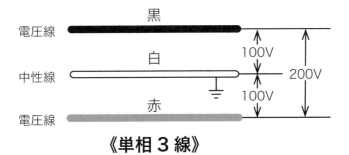

《単相3線》

図 11-19　単相電源

200V、「赤と白」または「黒と白」に接続すれば100Vになる。

双方とも、白線は中性線と呼ばれ電柱のところでアースされている。つまり、100Vの電源コンセントの片側はアースされていることになる。

音響機器の電源プラグをコンセントに接続するとき、**すべての電源の極性を合わせて接続するとノイズから回避できることもある。**

日本で使用されている一般的なAC電源コンセントは、図11-20のような平型のピンが2つ並んでいるA型である。コンセントの左側の穴が少し広くなっていて、こちらが中性線（アース側）である。

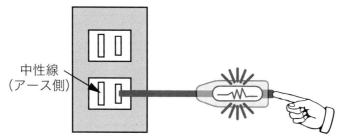

図11-20　検電ドライバによる点検

これを確認するには、検電ドライバを使用すればよい。検電ドライバは、マイナスドライバの握り部分の中にネオンランプが挿入されていて、ドライバの先をACコンセントのどちらかに差し込み、握りの部分にある接点に指を触れてランプが点灯した側が「非アース側の活線（電圧線）である。両方とも点灯するときは、明るい方が活線である。

図11-21のようなアース用ピンが付いたB型のプラグとコンセントを使用する場合は、極性を間違えることはない。

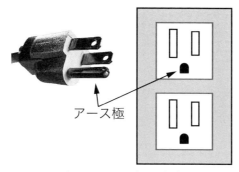

図11-21　アース極のあるB型プラグ（左）とB型コンセント

電源の極性がわかったら、音響機器の電源コードの極性も確認しなければならない。

業務用機器にはB型の電源コードが付属している製品が多く、この場合はB型のコンセントにそのまま差し込めばよい。

A型の付属コードのプラグには、中性線側にN（neutral）やW（white）、またはアース記号が表記されてあったり、コードに白線またはメーカー名が書いてあったりする。

第7場　電源ケーブルに関する注意

電源ケーブルは、使用する機器の合計消費電力に耐えられる容量のものを使用する。線の材質によっても異なるが、太い線を短く使用すれば、容量は大きくなる。許容電力を超えて使用すると、ケーブルが発熱して危険である。特に長時間使用するときは、十分に余裕のあるケーブルを使用すべきである。

図11-22のように、長過ぎた電源ケーブルをコイル状に巻くと、交流に対して電気抵抗を持つので電圧が降下し、場合によっては発熱して発煙することもある。

電源ドラムを使用するときも同様で、ドラムに巻いたままにしておくとコイル状態になるので、必ずケーブルをリールから全部引き出して使用する。

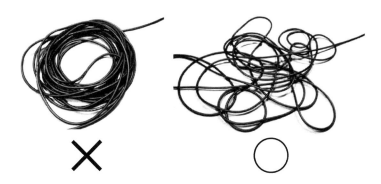

図11-22　電源ケーブルの処理方法

第8場　ノイズ発生時の対処

通常、劇場は電源やアースに関する高度な知識を持った専門家によって設計・施工されているので、ノイズに悩まされることはそれほどない。しかし、音響システムだけでなく舞台機構や照明設備を改修した後にノイズが発生することがある。また、設備が古くなってアースの効果が不十分になったときにも

発生する。

　ノイズは、発生源によって対処が異なるので、音を聞いて発生源を突き止めて、試行錯誤して除去しなければならない。

　現在、音響機器はデジタル化され、アース不備によるノイズ発生は少なくなっているが、予期せぬことで発生したときのために、アース技術を習得しておく必要がある。

　また、スイッチング方式のデジタルパワーアンプやACアダプタまたはパワーサプライと呼ばれているAC-DCアダプタなどは、ノイズを発しているので要注意である。

巻末付録

平面図（配置図）用記号、結線図用記号

音響操作の台本記入記号

楽器の略記号

音楽著作権物使用方法

用語集

索　引

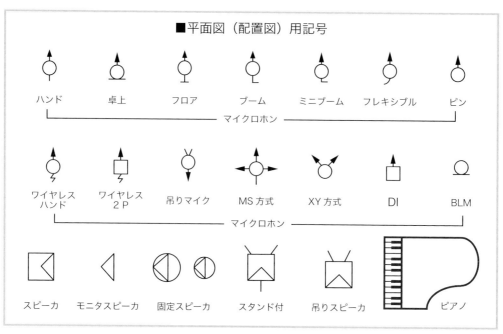

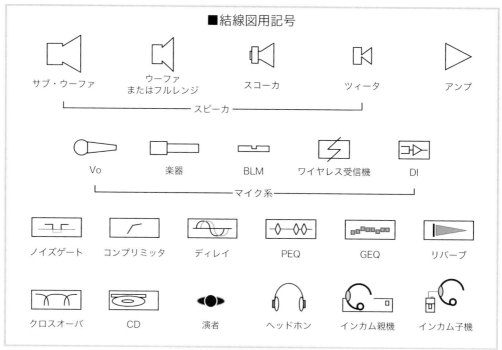

日本音響家協会作成・記号テンプレート（パソコンデータ）無料頒布　https://www.seas-jp.org

付　録　音響操作の台本記入記号

■音響操作の台本記入記号

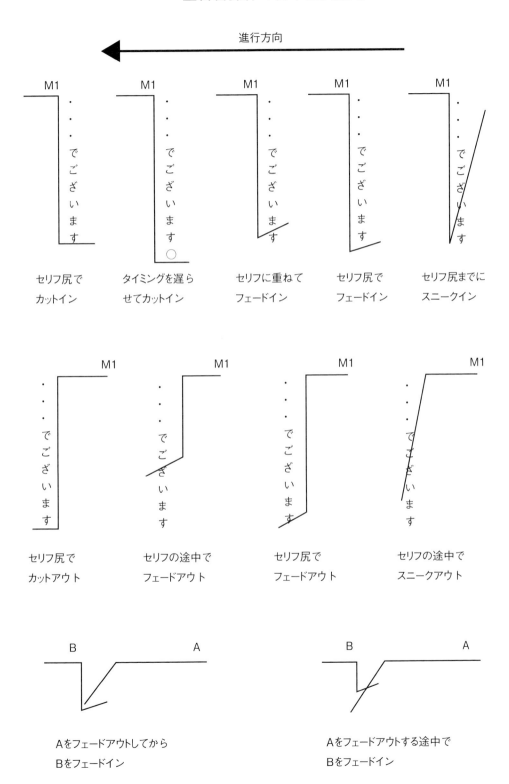

283

■ 楽器の略記号

●木管楽器　W. W
ピッコロ　Picc
フルート　Fl
　●アルトフルート　A. Fl
　●バスフルート　B. Fl
オーボエ　Ob
イングリッシュホルン　E. Hr
クラリネット　Cl
　●エスクラリネット　Es. Cl
　●バスクラリネット　B. Cl
ファゴット　Fg
コントラファゴット　C. Fg
サクソフォーン　Sax
　●ソプラノサクソフォーン　S. Sax
　●アルトサクソフォーン　A. Sax
　●テナーサクソフォーン　T. sax
　●バリトンサクソフォーン　B. Sax
ブロックフレーテ　Bk. Fl
オカリナ　Ocarina
アコーディオン　Acc
バンドネオン　Bandneon

●金管楽器　B. W
ホルン　Hr
トランペット　Tp（Trp）
コルネット　Cort
フリューゲルホルン　F. Hr
トロンボーン　Tb（Trb）
　●テノールトロンボーン
　　　　　　T. Tb（T. Trb）
　●バストロンボーン　B. Tb（B. Trb）

チューバ　Tub
パイプオルガン　Org

●弦楽器　Str.
バイオリン　Vn
　●第1バイオリン　1st Vn
　●第2バイオリン　2nd Vn
ビオラ　Va
チェロ　Vc
コントラバス（ダブルベース／ベース）
　　　　　　　　　　　　Cb（B）
エレクトリックベース　EB
リュート　Lu
マンドリン　Mand
　●フラットマンドリン　F. Mand
マンドラ　Mandola
バンジョー　Banj
バラライカ　Balalaika
ギター　G（Gt）
　●アコースティックギター
　　　　　　　　　　A. G（A. Gt）
　●ガットギター　G. G（G. Gt）
　●フォークギター　F. G（F. Gt）
　●レキントギター　R. G（R. Gt）
　●エレクトリックギター
　　　　　　　　　　E. G（E. Gt）
　●スティールギター　S. G（S. Gt）
　●12弦ギター　12G（12Gt）
ハープ　Hp
ピアノ　Pf
エレクトリックピアノ　E. Pf

チェンバロ　Cemb
チター　Zit
ビブラフォン　Vib

● 打楽器　Perc
グロッケンシュピール　Glo
シロフォン　Xyl
マリンバ　Mar
ティンパニ　Timp
ドラムス　Drs
　● バスドラム　B. Dr（Kick）
　● スネアドラム　SN（S. Dr）
　● タムタム　Tom
　● バスタム　B. Tom
　● ミッドタム　M. Tom
　● スモールタム　S. Tom
　● シンバル　Cym
　● ハイハット　H. H
ウッドブロック　W. Block
ウィップ　Whip
トライアングル　Trgl
タンバリン　Tamb
カスタネット　Cast
チューブラ・ベル　T. Bell
カウベル　C. Bell
銅鑼（どら）　T. T
チェレスタ　Cele

● ラテンパーカッション　L. P
ボンゴ　Bongo
コンガ　Conga
マラカス　Maracas
カバサ　Cabasa

アフェーシェ　Afexe
ショカーリョ　Chocalho
カシシ　Caxixi
ギロ　Guiro
レコレコ　Reco-Reco
クラベス　Claves
キハーダ　Quijada
アゴゴ　Agogo
ティンバレス　Timbales

● キーボード　Key/Keyb/K
ハモンドオルガン　H. Org
シンセサイザー　Syn（Synth/S）
ソリーナ　Solina

● ボーカル　Vo
女声ボーカル　F. Vo
　● ソプラノ　Sop
　● アルト　Alt
男声ボーカル　M. Vo
　● テナー　Ten
　● バス　Bass
コーラス　Cho
　● 女声コーラス　F. Cho
　● 男声コーラス　M. Cho

● その他
オーケストラ　Orch
指揮者　Cond
コンサートマスタ　Con. Mas

■ 音楽著作物使用方法

第1項　著作権法とは

著作権法は、第1条において「この法律は、著作物ならびに実演、レコード、放送および有線放送に関し著作者の権利、および、これに隣接する権利を定め、これらの文化的所産の公正な利用に留意しつつ、著作権者等の権利の保護を図り、もって文化の発展に寄与することを目的とする」と規定している。

A）著作物とは「思想または感情を創作的に表現したものであって、文芸、学術、美術または音楽の範囲に属するものをいう」と規定している。

B）著作者とは、著作物の創作者をいう。

C）著作者は、著作物について著作者人格権と著作権の二つの権利を共有する。

D）著作者人格権には以下の3つの権利があります。

　D.1.　公表権

　　自分の著作物を公表するにあたって、いつ、どこで、どのような方法、形で公表するかを決めることができる権利。

　D.2.　氏名表示権

　　自分の著作物を公表する前に、著作者名を表示するかどうか、表示する場合は実名か変名かを決めることができる権利。

　D.3.　同一性保持権

　　自分の著作物の内容、または題号を自分の意に反して勝手に改変されない権利。

E）著作権には以下の権利（支分権）があります。

　E.1.　複製権

　　印刷、写真、複写、録音、録画などの方法によって著作物の複製物をつくる権利。

　E.2.　上演権と演奏権

　　著作物を公に上演したり、演奏したりする権利。

　E.3.　上映権

　　映画などの著作物を公に上映する権利。

　E.4.　公衆送信権

　　著作物を公衆に送信（放送、有線放送、自動公衆送信）したり、また公衆に送信される著作物を受信装置を使って公に伝達したりする権利。

E.5. 口述権

著作物を朗読などの方法により口頭で公に伝える権利。

E.6. 展示権

美術の著作物と未発行の写真著作物の原作品を公に展示する権利。

E.7. 頒布権

映画の著作物をその複製物により頒布する権利。

E.8. 譲渡権

映画の著作物以外の著作物を、その原作品または複製物の譲渡により公衆に提供する権利。

E.9. 貸与権

映画の著作物以外の著作物を公衆へ貸与する権利。

E.10. 翻訳権、翻案権

著作物を翻訳、編曲、変形、翻案する権利。（二次的著作物を創作することに及ぶ権利）

E.11. 二次使用権

二次的著作物については、二次的著作物の著作者だけでなく原著作者も上記の諸権利を持つ。

第2項 著作隣接権《著作隣接権の趣旨》

A）著作権制度を前提する。

B）著作物を一般公衆に伝達する第一次媒体としての実演と、第二次媒体としての録音および放送に知的価値を認める。

C）著作物の解釈者としての実演家とその伝達者としてのレコード（CD）製作者および放送事業者との関係を合理的に調整するために、これら三者の権利関係を設定する。

第3項 日本音楽著作権協会（JASRAC）とは

著作物を利用するには、その著作権者の許諾が必要である。音楽を使用する場合は、その楽曲の作詞家個人、作曲家個人に許諾をとらなければならない。しかし、その手続きには時間と労力がかかる。そこで音楽著作権を集中管理するJASRACを通せば、容易に手続きができる。

JASRACは日本国内の作詞家、作曲家、音楽出版社から著作権を預かっているほか、外国と著作権管理の契約を結び、内外音楽著作物の演奏権・複製権などに関する著作権の管理を行っている。

現在は、JASRACの他に、いくつもの著作権を管理する団体がある。

第4項　音楽著作物使用の方法

A）舞台で演奏する場合（著作権の上演権、演奏権）

「演奏利用申込書」および「演奏曲目報告書」を主催者が記入し、演奏される場所の近くの日本音楽著作権協会の支部に提出し、規定の料金を支払って許諾が成立する。

B）舞台で既成のCD、カセットテープ、レコードを再生する場合（著作権の上演権、演奏権）

演奏と同じ申請をして、許諾をとる。

C）舞台においてアカペラで歌を歌った場合（著作権の上演権、演奏権）

音楽そのものを再生しないでも、アカペラで歌ったり、歌詞を台詞で喋ったりする場合も許諾が必要である。演奏と同じ申請をする。

D）既成のCDやカセットテープなどから、編集しないで他のメディアに記録し、それを舞台で再生する場合（著作権の複製権、上演権、演奏権）

日本音楽著作権協会に「録音利用申込書」と、「録音利用明細書」を提出する。追加製造する場合は、「申請書別表」を提出する。規定料金を支払うと「許諾証紙」が交付されるので、それを再生メディアに貼り付ける。そして、さらに演奏と同じ申請が必要である。

E）既成のCDなどを編集して、他のメディア（録音・録画媒体）に記録し、それを舞台で再生する場合（著作権の複製権、上演権、演奏権、翻案権）

編集は元の楽曲の変形に当たる（翻案権）ので、編集する楽曲の管理をしている音楽出版社に「変形許諾」の申請が必要である。出版社の許諾をとった後、「コピーして編集しないで舞台再生する」のと同じ申請をする。「演奏」と同じ申請も必要である。

F）舞台公演をVTRに記録し販売する場合（著作権の複製権、頒布権、二次使用権）

舞台の公演記録をVTRで販売する場合は、その舞台で使用した楽曲の全てに関して、その楽曲を管理している音楽出版社に二次使用権の許諾を受ける必要である。その上で日本音楽著作権協会に複製権、頒布権の手続きをする。

第5項　許諾申請をしなくて良いもの

A）演出効果を高めるためにオリジナル楽曲を作曲・製作して使用する場合

許諾申請の必要はない。ただし、作曲家、作詞家がJASRAC等の会員である場合は上演権の許諾申請が必要になることもある。

B）国内で制作された著作権フリー楽曲の場合

基本的には一切の著作権申請の必要はない。ただし、使用範囲など契約条項の確認が必要である。海外で制作された著作権フリー楽曲の場合も、日本国内で使用するときは基本的に一切の著作権申請は必要ないが、海外で使用する場合に制限がある。これも契約条項の確認が必要で、特に映像に付ける場合には注意が必要である。

C）家庭内での「私的使用のための複製」などの場合

個人的に使用するときは申請の必要はない。

D）以下の3つの条件を満たしている場合

次の場合は、公に上演、演奏、上映できる。

- 営利を目的としていない
- 聴衆から料金をとっていない
- 演奏者に出演料を支払っていない

第6項　罰則

著作権、人格権、隣接権、出版権の侵害は、10年以下の懲役もしくは1千万円以下の罰金またはその併科、法人は3億円以下の罰金。

■ 用 語 集

あ

アクティングエリア【acting area】
演技をする場所、領域。

アクター【actor】
男優。

アクトレス【actress】
女優。

あごあし
「あご」は食事、「あし」は旅費のこと。「あごあし付き」とは、報酬とは別途に食事と旅費が支給されること。

アトラクション【attraction】
催し物における呼び物。

アドリブ
台本に書いてない演技をすること。速度や表現方法など、演奏者が自由に演奏しても良いこと。

ありもの
すでにあるもので、新しく作らなくてすむもの。在庫している大道具や小道具など、ありあわせのもの。音楽や効果音、フィルムやビデオの素材についてもこのようにいう。

アリーナ【arena】
古代ローマの円形劇場の中央に設けた円形の闘技場のこと。転じて体育館や競技場の競技する床面のことをいう。

アレイ【array】
複数のスピーカを組み合わせたスピーカシステム。

アンコール【(仏) encore】
再びという意。音楽会で、全演目が終了した後、演奏者を拍手で呼び出し、再び演奏を望むこと。

暗転【あんてん】
劇場全体の照明を消して、暗やみの中で場面を転換すること。または暗やみにすること。

暗転幕【あんてんまく】
暗転の際に降ろす黒い幕。舞台転換が複雑な場合、全体の照明を消したあとこの幕を降ろして、舞台の中だけ作業灯をつけて転換をする。

い

衣裳合わせ【いしょうあわせ】
演出家や美術家が立ち合いのもと、俳優が衣裳を試着すること。

板付き【いたつき】
舞台で幕が開いたとき、出演者がすでに所定の位置に登場していること。板は舞台の床板をいう。

一ベル【いちベル】
観客に着席を促すための音で、通常は開演（開幕）5分前にブザーやチャイムを鳴らして知らせる。

入れ込み【いれこみ】
観客を劇場内に入れることをいう。客入れ、開場ともいう。

インカム
インターカムの略称。

インターカム
「intercommunication system」の略称。各部署への指令、または相互連絡のための通信装置。

インターバル【interval】
合間、幕間、休憩時間。

インターミッション【intermission】
コンサートやショーなどの、途中の休憩のこと。

イントレ
照明器具やスピーカシステムなどをのせる高い鉄塔のことをいう。映画「イントレランス」の中で、高い撮影台を使い、画期的な撮影に成功したことから、高い撮影台のことを「イントレ」と呼ぶようになった。

う

裏方【うらかた】
劇場において、幕の裏側で働く舞台技術者、舞台関係者。役者を除いた、大道具・小道具・衣裳・床山・音響・照明・舞台監督などの総称。案内係・切符係・宣伝係などは表方という。

―――― え ――――

エキジビション【exhibition】
展覧会、博覧会、披露会

エコー【echo】
山彦のこと、または山彦のように聞こえる音。50ミリ秒以上遅れてくる反射音は、音源から直接とどく直接音と分離して、エコーに聞こえる。

演劇【えんげき】
生身の人間が舞台に上がり、ある「役」を表現するもので、音楽・舞踊・音響・照明・美術など、様々な芸術表現を組み合わせ作られる芸能。演劇には、歌舞伎、新劇、現代演劇、小劇場演劇、商業演劇などがある。芝居と呼ばれていて、平安時代の観客席が芝生であったことに由来している。

エンタテイナ【entertainer】
芸能人。

エンタテインメント【entertainment】
娯楽、余興、演芸の意。

エンディング【ending】
楽曲または演劇の終末の部分。

―――― お ――――

大道具【おおどうぐ】
建物・書割・樹木・岩石など、場面を表現する道具の総称。

置き舞台【おきぶたい】
所作舞台と同意語。

オーケストラピット【orchestra pit】
舞台と観客席の間にある、オーケストラが演奏するための場所。通常、ミュージカルやバレエ、オペラなどのオーケストラはこの場所で演奏する。オーケストラボックスともいい、略してオケピット、オケピ、オケボックスともいう。

音合わせ
①楽器などのチューニング。歌手とバンドとの音の調子を合わせること。②舞台稽古または本番前に、実際の舞台で音のレベル・音質・バランスなど、音の総合的な調整・点検を行うこと。

オーディエンス【audience】
観衆、聴衆。視聴者。

オーディオビジュアル【audio-visual】
視聴覚の。略してAV。

オーディトリアム【auditorium】
観客席。公会堂。

オーバーアクション【over action】
俳優の大げさな演技。大げさな動作。

オーバーラップ【overlap】
重なり合うこと。

音出し【おとだし】
音響システムから音を出すこと。音を出して回路をチェックすること。稽古を開始すること。

オフ【off】
①見えないこと。見えなくすること。②遠くから聞こえる音。③電源を切ること。④音を消すこと。

オフマイク【off microphone】
音源からマイクロホンを遠ざけること、または遠い状態。

音場【おんじょう／おんば、sound field】
音が聞こえる空間。

オフレコ【off the record】
「off the record」の略。記録に残さないこと。公表しないこと。

オペラ【おぺら】
日本語では歌劇と呼ばれ、音楽を中心に文学・演劇・美術・舞踊などの各要素で構成されている。セリフの部分もあるが、大半は歌唱で進行する。歌手は、器楽演奏の伴奏により、歌い演じる。伴奏は多くの場合、交響楽団規模の編成になる。様式と地域による発展の仕方でオペラブッファ、オペラセリア、オラトリオ、オペラコミック、ジングシュピール、サルスエラ、バーレスク、ヴォードビルなど様々な呼び方の作品があるが、広い意味でこれらすべてがオペラである。

オペラグラス【opera glass】
観劇用の小型双眼鏡。

オペラハウス【opera house】
オペラを上演するための劇場。歌劇場ともいう。

オペレーション【operation】
操作。

オペレータ【operator】
操作する人。

オペレッタ【(伊) operetta】
オペラより小規模・軽妙で、陽気な音楽劇。社会、政治、人間関係、男女関係などを、滑稽に風刺した庶民の歌劇。

オリジナリティ【originality】
独創。独創性。

オリジナル【original】
独創的な。原本、原作、原文、創作、原画、原型。

オン【on】
①音が近くに聞こえること。②電源を入れること。③音を出すこと。

音響反射板【おんきょうはんしゃばん】
プロセニアム形式の劇場で室内楽やオーケストラを演奏するとき、コンサートホールの音響条件に近づけるために設置する舞台機構。舞台の背面、側面、天井を囲って、演奏する位置と観客席を同一空間の状態にして、コンサートホールの音響特性に近づけるためのもの。

オンマイク【on microphone】
音源にマイクロホンを近づけること、または近づいている状態。

―――――― か ――――――

開演【かいえん】
演劇やコンサートなどを開始すること。

開場【かいじょう】
劇場、ホールで観客を場内に入れること。「入れ込み」ともいう。

返し【かえし】
ステージ・モニタのこと。

雅楽【ががく】
雅楽には、演奏だけの管絃と舞のある舞楽とがあり、管絃には笙・篳篥など管楽器と楽琵琶・楽箏という弦楽器が使用されるが、舞楽の伴奏には弦楽器を使用しない。雅楽以外の邦楽や舞踊は、あらすじや意味があって、観客も喜怒哀楽を感じて感情移入をして鑑賞しているが、雅楽の場合は人間の感情が介在しないように作られている。宮中や神社の儀式で演じられ、庶民的な音楽ではない。

楽屋【がくや、dressing room】
出演者が衣装を着けたり、化粧をしたりするなどの準備をして、待機する部屋。

飾り込み【かざりこみ】
大道具を組み立てる作業のことで、建て込みともいう。

固める【かためる】
リハーサルや打ち合わせを十分に行って、音響、照明、演技などを確実なものにすること。

カーテン【curtain】
緞帳や引幕などの総称。

カーテンコール【curtain call】
幕切れのあと、拍手かっさいで出演者を舞台に呼び戻すこと。

上手【かみて】
客席から見て、舞台の右側のこと。

歌舞伎【かぶき】
江戸時代に大成した日本の代表的演劇である。1596年～1615年頃の阿国歌舞伎に始まり、若衆歌舞伎(少年によって演じられた)を経て劇的な要素を主とする演劇に発展した。女優の代わりに女形(男優)を使い、舞踊劇や音楽劇などの要素を持つ演劇。

カラオケ
ボーカルだけを抜いて録音された伴奏音楽。

間接音【かんせつおん】
反射音ともいう。音源から発した音が壁・天井・床などで反射して聴取者の耳に到達する音。音源から直接到達する直接音に対して、必ず遅れを生じる。また、反射が繰り返されると残響となる。

完パケ【かんぱけ】
編集作業が終了した完成品。完成パッケージの略。

カンパニー【company】
劇団、演劇組織。

―――――― き ――――――

析【き】
歌舞伎や日本舞踊などで使用する拍子木。劇の進行の合図は、すべて析の音で行う。

擬音【ぎおん】
実際の音に似せて、笛や器具、人声によって作り出す模擬音。

戯曲【ぎきょく】
　上演を目的とした台本、脚本。または上演するための条件を考慮して書かれた作品。脚本ともいう。

技術監督【ぎじゅつかんとく、technical director】
　劇場の舞台美術、照明、音響、舞台機構操作など技術部門の統括責任者。劇場設備の管理、作業の安全管理、スタッフの労務管理、技術部門の作業スケジュールの作成、予算作成など技術部門の総指揮をする。

キッカケ
　音響や照明などを操作するために、決められたタイミング。

キックバック【kickback】
　手数料、礼金、リベート。

脚色【きゃくしょく】
　原作を劇化するために書き直すこと。脚色されたものを脚本という。

客電【きゃくでん】
　劇場、ホールなどの客席用の照明をいう。

脚本【きゃくほん】
　上演するために書かれた作品、台本のこと。脚色された本。戯曲ともいう。

キャスティング【casting】
　俳優に役を割り振ること。配役。

キャスト【cast】
　俳優、出演者。

キャットウォーク【cat walk】
　劇場やスタジオなどの天井裏や頭上の作業用通路、足場のこと。

キャパシティ【capacity】
　観客席数。

キャラクタ【character】
　劇中の登場人物の性格をいう。

ギャランティ【guarantee】
　出演料。謝礼金。手当。略して「ギャラ」ともいう。

キュー【cue】
　演技・音楽・照明・音響などのキッカケを知らせる合図。インカムなどの通話装置や、身振りで指示するハンドサインで合図をする。「Q」と略して表示する。

狂言【きょうげん】
　セリフと仕草による劇で、主として日常の出来事を題材としている風刺精神あふれた喜劇である。原則として仮面は着けない。伴奏音楽は基本的に必要としないが、謡・囃子が入ることもある。

共振【きょうしん】、共鳴【きょうめい】
　振動体や電気振動回路などが、外部から加えた振動によって、振動を起こすこと。

極性【きょくせい】
　プラス・マイナスのこと。スピーカやマイクを複数同時に用いるときには、必ず極性を合わせて使用する。

――――― く ―――――

クォリティ【quality】
　音質、性能、特性の意。

クライマックス【climax】
　頂点。最高潮。

クラシック【classic】
　古典。通常は西洋の古典音楽のこと。

グランプリ【grand prix】
　大賞。最高賞。

クルー【crew】
　チームのこと。テレビクルー、サウンドクルーなどという。

――――― け ―――――

稽古【けいこ、rehearsal】
　演劇や舞踊などの練習。

芸中【げいなか】
　舞台転換や休憩の時間を含めない、演じているだけの時間。

劇作家【げきさっか】
　演劇の上演台本（戯曲）を書く人。

ケツカッチン
　終了する時間が決められていること。

ゲネプロ
　ドイツ語のGeneralprobe（ゲネラルプローベ）の略。本番と同じ状態で行われる通しの舞台稽古のこと。本来は関係者に公開で行われる。GPと略して記す。

こ

公演【こうえん】
公衆の前で演劇、舞踊、音楽などを演じること。

興行【こうぎょう】
演劇、演芸、スポーツなどを行い、入場料をとって客に見せること。

後見【こうけん】
歌舞伎・日本舞踊・能などで、演技中の演者の後ろに控え、衣装を直したり、着替えを手伝ったり、小道具の扱いの介添えなどをする人。

柿落とし【こけらおとし】
新築された劇場やホールの開場披露の初公演のこと。

コストパフォーマンス【cost performance】
投入した費用に見合った能率、効果。

小道具【こどうぐ】
舞台で使用する家具・器具、役者の携帯品などの総称。

コミカル【comical】
こっけいな。おかしい。喜劇的な。

コミック【comic】
喜劇の、という意。

コミュニティセンター【community center】
公民館。地域住民のための公共施設を集合させた場所。

コメディアン【comedian】
喜劇俳優。

コメディー【comedy】
喜劇。

コメンテータ【commentator】
解説者。

コメント【comment】
評論、注釈、説明、解説。

小屋【こや】
劇場または映画館、演芸場などを呼称する俗語。劇場専従のスタッフを小屋付きという。

ころがし
スピーカやマイクロホン、ストリップライトやスポットライトをスタンドなどに付けないで、舞台の床にそのまま置いて使用すること、またはこのような仕込み方法。

コロシアム【colosseum】
競技場。

コンサートマスタ【concert master】
オーケストラやアンサンブルの第1バイオリンの首席演奏者で、全体をリードしていく役割をする。

さ

再生【reproduction、replay、play back】
録音・録画した音や映像を再現すること。一般的に、記録した直後に再現して試聴することを play back といい、繰り返し何回も再生されることは replay という。

サウンドチェック【sound check】
音響システムの確認・調整。

サスペンション・ライト【suspension spot light】
舞台の天井から吊るした照明器具で、下に向けて照らす照明のこと。または、そのように配置した照明器具。略してサスという。

サスペンス【suspense】
舞台、映画、小説などで、観客や読者をはらはらさせて興味をもたせる技法。

し

地明り【じあかり】
舞台の仕込みや転換作業のための照明。舞台全体をフラットに照らすベースライトのこともいう。

地方【じかた】
日本舞踊などの伴奏音楽の演奏者のこと。踊り手に対して、唄、三味線、囃子などの演奏者をいう。

ジャズ【jazz】
ニューオーリンズが発祥の地で、19世紀末〜20世紀初頭にかけてアメリカ南部の都市を中心に発展した音楽で、西洋音楽とアフリカ音楽の組み合わせにより発展した音楽である。20世紀中頃に人種の枠を越えた音楽のジャンルとして認識され、現代音楽理論も採り入れられて、人種、国籍を越えた現代的様式になった。様々な方向に発展した現代の音

楽の源流的な存在である。

紗幕【しゃまく、gauze cloth、gauze curtain】
織り目を粗くして透けるようにしてある幕。幻想、霧、霞などを表現するために、舞台装置をぼかして見せるのときなどに使用する。

終演【しゅうえん】
演劇で、その日の公演を終えること。はねるともいう。

商業演劇【しょうぎょうえんげき】
営利を目的として上演される演劇のこと。ニューヨークのブロードウェーなどで上演されている演劇やミュージカルが商業演劇。日本では東宝や松竹などが上演している演劇。

商業劇場【しょうぎょうげきじょう】
商業演劇を上演する目的の劇場のこと。

上演【じょうえん】
演劇や演芸などを舞台で演じて、人々に見せること。

定式【じょうしき】
劇場に常備されている基本的な大道具の総称。舞台装置を組み立てるときに、応用のきく寸法に規格化されていて、組み合わせによって種々の形にできるので、新しく作る手間が省け、組立作業も能率がよい。

定式幕【じょうしきまく】
歌舞伎用の三色の縦縞の幕。色の配列は劇場によって異なる。歌舞伎座は江戸時代の森田座の様式で、舞台に向かって左から黒・柿・萌黄の配列、国立劇場は江戸時代の市村座の様式で萌黄・柿・黒の順。

所作【しょさ】
踊り、演技のこと。

所作台【しょさだい】
日本舞踊などのとき、舞台一面に敷く檜の板で作られた台のこと。足拍子の音を良くする工夫がしてある。

所作舞台【しょさぶたい】
所作台を敷つめた舞台のこと。置き舞台ともいう。

初日【しょにち】
数日、続けて行われる催し物の最初の日。

——— す ———

スコア【score】
フルスコア（full score）ともいう。演奏されるすべてのパートをまとめて記した楽譜。スコアに対して、各パートだけの楽譜をパート譜という。

スタッフ【staff】
軍事用語の参謀、幕僚とか職員、部員などの意味から転じたもので、映画や演劇などの制作に従事する作家や演出、美術、音響、照明などの部門を担当する、俳優以外の人たちの総称。

スタントマン【stunt man】
主役俳優などの代役として、危険な場面の演技を行う俳優。

スタンバイ【stand by】
準備、用意の意味。出演者やスタッフに「まもなくスタート」を知らせる言葉。

ストリートパフォーマンス【street performance】
街頭で演じられる演奏、演技など。

ストレイトプレイ【straight play】
ミュージカルやオペラなどと区別して、歌の伴わない演劇のことをいう。

スポットライト【spot light】
照明器具の一種。レンズのついた器具で、光源から出た光を反射鏡とレンズで集光し、一方向に強い光のビームを照射する照明器具。

——— せ ———

セット【set】
舞台装置のこと。

セットアップ【set up】
準備が完了すること。

千秋楽【せんしゅうらく】
演劇・相撲などの興業の最終日のこと。昔は劇場の火災が多かったので縁起をかつぎ、「秋」という字を「穐」に変えて千穐楽と書いた。略して楽、楽日と呼んでいる。

そ

ソリスト【(仏) soliste】
バレエで、群舞を背景に一人で踊る人。独唱者。独奏者。

ソロ【(伊) solo】
独りで演奏、または歌うこと。

た

ダイアログ【dialogue】
二人の対話、問答、台詞。

台本【だいほん】
台詞の他に、登場人物の出入りや動き、大道具、照明などの段取りが詳細に書き込まれた上演用の本。

タイミング【timing】
物事を行うのに、ちょうど良い時。

立ち位置【たちいち】
役者や歌手が舞台に立つときの定位置。

立ち廻り【たちまわり】
殺陣（たて、さつじん）ともいう。舞台で演じられる喧嘩や斬り合いなど格闘の場面。

ダブルキャスト【double cast】
二人の俳優が、一つの役を交代で演じること。

駄目【だめ】
演技、演奏、音響、照明などの具合の悪い部分のこと。

駄目出し【だめだし】
演出家が、俳優やスタッフの具合の悪い部分を指摘したり、念を押したり、訂正をすることをいう。

ち

直接音【ちょくせつおん】
音源から発した音が、壁などで反射されたものでなく、直接、耳に到達する音のこと。

著作権【ちょさくけん】
音楽・文書・写真などを作ったり、書いたり、撮ったりした人の権利で、複製するときに権利者の許可を受けなければならない。

著作隣接権【ちょさくりんせつけん】
演技・演奏などを録音・録画したときの演者の権利。録音・録画したものを複製するときは、演者の許可を受けなければならない。

つ

使いまわし【つかいまわし】
一度使った大道具・小道具・効果音などを、他の場面でも使うこと。

て

定位【ていい、localization】
音場の中で、音像・音源の方向・位置を定めること。

デッドポイント【dead point】
①ワイヤレスマイクが受信不良になる場所。②劇場などの客席で、音が聴こえにくい場所。

電源車【でんげんしゃ】
発電機を搭載した車両。屋外のイベントなどで使用する。

と

通し稽古【とおしげいこ、run through】
途中を省略することなしに、始めから終わりまで通して稽古すること。

トーク【talk】
話す、語る、しゃべる。演説。

特殊効果【とくしゅこうか】
舞台美術や照明技術に含まれない特殊な視覚効果の技術のこと。煙や火炎、爆発などの効果を扱う。略して特効と呼ぶ。

とちる
失敗すること。

トラス【truss】
仮設舞台などで使用する、トラス形式の橋に似ている架設バトンのこと。建築物を補強するために柱の間などに斜めに交差させて取り付けた筋交いの建材をトラスという。

とり
演芸や歌謡ショーで、最後に演ずる人。

とれる
終わること。終演するという意味。

―――――― な ――――――

中抜き【なかぬき】
稽古の途中を省略すること。

中日【なかび】
劇場の公演期間の真中の日をいう。

なぐり
大道具係が使用している金槌のことをいう。

奈落【ならく】
舞台の床下のこと。

ナレーション【narration】
演劇などで、歴史的背景・状況、登場人物の心情などをしゃべること。

ナレータ【narrator】
ナレーションをする人。

―――――― に ――――――

ニベル【にべる】
開演（開幕）の直前に鳴らすベルやチャイム。通常、この音が鳴り終わってから幕が開く。本ベルともいう。ニベルなしで開演することもある。

日本舞踊【にほんぶよう】
江戸時代以降の歌舞伎舞踊と、京阪（京都と大阪）の座敷舞（上方舞）などがある。座敷舞は能・狂言から移入したもの、艶物と呼ばれる女性の美しさを表現したもの、おどけた内容の作物というものがある。歌舞伎舞踊では、主に長唄・常磐津節・清元節が使用され、座敷舞では地歌を使用する。

―――――― の ――――――

能【のう】
歌と舞による音楽劇である。主として物語や伝説を題材にしている。主役のシテのほとんどが幽霊ですでに終わった人生を物語るという演劇である。シテは幽霊のときはオモテと呼ぶ仮面を着ける。時代によって変わることのない人間の本質や情念を、幽霊の形で描こうとしているものである。舞台装置を用いない簡素な舞台空間に調和するように、無駄をできるだけ省き、抑制された演技で、観客に訴えかける。シテが現実の人物の場合は面を付けないで演じる。これを直面（ひためん）という。伴奏音楽は、囃子と地謡。

乗り打ち【のりうち】
各地を移動して公演する巡業で、公演が終了するとすぐに次の公演地に移動して、翌日に公演をする形態。

乗日【のりび】
巡業で次の公演地に移動するための日のこと。

―――――― は ――――――

ハウリング【howling】
スピーカから出た音がマイクロホンで収音され、増幅されて再びスピーカから送出され、これが繰り返されて生じる発振現象のこと。海外ではフィードバックという。

パート譜【ぱーとふ】
オーケストラやアンサンブルの一人ひとりの演奏する部分だけが書かれた楽譜。

バトン【batten, fly-bar, pipe batten】
大道具や照明器具などを吊るための鉄のパイプをいう。

はね返りスピーカ【foldback loudspeaker】
演奏音の一部または歌などを、ステージ上の演奏者などに聞かせるためのスピーカシステムのこと。FBと略して書く。ステージモニタともいう。

はねる
その日の公演が終了すること。

パフォーマンス【performance】
演技、演奏、上演などの意。

パフォーミングアーツ【performing arts】
演劇、舞踊、オペラ、ミュージカルなど、舞台で演じられる舞台芸術のこと。

ハーモニー【harmony】
二つ以上の音が調和した心地よい響きのこと。この状態をハモるという。

ハモる
ハーモニーの状態にすること。

バミる
演技者の立つ位置やマイクロホンを立て

る位置などの目印を付けること。

早トチリ【はやとちり】
早合点。決められたタイミングよりも早く音を出すこと。

反響板【はんきょうばん】
多目的に使用される劇場で室内楽やオーケストラのコンサートを行うとき、残響特性を補正するために用いる音響反射板のこと。一般的に、背面、天井面、側壁面に設置してコンサートホールの音響条件に近づける。

反射音【はんしゃおん】
音源から発した音が壁・天井・床などで反射して聴取者の耳に到達する音のこと。音源から直接到達する直接音に対して、必ず遅れを生じる。間接音ともいう。

ハンドサイン【hand sign】
言葉を使わずに、手や指の形や動きで示す各種の合図。ハンドシグナル、ハンドキューともいう。

――――――― ひ ―――――――

弾きうたい【ひきうたい】
楽器を演奏しながら歌うこと。弾き語りともいう。

弾き語り【ひきがたり】
楽器を演奏しながら歌うこと。

引雑用【ひきぞうよう、ひきぞうよ】
地方巡業中、スタッフや出演者にそれぞれ支給される食事代と宿泊費のこと。通常は引雑といっている。

引枠【ひきわく】[stage wagon]
車を取り付けた移動用の台。この上に舞台装置などを組み立て、転換を簡単に早くするために用いる。

美術バトン【びじゅつばとん】
大道具類を吊るためのバトンのこと。

平台【ひらだい】
舞台装置を組むときや演奏者が乗る台を作るときに使う台。高さは4寸。大きさは3尺×3尺、4尺×4尺、3尺×6尺、4尺×6尺のものがある。サブロクと呼ばれる3尺×6尺のものがもっとも多く使われる。3尺×3尺はサンサン、4尺×4尺はヨンヨン、4尺×6尺はシブロクと呼んでいる。1寸は約3cm、1尺は10寸で、約30cm。

――――――― ふ ―――――――

ファンタスティック【fantastic】
空想的な、気まぐれな、風変わりなという意。とても素晴らしいという意味でも用いる。

フィナーレ【(伊) finale】
いくつかの曲からできている作品の最後の曲のこと。

ブーイング【booing】
観客が演技や演奏などに不満があるとき、ブーブーといって、やじをとばすこと。観客が不平不満を表す行為。

フェスティバル【festival】
お祭り。催し物。

フェーダ【fader】
連続的に音量を調整する装置。一般的には音響調整卓の音量調整器のことをいう。

フォーカシング【focusing】
照明器具を調節して、照明を当てる位置、範囲などを決める作業。

フォーマット【format】
公式的な。形式的な。

フォーリー【foley sound】
映画界で擬音のことをいう。

舞台裏【ぶたいうら、back stage】
観客席からは見えない楽屋や舞台袖などの総称。

舞台機構【ぶたいきこう】
迫り・回り舞台・スライディング装置・吊りバトン・緞帳など、舞台床・舞台上部などに設置してある恒久設備。

舞台稽古【ぶたいげいこ】
実際の舞台で、衣装・化粧・小道具・かつら・音楽・音響・照明・大道具などの条件を本番と同じにして行われる稽古。ゲネプロともいう。

舞台操作室【ぶたいそうさしつ】
舞台機構を操作するためのスイッチが集合している部屋。舞台操作盤ともいう。

舞台転換【ぶたいてんかん】
一つの公演の中で、次の場面の舞台装置に換えること。

舞台端【ぶたいばな】
　舞台の最前部。舞台と客席の境界。
舞台美術【ぶたいびじゅつ】
　大道具・小道具・衣装・かつら・メークアップ・舞台照明など、視覚的な演出要素の総称。
ぶっつけ
　リハーサルやテストをしないで、いきなり本番をやること。ぶっつけ本番などという。
不滅電源【ふめつでんげん】
　劇場、ホールなどで、調光室や電気室で制御されない電源。いつもでも使用できる電源。単に不滅ともいう。
プロダクション【production】
　制作会社のこと。映画製作会社・テレビ番組制作会社・演劇制作会社など。日本では芸能人斡旋会社のこともいう。
プロデューサ【producer】
　舞台作品を作るために、作品を立案して、予算を立て、スタッフ、スケジュールの編成を行い、宣伝や営業までのすべてを統括する人。
プロローグ【prologue】
　始まりの部分。音楽や演劇で、作品の意図などを暗示する前置きの部分。終わりの部分はエピローグという。
フライングスピーカ【flying loudspeaker system】
　ステージ上部に吊り上げたスピーカシステム。
文楽【ぶんらく】
　三味線の伴奏での物語を語る義太夫に合わせて、人形を動かすもので、1つの人形を3人で、「頭と右手」・「左手」・「足」を分担して操作する。

――――― ほ ―――――

邦楽【ほうがく】
　明治期に輸入された欧米の音楽に対することばで、日本の音楽という意味。広義では日本で作られた音楽の全体、狭義では三味線音楽、箏曲などをいう。
ポーズ【pause】
　舞踊、演劇で動きを静止すること。

ボーダーライト【border light】
　電球を一列に並べた照明器具を舞台の上部に吊って、舞台全体を均等に照らす照明器具で舞台上の照明のベースとなる。略してボーダともいう。
ホール【hall】
　会館、講堂。公会堂、コンサートホールのこと。
盆【ぼん】
　回り舞台のこと。
本読み【ほんよみ、reading rehearsal】
　稽古に入る前に役者やスタッフを招集して、作者または演出家が脚本を読んで聞かせること。

――――― ま ―――――

間【ま】
　合間、休拍。
幕【まく】
　劇場において観客席と舞台とを区別する布の名称。上下に昇降する緞帳と左右に開閉する引幕とに分類される。
幕間【まくあい】
　ひとつの場面が終わって、幕が閉められてから次の幕が開くまでの間。演劇の休憩時間。
マチネ【matinee】
　演劇、オペラ、バレエなどの昼間の公演。

――――― み ―――――

見切り【みきり】
　大道具や背景の不体裁な部分を隠すために用いる「張物（パネル）」または「切り出し」のこと。
見切れる【みきれる】
　客席から舞台裏が見えてしまうこと。または観客に見せたくないものが見えてしまうことをいう。
ミスキャスト【miscasting】
　配役を誤ること。
ミスマッチ【mismatch】
　不適合。機器の接続状態が悪いこと。
ミュージカル【musical】
　単に演劇に音楽が取り入れられた音楽劇ではなく、歌もセリフの一部であり、歌

やダンスが進行している間も歌い手・踊り手など全ての登場人物が一体となってストーリーを進行している。一貫したストーリーで進行するものをブックミュージカル、ストーリーが無いものをブックレスミュージカルまたはコンセプトミュージカルと呼んでいる。セリフも音楽に乗せて歌うオペラ形式のミュージカルもある。オペラとミュージカルの違いは歌の発声法にあり、オペラはベルカント唱法という独特の発声で歌うが、ミュージカルは基本的にポピュラーソングの発声である。また、ミュージカルではポップスからロックまで幅広い音楽が使用される。ミュージカルはダンスが大きな要素となっていて、すべての役者が踊るのが基本。セリフや歌のないダンスだけの作品や、他の作品とコラボレーションしたもの、古典演劇をミュージカル化したものなど、様々な形式がある。

民俗芸能【みんぞくげいのう】
民衆が、それぞれの生活の中で育み演じてきた、作業歌・神楽・盆踊り・獅子舞など。

―― め ――

メーキャップ【makeup】
化粧。俳優の化粧・扮装。メークアップ、または略してメークともいう。

メドレー【medley】
二つ以上の曲や旋律などを続けて演奏すること。

メロディアス【melodious】
旋律が美しいこと。音楽的であること。

―― も ――

もぎり
劇場などで観客の入場券をチェックして入場させること、またはその係、場所。

―― や ――

山台【やまだい】
邦楽の演奏者が乗る演奏用の台のこと。

―― ゆ ――

ユニゾン【unison】
いくつかの楽器あるいはオーケストラ全体が、同じ音程や旋律を演奏すること。舞踊では、全員が同じ振りで踊ること。

―― ら ――

楽【らく】
千秋楽の略。

楽日【らくび】
千秋楽の略。

―― り ――

リアリズム【realism】
写実主義。

リアル【real】
真実の、本当の、現実の、実在の。

リギング【rigging】
取付ける綱や鎖のこと。

リサイタル【recital】
独唱会。独奏会。

リハーサル【rehearsal】
稽古、テストとも呼ばれる。演劇や音楽の練習、稽古のこと。

―― れ ――

レストランシアター
舞台を備え付けた飲食店。

レパートリーシステム【repertory system】
演劇やオペラなどで、一定の期間中、一定数の演目を毎日かわるがわる上演する公演形式。

レビュー【(仏) review】
舞踊、音楽、歌などを取り合わせたショーのこと。

―― ろ ――

ロイヤリティ【royalty】
著作権使用料。印税。特許使用料。技術使用料。

ロイヤルボックス【royal box】
劇場、競技場などに設けられる特別席。

貴賓席。
ロビー【lobby】
控え室と通路を兼用する広間。
ロングランシステム【long run system】
ミュージカルや演劇などで、一つの演目を長年、連続して興行すること。通常、客足が落ちるまで続けられ、評判の良い演目は 10 年以上も上演される。

———— アルファベット ————

ADC【Analog to Digital Converter】
アナログ信号をデジタル信号に変換する装置のこと。AD 変換器とも呼び、A/D 変換器とも記す。
CUE／Cue
合図・きっかけ・手掛かりという意味。Q とも記す。合図を出すことを「キュー」を出すという。
DAC【Digital to Analog Converter】
デジタル信号をアナログ信号に変換する装置のこと。DA 変換器とも呼び、D/A 変換器とも記す。
DI
ダイレクトボックス［direct injection box］の略。
EQ
equalizer の略。周波数特性を変化させて音質を調整する装置のこと。
FB【fold back】
出演者や演奏者に聞かせるために必要な音を送り返すモニタのこと、またそのための装置。「はね返り」ともいう。
FOH【front of house】
舞台に対して観客席側のこと。幕前、表ともいう。

G【ground】
グラウンドの略。アースのこと。
GND【ground】
グラウンドの略。アースのこと。
GP【(独) Generalprobe】
ゲネプロの略。本番どおりの舞台稽古のこと。
MC【master of ceremonies】
司会者のこと。コンサートでは、司会者がいない場合でも、曲間のしゃべりのことを MC という。
NG【no good】
「だめ」という意。もとは映画用語であるが、舞台や放送などで演技・演出・技術などの失敗、意に満たないことをすべて NG という。
Q
cue の略記号。キッカケを知らせるための合図。
SCR ノイズ
照明用の SCR（サイリスタ＝半導体）を用いた調光器から発生する雑音。マイクロホンケーブルなどに照明コードに近づけると、「ジー」、「ザー」という雑音が発生する。
SE【sound effect】
効果音を表示する略記号。
SR
sound reinforcement の略称。劇場やホールで、ミュージカルやコンサートなどの音を電気的に補強すること。歌・台詞・演奏音をマイクロホンなどで収音し、それをアンプで増幅してスピーカから出して、弱い音を補強して全体の音のバランスをとること。音源とスピーカが同一空間にある場合を指す。

■ 索 引

〔あ行〕

アース　266
アース端子　275
アースの記号　266
アクティブクロスオーバ方式　220
アタックタイム　255
頭出し　259
圧縮　262
アレイ・システム　247
安全作業　37
暗騒音　97
アンバランス型回路　269
活け殺し　65
衣裳　32, 36
位相　92
位相干渉　132
位相差　92
一文字幕　15
1点集中配線　270
インイヤモニタ　228
インバータ　257
インピーダンス　113
ウインドスクリーン　134
ウォールスピーカ　241
謡　16
右脳　73
売り　27
映像　36
エアモニタ　188, 264
エフェクタ　252
エレクトレット効果　126
エレベージョン　31
エンクロージャ　209
演劇劇場　20
演出　29
円筒波　88
オーケストラピット　21
オーケストラボックス　21
大道具　35
オーバチュア　79
オープン形式　5
オープンテープレコーダ　258
オームの法則　109

オグジュアリ（auxiliary）　181
送り配線　270
音合わせ　60
音出し　59
音の減衰　86
音の速度　90
踊り　4
オペアンプ　116, 268
オペラカーテン　23
オペラ劇場　21
オペレータ　42
音圧レベル　87
音楽脳　73
音響調整卓　174
音響デザイナ　43
音響反射板　25
音声ファイル形式　262
音具　58
音質　89
音場　233
音像移動　245
音像定位　244
音卓　174

〔か行〕

カーディオイド　130
カーボン型マイクロホン　126
開演ベル　79
回折　94
外来ノイズ　272
書割　12
カクテルパーティ効果　75
神楽舞　4
霞幕　15
風雑音　134
可聴域　76
楽器の数え方　49
カップリング　92, 226
かつら　36
歌舞伎劇場　18
被り　155
被り込み　155
壁スピーカ　241

框　240
上手　15
カラムスピーカ　240
間接音　90
乾電池　104
感度（スピーカ）　211
感度（マイク）　127
ガンマイク　132
柝　19
基音　85
起電力　104
逆位相　92
逆極性　149
逆自乗則　87
逆2乗則　87
逆相　92
キャノンコネクタ　137
キャビネット　209
キャブタイヤケーブル　38
キャンセレーション　92, 224
吸音　85
吸音率　223
キュー・シート　50
キュー出し　30
キューナンバー　34
球面波　87
共振　222
許容入力（スピーカ）　213
極性　149
極性チェッカ　150
距離減衰　87
切り穴　21
近接効果　133
屈折　96
グラフィックイコライザ　252
グラウンド　266
グラウンドノイズ　145
グラウンド・リフト・スイッチ　274
クリッピング　200
クリップマイク　135
グループ　182
クロスオーバネットワーク　218
クロストーク　138, 198
ゲート　256
化粧　36
言語脳　73
検電ドライバ　278

検波　272
コイル　112
効果音　56
効果音道具　58
後見　18
公称インピーダンス（スピーカ）　212
交流　105
コーン型スピーカ　208
小道具　35
ごみ溜め　79
固有雑音（マイク）　128
コンサートホール　24
コンタクトピックアップ　136
コンデンサ型マイクロホン　125
コンデンサ　111
コンパクトカセット　260
コンパンダ　162
コンプレッサ　254
混変調歪率　198

〔さ行〕

サーキットブレーカ　199
最大許容入力（スピーカ）　213
最大音圧レベル（スピーカ）　213
最適残響時間　100
サイン波　82
サウンドチェック　191
サウンドシステムチューナ　42
サウンド・リインフォースメント　52
桟敷席　8
左脳　73
残響感　91
残響時間　98
残響時間周波数特性　99
3次相互変調ひずみ　162
三親切　29
サンプリング　119
残留ノイズ（アンプ）　198
シーリングスピーカ　241
シールド線　267
地謡　16
シェルビングタイプ　179
地がすり　23
時間差の補正　229
指向性（マイク）　129
仕込み替え　43

仕込み図　46
システムチューニング　233
芝居　14
下手　15
弱音楽器　75
終演　264
周期　84
床上スタンド　140
集積回路　116
周波数　84
周波数特性　88
周波数特性（アンプ）　197
周波数特性（マイク）　128
シューボックス形式　24
出力　45
周辺機器　252
定式幕　20
照明　33
ショックノイズ　189
シリーズ接続　236
振動雑音　135
振動板　124, 208
スーパー・カーディオイド　131
スター型配線　270
スタンド取り付けネジ　142
ステージスピーカ　241
ステージフロントスピーカ　240
スピーカのアサイン　67
スピーカボックス　209
スレッショルドレベル　254
制作　27
整流器　257
絶縁体　106
接地　266
接地抵抗値　276
迫り　8
線音源　88
全高調波歪率　198
全指向性　129
専門劇場　16
双耳効果　77
双指向性　129
装置デザイン　31
袖　15
袖幕　15

〔た行〕

ダイアフラム　124, 208
ダイオード　114
耐電圧　112
ダイナミック型マイクロホン　124
ダイバーシティ受信機　161
タイピンマイク　135
タイムアライメント　221
ダイレクトボックス　137
薪能　18
卓　174
卓上スタンド　139
たこ足配線　270
立ち廻り　35
建端　15
多目的ホール　25
単一指向性　130
単芯シールド　267
ダンピングファクタ　199
遅延時間　229
チャンネル　175
チャンネルセパレーション　198
チャンネル入力スイッチ　180
超指向性　132
調整卓　174
直接音　90
直流　105
著作隣接権　61
ツーピース型　159
つけ打ち　35
爪弾き　172
吊りバトン　31
吊りマイク装置　142
定格出力（アンプ）　196
定格入力（アンプ）　197
抵抗　108
抵抗器　110
抵抗分岐　147
ディップ　224, 234
ディレイ装置　229
ディレイマシン　254
手打ち　27
テーブルスタンド　139
出音　166
デジタル　118
デジタル調整卓　192

デジタルパワーアンプ 204
デシベル 70
デジタルシグナルプロセッサ 121
デジタル方式ワイヤレスマイク 164
デッドポイント 161
電圧 107
電位 108
電位差 108
電位ノイズ 270
点音源 87
電荷 111
電源 104
電源ドラム 279
電源の極性 277
電源からの流入ノイズ 273
電子回路 104
電磁誘導ノイズ 124
電磁誘導 117
天井スピーカ 241
電流 106
同位相 92
透過 85
東西幕 15
同相 92
導体 106
ト書 59
特殊効果 36
床山 36
ドップラー効果 102
土間席 8
トランジスタ 115
トランス分岐 147
緞帳 35

〔な行〕

二次音源 95
2芯シールド 267
入力 45
入力インピーダンス（アンプ） 197
入力感度（アンプ） 197
入力コネクタ（調整卓） 175
音色 85
ノイズゲート 256
能楽堂 16
能舞台 7
ノミナル・インピーダンス 212

〔は行〕

倍音 85
ハイパー・カーディオイド 131
ハウリング 232
バウンダリ・レイヤ・マイク 153
橋掛り 18
バス型配線 270
バスレフ 211
バスレフレックス 211
撥 172
8の字巻き 144
パッシブクロスオーバ方式 219
波長 84
パッチコード 185
パッド 178
バッフル板 210
馬蹄型観客席 12
破風 8
囃子 16
パラ分岐 147
パラメトリックイコライザ 253
パラレル接続 236
バランス型回路 267
パルス信号 119
パワーレベル 211
反射 85
反射音 90
ハンド型 159
半導体 106
パンポット 182
ピーキングタイプ 179
ピークインジケータ 186
ピークプログラムメータ 187
ヒートシンク 199
美術進行 36
歪み 129
ビット 120
ヒューズ 199
避雷針 266
ピンマイク 135
ファントム電源 126, 177
フィードバック 232
ブームスタンド 141
フェーズ・チェッカ 150
フェーダ 61, 188
フェーダテクニック 61

舞楽舞台　7
吹かれ雑音　134
舞台監督　30
舞台機構操作　35
舞台進行　36
舞台袖　10
舞台端　15
舞台美術の仕事　31
フットマイク　166
フラッタ・エコー　101
プリアンプ　52
ブリッジ接続　201
フルレンジ型スピーカ　217
フレキシブル・シャフト　140
ブレスノイズ　134
フレミング左手の法則　118
フレミング右手の法則　117
フロアスタンド　140
プロセニアム形式　5
プロセニアムアーチ　13
プロセニアムサイドスピーカ　240
プロセニアムスピーカ　75, 240
プロデューサ　27
フロントスピーカ　240
平滑回路　112
平面波　89
ヘッドアンプ　52, 178
ヘッドウォーンマイク　160
ベルトパック型　159
保安用アース　266
ボイスコイル　200
ポータルスピーカ　240
ホーン型スピーカ　208
保護回路　199
ポップノイズ　134
ホワイエスピーカ　243

〔ま行〕

舞　4
マイキング　165
マイクアレンジ　165
マイクロホンレベル　45
間口　15
マスキング効果　74
マスタフェーダ　183
マルチウェイ型スピーカ　218

マルチケーブル　138
回り舞台　8
ミクシングコンソール　174
ミクシングデスク　174
ミクシングボード　174
ミニマム・インピーダンス　212
ムービングコイル型（マイク）　124
無指向性　129
無停電電源装置　257
面音源　89
モニタスピーカ　242
モニタ調整卓　192

〔や行〕

誘導ノイズ　272
養生　143
依代　4
４面舞台　23

〔ら行〕

ラインレベル　45
ラウドスピーカ　208
ラペルマイク　135
ラベリアマイク　135
リニアリティ　214
リバーブマシン　256
リボン型（マイク）　125
リミッタ　254
量子化　119
両指向性（マイク）　129
両耳効果　77
リリースタイム　255
リレー　199
ループ（アース）　271
レイテンシー　121
レベルメータ　186
ロビースピーカ　243
ロングパス・エコー　101

〔わ行〕

ワイヤレスマイク　157
ヴィンヤード形式　24
渡り配線　270

〔記号・アルファベット〕

AAC　263
ADC　192
AFL　182
AIFF　263
Appleロスレス　264
AUX　181
A種アース　276
BLM　153
CD　261
CD-R　261
CD-RW　261
D級アンプ　204
DAC　192
DAW　262
dB　70
DI　137
DSD方式　122
DSP　121
EQ　179
F.G端子　274
FLAC　263
G　182
GAIN　178
GEQ　252
HDD　262
HPF　178
IC　116
IMD　198
INSERT　179
LCネットワーク　219
MD　261
MP3　263
MUTE　180
NC曲線　97
PAD　178
PAN　182
PCC　154
PCM方式　122
PEQ　253
PFL　180
PK　180
POLARITY　177
PZM　154
S.G端子　274
SCRノイズ　151
SDメモリカード　262
SIGNAL　180
SN比（アンプ）　198
SR　52
THD　198
UPS　257
VUメータ　186
WAV　263
XLR　138
φ（ファイ）　177

■編集協力者連名（敬称略）
本書は、次の方々のご協力により出版いたしました。

◎改訂版編集協力
　相澤　慎平
　伊代野正喜
　昆布　佳久
　滝　　善光
　平野　克明
　深尾　康史
　増　　　旭
　三好　直樹
　持丸　　聡

◎編集協力
　石井　眞、石丸耕一、市川　悟、植田公造、及川公生、小野隆浩、門脇　理、山海僥大、
　高崎利成、鈴木伸一、牧田慈夫、藤崎久美子、前川幸豊、八板羊子、山崎　亘

◎資料・写真提供
　青木信二、アキュフェーズ株式会社、石川県・能登町、いずみホール、岩田アキラ、
　奥山竜太、オタリテック株式会社、株式会社オーディオテクニカ、株式会社オールアクセス、
　音響特機株式会社、宮内庁式部職楽部、国立劇場、国立能楽堂、サントリーホール、
　シュア・ジャパン株式会社、新国立劇場、有限会社ソナリサーチ、パナソニック株式会社、
　ヒビノ株式会社、ボーズ合同会社、ヤマハ株式会社、ローランド株式会社

■参考文献

「楽典／理論と実習」音楽の友社
「日本の音楽」国立劇場編
「歌舞伎下座音楽」望月太意之助著
「演劇百科大辞典」平凡社
「音楽大百科」平凡社
「オペラへの招待」ディガエターニ著
「オペラと歌舞伎」永竹由幸著
「日本の伝統芸能」国立劇場編
「芝居おぼえ帳」川尻清潭著
「電気と電子の理論」啓学出版
「オーディオに強くなる」中島平太郎著
「オーディオ用語2200」音楽の友社
「聴覚の心理学」黒木総一郎著
「日本人の脳」角田忠信著

「STAGE SOUND」by David Collison
「MICROPHONES」by Martin Clifford
「SOUND SYSTEM ENGINEERING」by Don
　　& Carolyn Davis
「音響映像設備マニアル」リットーミュージック
「プロ音響データブック」日本音響家協会編
「電子回路」福田務、田中洋一郎著
「電子回路がわかる本」宇田川弘著
「電気がわかる本」松原洋平著
「音の科学ふしぎ事典」唐澤誠著
「デシベルのはなし」伊藤健一著
「マイクロホン テクニカル ハンドブック」
　　高柳裕雄著

■制作スタッフ
◎編集　牧野広和、松井　誠
◎図版製作・写真撮影　八板賢二郎
◎表紙デザイン　中井有紀子（ソベイジ　グラフィック）
◎レイアウト　平野智子
◎タイトルネーミング　佐倉住嘉

八板賢二郎（ヤイタ ケンジロウ）**プロフィール**

1944年、栃木県那須烏山市に生まれる。
1966年から国立劇場で音響創造に従事。
以来、雅楽・能楽・歌舞伎・文楽・日本舞踊・寄席芸能・沖縄芸能などの上演にたずさわる。
かたわら、現代演劇やミュージカル、オペラ、ジャズなどの音響デザインも手掛け、伝統芸能の海外公演や他ジャンルとのコラボレーション公演にも多数参加。
2010年に、地域住民のための公共劇場を快適に管理運営するノウハウを研究する「ザ・ゴールドエンジン」を設立。
著書に、マイクロホンバイブル（兼六館出版）、音で観る歌舞伎（新評論）、プロ音響データブック（共著／リットーミュージック）などがある。
現在、一般社団法人日本音響家協会会長。
趣味は、映画・ジャズ・オペラ の鑑賞と山登り。
2019年、令和元年度文化庁長官表彰を賜わる。

| ザ・ゴールドエンジン | 🔍 |

改訂版　サウンドバイブル
The Theatrical Sound Engineer's Bible
劇場音響技術者教書

発　　行　2021年4月20日　第2版発行
著　　者　八板賢二郎
発行者　　西村弥生
発行所　　兼六館出版株式会社
　　　　　〒102-0072　東京都千代田区飯田橋2-8-7
　　　　　TEL　03-3265-4831／FAX　03-3265-4833
　　　　　振替　東京00180-7-18129番
　　　　　http://www.kenroku-kan.co.jp/

印刷・製本　倉敷印刷

注：本書の無断複写は著作権法上での例外を除き禁じます。
また、代行業者など購入者以外の第三者による電子データ化や電子書籍化は、個人や家庭内での利用であっても著作権法違反となります。著作権法違反は、10年以下の懲役もしくは1千万円以下の罰金またはその併科、法人は3億円以下の罰金となっています。